铁路工程施工内业资料整理

马绍南　孙龙梅　伊欣琳　张卫彪　主编

中国铁道出版社有限公司

2 0 2 2 年·北　京

图书在版编目(CIP)数据

铁路工程施工内业资料整理/马绍南等主编．—北京：中国铁道出版社，2018.2(2022.7 重印)

ISBN 978-7-113-24272-5

Ⅰ.①铁… Ⅱ.①马… Ⅲ.①铁路施工-技术档案-档案整理 Ⅳ.①G275.3

中国版本图书馆 CIP 数据核字(2018)第 023790 号

书　　名：铁路工程施工内业资料整理
作　　者：马绍南　孙龙梅　伊欣琳　张卫彪

责任编辑：张卫晓　　　**编辑部电话：**(010)51873193
封面设计：王镜夷
责任校对：苗　丹
责任印制：高春晓

出版发行：中国铁道出版社有限公司(100054，北京市西城区右安门西街 8 号)
网　　址：http://www.tdpress.com
印　　刷：三河市兴达印务有限公司
版　　次：2018 年 2 月第 1 版　2022年 7 月第 4 次印刷
开　　本：787 mm×1 092 mm　1/16　印张：13.25　字数：332 千
书　　号：ISBN 978-7-113-24272-5
定　　价：40.00 元

前　言

铁路工程施工内业资料是在工程施工过程中逐渐形成的，是建设过程中的原始记录，准确、规范、合理的内业资料不仅是日后施工质量的证据，更是工程量计量、竣工验收与结算的可靠依据和来源，为现代建设工程的快速发展起着非常关键的作用。从内业资料的收集、鉴定、整理、编目、保管、利用等环节来看，每个环节都需要工程技术人员、资料管理人员付出辛勤的劳动。目前，随着施工标准越来越高，铁路工程内业资料整理工作也正面临新的考验。

本书以内业资料整理的工作过程为导向，依据最新标准、规范的内容，结合施工现场资料进行编写，从而掌握铁路工程内业编制办法，更方便了从事铁路项目档案和工程资料管理人员学习研究。

本书共分为八章，内容包括概述、竣工验收与文件管理、铁路工程施工质量验收标准的基本内容、路基工程内业表格编制、桥涵工程内业表格编制、隧道工程内业表格编制、轨道工程内业表格编制、内业资料管理软件的应用，无论对铁路工程项目资料总体管理方法的讲解还是对各专业知识的分别表述都比较详尽具体。

本书由哈尔滨铁道职业技术学院马绍南、孙龙梅、伊欣琳和中铁二十四局张卫彪编写，中交隧道局陈玉奎主审，马绍南负责第一章、第二章和第三章的编写，孙龙梅负责第四章第一、二、三节和第五章的编写，伊欣琳负责第六章和第七章的编写，张卫彪负责第四章第四节和第八章的编写，全书由中交隧道局陈玉奎主审。在编写过程中难免有疏漏或不妥之处，恳请读者批评指正。

目　　录

第一章　概　　述

第一节　铁路工程资料管理

铁路工程资料是指建设工程从项目的提出、筹备、勘测、设计、施工到竣工投产过程中，形成的文件材料、图纸、图表、计算材料、声像材料等各种形式的信息总和，简称工程资料，也称工程文件。主要包括工程准备阶段资料、监理资料、施工资料、竣工图和竣工验收资料等。

铁路工程竣工验收前必须具备两个条件：一是工程实体达到验收条件；二是施工过程中形成的质量、技术、管理资料达到验收条件。两者缺一不可。铁路建筑物竣工后是有形物体，验收时从外观上加以评价居多；而内在的施工质量及质量管理实施情况，只能通过验收整个施工过程的有关质量、技术资料来检验，检验其是否清楚齐全、是否符合有关规范、规程的要求。单位工程的施工质量、技术资料必须在施工中根据工程实际物体，按照有关规范、规程去检测和评定，做到工程实体实际质量等级与资料内所记载的质量数据相符，是铁路建筑物质量的实质反映，要求做到排列有序、内容齐全、清楚明了。

任何一项工程的质量、技术资料如不符合有关标准规定，对该工程质量就具有否决权。因此，做好建筑工程技术资料管理工作至关重要。

一、铁路工程资料管理的作用

(1)按照规范的要求积累而成的完整、真实、具体的工程技术资料，是工程验收交付的必备条件。

(2)工程技术资料为工程的检查、维护、改造、扩建提供可靠的依据。

(3)一个质量合格的工程，必须要有一份内容齐全、原始技术资料完整、文字记载真实可靠的技术资料，是质量责任追溯的依据。

(4)对于优良工程的评定，更有赖于技术资料的完整无缺。

(5)做好建设工程文件和档案资料管理工作也是项目管理的重要内容。

(6)建筑工程文件和档案资料是建设单位对建筑工程管理的依据。

二、铁路工程资料管理的特征

(一)真实性和全面性

真实性是对所有文件、档案资料的共同要求，但对铁路工程的文件和档案资料来讲，这方面的要求更为迫切。铁路工程文件和档案资料只有全面反映铁路工程的各类信息，形成一个完整的系统，才更有实用价值，片面地引用往往会起到误导作用。所以，铁路工程文件和档案资料必须真实反映铁路工程的情况，包括发生的事故和存在的隐患。

(二)分散性和复杂性

铁路工程项目周期长且影响因素多，生产工艺复杂，建筑材料种类多，建设阶段性强且相互穿插，由此导致了铁路工程文件和档案资料的分散性和复杂性。这个特征决定了铁路工程文件和档案资料是多层次、多环节及相互关联的复杂系统。

（三）继承性和时效性

随着建筑技术、施工工艺、新材料和施工企业管理水平的不断提高，铁路工程文件和档案资料可被继承和不断积累。新的项目在建设中可以吸取经验和教训，避免重犯过去的错误。

同时，铁路工程文件和档案资料具有很强的时效性，其作用会随着时间的推移而失效。因此，文件和档案资料一经形成就必须尽快送达有关部门，否则会造成严重的后果。

（四）随 机 性

铁路工程文件和档案资料产生于项目建设的整个过程中，工程前期、工程开工、施工和竣工等各个阶段和环节都会产生各种文件和档案资料。虽然各类文件的产生具有规律性，但还是有相当一部分文件和档案资料的产生是由于偶然工程事件引发的，因此具有随机性。

（五）多专业性和综合性

铁路工程文件和档案资料涉及各个专业，也涉及力学、电子、声学等多种学科，依附于不同的专业对象而存在，且同时综合了工程质量、进度、造价、合同、组织、协调等方面的内容，又依赖于不同的载体而流动。因此，具有多专业性和综合性的特点。

三、铁路工程资料的收集过程

（一）建设资料

施工技术资料的收集必须遵循项目建议书、可行性研究、设计、建设准备、建设实施和竣工验收六个阶段来收集整理。

1. 项目建议书阶段

项目建议书是项目立项的依据，初步提出建设方案、规模和主要技术标准，对主要工程、外部环境、土地利用、协作条件、项目投资、资金筹措、经济效益等初步研究后编制，论证项目建设的必要性和可行性。

2. 可行性研究阶段

可行性研究文件是项目决策的依据，对建设方案、建设规模、主要技术标准等进行比较分析后，提出推荐意见，提出主要工程数量、主要设备和材料概数、拆迁概数、用地概数和补偿方案、施工组织方案、建设工期和投资估算，进行经济评估后编制，论证建设项目的可行性。工程简易的建设项目，可直接进行可行性研究，编制可行性研究报告。

3. 设计阶段

根据批准后的可行性研究报告，开展初步设计。初步设计经审查批准后，开展施工图设计。工程简易的建设项目，可根据批准的可行性研究报告，直接进行施工图设计。

初步设计文件是确定建设规模和投资的主要依据，根据批准后的可行性研究报告，对局部方案进行比选和比较详细的设计，提出工程数量、主要设备和材料数量、拆迁数量、用地数量与分类的补偿费用，施工组织设计等工程总投资后编制；应满足主要设备等问题、征地拆迁和施工图设计的需要。

施工图文件是工程实施和验收的依据，根据审批的初步设计文件进行编制，为工程建设提供施工图、表、设计说明和工程投资提案等技术资料。

4. 建设准备阶段

(1)建设准备阶段分两个层次补充材料:项目开工应具备的条件;施工企业进场后开工应具备的条件。

(2)本阶段既有内容全部做好准备,符合上述内容。

5. 建设实施阶段

初步设计文件审查批准后,按规定程序组织工程招投标,编制开工报告,开工报告批准后,根据批准的建设规模、技术标准、建设工期和投资,按照施工图和施工组织设计文件组织施工。

6. 竣工验收阶段

竣工验收是工程建设过程的最后一环,是全面考核基本建设成果、检验设计和工程质量的重要步骤,也是基本建设转入生产或使用的标志。

(二)监理资料

监理资料主要包括监理管理资料、监理工作记录、竣工验收资料和其他资料等。监理资料由监理单位负责完成,工程竣工后,监理单位应按规定将监理资料移交给建设单位。

(三)施工资料

施工资料是指施工单位在工程具体施工过程中形成的资料,主要包括单位工程整体管理与验收资料、施工管理资料、施工技术资料、施工测量记录、施工物资资料、施工记录、施工试验记录、施工质量验收记录等,应由施工单位负责形成。工程竣工后,施工单位应按规定将施工资料移交给建设单位。

(四)竣工验收资料

竣工验收资料是指在工程项目竣工验收活动中形成的资料,包括工程验收总结、竣工验收记录、财务文件和声像、缩微、电子档案等。

四、管理职责与制度

根据国家规定,参与工程建设的建设、勘察、设计、监理和施工等单位均负有工程资料管理的责任。这些管理职责对参与建设各方来说,有些是相同的、一致的,即为通用职责;有些是参与建设的某一方所特有的职责。参建各方应当认真履行通用职责和自身特有的职责。

(一)通用职责

通用职责也称基本职责,主要有以下8条:

1. 工程资料的形成应符合国家相关的法律、法规、铁路现行标准、技术规范、质量验收标准、工程合同和设计文件要求,方可开展建设项目资料管理工作。

2. 工程各参建单位应将工程资料的形成和积累纳入工程建设管理各个环节和全过程。建设、监理、施工单位应各自负责本单位的工程资料的管理工作,并明确相关人员的职责,加强培训,提高业务素质和工作能力。

3. 工程资料应随工程进度同步收集、整理,并按规定进行移交。资料组卷与资料份数应符合规定。

4. 工程资料应实行分级管理,由建设、监理、施工单位主管技术负责人负责本单位工程资料的全过程管理工作。建设过程中工程资料的收集、整理工作应由专人负责,并按规定取得相应的岗位资格。

5. 工程各参建单位应确保各自所形成资料的真实性、有效性、完整性和齐全性,对工程资料进行涂改、伪造，或发生损毁、丢失等现象，应按有关规定对相关责任人予以处罚，情节严重的，应依法追究法律责任。

6. 重要工程资料应保持其页码、内容的连续性，不准随意撕扯、更换。原始记录均应为真实的原始现场记录，不准再次抄录。当工程资料中有需要修改的内容时，应采取“杠改”的方式修改，“杠改”部分要清晰可辨，并注明更改原因，在修改位置旁由修改人本人签名承担责任。

7. 建设各方应根据建设项目具体情况确定资料的保密范围和密级，对录音、录像资料要加注说明，并保证载体的有效性。

8. 建设各方需要由本单位归档的建设项日资料，应按有关管理办法及档案管理规定的要求办理。

（二）单位职责

1. 建设单位职责

(1)应负责工程准备及验收阶段资料的管理工作，并设专人对资料进行收集、整理和归档。

(2)在工程招标及与参建各方签订合同或协议时，应对工程资料和工程档案的编制责任、套数、费用、质量和移交期限等提出明确要求。

(3)必须向参与工程建设的勘察、设计、施工、监理等单位提供与建设有关的资料。

(4)建设单位应保证其采购的建筑材料、构配件和设备符合设计文件和合同要求，并保证相关物资文件的完整性、真实性和有效性。

(5)应负责监督和检查各参建单位工程资料的形成、积累和立卷工作，也可委托监理单位检查工程资料的形成、积累和立卷工作。

(6)对需建设单位签认的工程资料应及时签署意见。

(7)应收集和汇总勘察、设计、监理和施工等单位立卷归档的工程档案。

(8)应负责组织竣工图的绘制工作，也可委托施工单位、监理单位或设计单位。

(9)建设单位应在工程竣工验收后 3 个月内将工程档案移交到铁路总公司或有关铁路集团公司档案馆。

2. 勘察、设计单位职责

(1)应按合同和规范要求提供勘察、设计文件，包括工程洽商记录和设计变更记录。

(2)对需由勘察、设计单位签认的工程资料，应及时签署意见。

(3)应按照有关规定对工程进行竣工验收，并出具工程质量检查报告。

(4)勘察、设计单位应设专人对其形成、收集的资料进行整理和保管。

3. 监理单位职责

(1)应负责监理资料的管理工作，并设专人对监理资料进行收集、整理和归档。

(2)应按照合同约定，在勘察、设计阶段，对勘察、设计文件的形成、积累、组卷和归档进行监督、检查；在施工阶段，应对施工资料的形成、积累、组卷和归档进行监督、检查，使工程资料的完整性、准确性符合有关规定。

(3)监理单位应按规定对施工单位、检测机构等提供的工程资料进行检查、合适，确认后应及时签署。

(4)监理单位应对其编制资料的真实性、准确性和完整性负责。

4. 施工单位职责

(1)施工单位对其所形成的资料进行收集、整理和保管。

(2)应负责施工资料的管理工作,实行项目经理、技术总工负责制,逐级建立、健全施工资料管理岗位责任制。

(3)应负责汇总各分包单位编制的施工资料,分包单位应负责其分包范围内施工资料的收集和整理,并对施工资料的真实性、完整性和有效性负责。

(4)总承包单位应在工程竣工验收前,完成工程的施工资料的整理、汇总工作,分包单位应负责其分包工程范围内的资料管理。

(5)应负责编制施工资料,一般不少于四套,一套自行保存,三套移交到有关单位。

(6)列入到铁路总公司或各铁路局的工程档案,提请铁路总公司或各铁路局档案馆对工程档案进行预验收,验收合格后,及时办理文件资料的移交工作。

(三)工地(或项目)资料室岗位工作制度

(1)要树立坚定的事业心,热爱本岗位工作,尽心尽责为施工生产的各项工作服务,并实行"三纳入(纳入领导议事日程、有关工作程序、有关部门和人员的职责范围)"、" 四参加"(工程竣工验收、科研成果鉴定、设备开箱验收、产品定型)制度,对归档的文件材料应及时进行检查、指导和验收。

(2)做好铁路建设工程项目竣工文件的收集、整理、归档及移交工作,移交工作应做到竣工文件管理的"三同步",即:布置施工任务与布置竣工文件编制同步进行;竣工文件的形成积累应与工程进度同步进行;工程验收交接与竣工文件交接同步进行。

(3)工地(或项目)资料室要以保证工程质量为基本出发点,把好资料管理和工程质量控制关,做好施工内业资料的管理工作。

(4)资料室保密管理制度。严格执行保密制度纪律,做到不该说不说;不将资料借给无关人员,不领无关人员到资料室;上班要检查资料室的门(窗)是否被人打开,下班检查资料室的电灯、电源和空调是否关好;严格执行借阅制度,查阅资料时,必须履行登记、签收、注销手续,防止丢失。

(四)资料管理员职责

1. 负责工程项目资料、图纸等档案的收集、管理

(1)负责工程项目的所有图纸的接受、清点、登记、发放、归档和管理工作:在收到工程图纸并进行登记以后,按规定向有关单位和人员签发,由收件方签字确认。负责收存全部工程项目图纸,且每一项目应收存不少于两套正式图纸(蓝图),其中至少一套图纸有设计单位图纸专用章。竣工图一般采用折叠后散装方式,按资料目录的顺序,分专业归类。线路、桥涵、电力、房建(建筑平面图、立面图、剖面图、建筑详图、结构施工图)等进行分类管理。对作废的图纸要全部收回,加盖"作废"印章进行标识并标明作废日期。

(2)收集整理施工过程中所有技术变更、洽商记录、会议纪要等资料并归档:负责对每日收到的管理文件、技术文件进行分类、登录、归档。负责项目文件资料的登记、受控、分办、催办、签收、用印、传递、立卷、归档和销毁等工作。负责做好各类资料积累、整理、处理、保管和归档立卷等工作,认真遵守保密规则。来往文件资料收发应及时登记,建立登记台账,视文件资料的内容和性质准确及时递交项目经理批阅,并及时送有关部门办理。对于传真件要复印后再保存,以便长期保存和日后查阅。确保设计变更、洽商记录的完整性,要求各方严格履行交接手续,所接收到的设计变更、洽商记录,须经各方签字确认,并加盖公章。设计变更(包括图纸会审纪要)原件存档,并满足原件的份数要求。所收存的技术资料须为原件,无法取得原件的,

详细备注，并加盖公章。作好信息收集、汇编工作，确保管理目标的全面实现。

2. 参加分部、分项工程的验收工作

(1)负责备案资料的填写、会签、整理、报送、归档：负责工程备案管理，实现对竣工验收相关指标(包括质量资料审查记录、单位工程综合验收记录)的备案处理。负责对桩基工程、地基基础工程、主体工程、结构工程、装饰装修工程、安装工程备案资料核查。严格遵守资料编制要求，符合分类方案、编码规则，资料份数应满足资料存档的需要。

(2)监督检查施工单位施工资料的编制、管理，做到完整、及时，与工程进度同步：对施工单位形成的管理资料、技术资料、物资资料及验收资料，按施工顺序进行全程督查，保证施工资料的真实性、完整性、有效性。

(3)按时向公司档案部门移交有关资料：在工程竣工后，负责将文书资料、工程资料立卷移交公司档案部门。文件材料移交与归档时，应有"归档文件材料交接表"，交接双方必须根据移交目录清点核对无误后，履行签字手续。移交目录一式二份，双方各持一份备查。

(4)负责向市城建档案馆的档案移交工作：提请城建档案馆对列入城建档案馆接收范围的工程档案进行预验收，取得《建设工程竣工档案预验收意见》，在竣工验收后将工程档案移交城建档案馆。

(5)指导工程技术人员对施工技术资料(包括设备进场开箱资料)的保管：指导工程技术人员对施工组织设计及施工方案、技术交底记录、图纸会审记录、设计变更通知单、工程洽商记录等技术资料分类整理，并交资料室保管。指导工程技术人员对工作活动中形成的、已经办理完毕的、具有保存价值的文件材料及音像资料的分类整理工作；保管好一项基建工程进行鉴定验收时归档的科技文件材料；负责已竣工验收的工程项目的工程资料分级保管，并及时向资料室移交。

3. 负责计划、统计的管理工作

(1)负责对整个项目的施工部位、产值完成情况的汇总、申报，按月编制施工统计报表：在平时统计资料基础上，编制整个项目当月进度统计报表和其他信息统计资料。编报的统计报表要按现场实际完成情况严格审查核对，不得多报、早报、重报、漏报。大型的建设项目还有日报、周报、月报、年报等报表以及日计划、周计划、月计划、年度计划等。

(2)负责与项目有关的各类合同的档案管理：负责对签订完成的合同进行收编归档，并开列编制目录。作好借阅登记，不得擅自抽取、复制、涂改，不得遗失，不得在案卷上随意划线、抽拆。平时一般调用复印件，合同原件要严密保存。

(3)负责向销售策划者提供工程主要形象进度信息：向各专业工程师了解工程进度，随时关注工程进展情况，为销售策划提供确实、可靠的工程信息。

4. 负责工程项目的内业管理工作

(1)协助项目经理做好对外协调、接待工作：协助项目经理做好内部公司和部门之间、外部各施工单位之间关系的协调工作。做好与有关部门及外来人员的联络接待工作，树立企业良好形象。

(2)负责工程项目的内业管理工作：汇总各种内业资料，及时准确统计有关数据，建立登记台账，报表按要求上报。通过实时跟踪、反馈监督、信息查询、经验积累等多种方式，保证汇总的内业资料反映施工过程中的各种状态和责任，能够真实地再现施工时的情况，从而找到施工过程中的问题所在。对形成的资料进行及时的收集和整理，确保工程项目的顺利进行。有效地参考、利用内业记录资料，以充分发挥它们在企业建设中的潜在作用。

(3)负责工程项目的后勤保障工作：负责做好文件收发、归档工作。负责部门成员考勤管理和日常行政管理以及经费报销工作。负责对竣工工程档案整理、归档、保管，便于有关部门查阅调用。负责公司文字及有关表格等打印。保管工程印章，对工程资料盖章登记，并留存备查。

5. 完成工程部经理交办的其他任务。

6. 参加继续教育培训工作，学习和掌握新规范、新标准、新技术，做到及时更新和替换作废的资料表格。

7. 有条件的项目，采用软件操作系统整理资料，并做好资料的电子版收集和编排工作。

(五)工程质量影响和监控文件管理制度

1. 施工对工程质量的影响

工程施工是将质量目标和质量计划付诸实施的过程，通过施工及相应的质量控制将设计图纸变成工程项目实体，是质量控制的关键时期。由于工程施工阶段工期长、受自然条件影响大，影响质量的因素众多，因此，这一阶段应引起施工参与各方的高度重视。

2. 施工单位文件的质量监控管理制度

施工单位形成的施工文件和负责编制的竣工图是反映项目真实面貌和质量的主要依据，其数量在整个项目档案中占了最大的比重，是工程项目档案的主要组成部分。这一阶段也是项目文件积累的关键，其质量控制可从以下几个方面进行：一是以公文形式的文件，要注意统一文号。施工单位围绕工程项目建设，将形成公文形式的文件，如请示监理及项目法人等的文件要规范，如有统一的格式、统一的文号，同时，每一份文件要有准确的题名；二是施工记录，必须真实、准确、耐久、有序、规范和完备的签署手续；三是竣工图必须字迹、线条清晰，图面整洁，修改到位。

施工单位在签订承、发包合同后，应建立与工程承、发包方式相适应的项目档案工作网络，按照国家规定对需向建设单位移交的施工文件做好积累、整理工作。建设项目除了土建部分外，大多数的建设项目也都会有设备。在大型的生产设施方面，施工是由两个不同类型的施工单位进行的，所以做法上有相通之处，但也有其各自的特点。

(1)土建施工积累的方法应符合施工文件形成的规律和质量监督部门检查的要求，施工管理性文件可按问题积累。施工记录一般从部分到整体的，按分项、分部、单位工程积累。如果施工对象是一座桥，可以若干墩的施工文件集中在一起，存放在一个盒里；如果是一座特大桥，也可以一个墩一盒积累，集中在一起的文件按施工工序进行排列。排列到一定厚度，一般2～3 cm左右装订为一卷。

(2)设备文件主要有三个方面。一是设备报价、询价等来往文件(这一部分文件一般由建设单位监控)；二是设备随机文件；三是安装、调式文件。设备部分的文件质量监控，主要从设备的开箱起把好关。设备随机文件的监控是从设备开箱时进行，是根据设计文件、装箱清单等进行。主要核查以下内容：包装箱号、箱数以及包装箱完整情况；设备的型号、规格、数量是否与设计、合同文件相符；设备的零部件、专用工具是否齐全；随机文件(产品说明书、合格证、进口产品的商检证等)是否齐全；设备有无损件，表面有无损坏和锈蚀等情况。在设备、安装调试过程中应注意设备档案管理的成套性进行积累、监控。

3. 项目质量监督部门的监控制度

项目监督部门对项目的监控依据是项目建设的文件，主要对项目建设的实体质量监督。

当项目完工后依据项目档案和项目实体进行项目的质量等级进行评定。因而，项目监督人员也应重视施工过程文件的质量控制，在进行质量检验时，应对所检内容的准确性把好项目文件的内在质量关，在对项目实体进行检查的同时，检查施工记录、试验材料的真实性。项目评定后，质量监督部门应同时对项目档案的准确性形成书面意见。

4. 档案行政管理部门的监控制度

档案行政管理部门对建设项目档案工作进行监督，是依《中华人民共和国档案法》第六条规定："县级以上人民政府的档案行政管理部门主管本行政区域内的档案事业，并对本行政区域内机关、团体、企事业单位和其他组织的档案工作实行监督和指导。对本地区的档案事业依法实行统筹规划，组织协调，统一制度，监督和指导"。第六条规定："省、市、县在鉴定重大科学技术研究成果、验收重点建设工程时，必须由项目的主管部门会同同级档案行政管理部门对项目档案进行鉴定、验收"。为此，各级档案行政管理部门应认真执行国家档案工作法律、法规和业务规范，对辖区内的项目档案实行统一管理，建立健全项目档案工作各项规章制度，明确建设项目文件材料的归档工作。

五、相关概念

(1)建设项目资料是指工程在立项、审批、招投标、勘察、设计、开工审批、工程概预算、施工、监理、竣工验收过程中形成的文字、图表、声像、实物等载体资料。

(2)建设管理资料是指建设单位在建设工程实施过程中形成的资料。

(3)勘察设计资料是指勘察设计过程中形成的资料。

(4)施工资料是指施工单位在工程施工过程中形成收集的资料。

(5)监理资料是指监理单位在工程设计、施工等监理过程中形成的资料。

(6)竣工验收资料是指建设工程项目在竣工验收活动中形成的静态验收、动态验收、初步验收、安全评估和正式验收文件和资料。

(7)竣工文件是指建设项目竣工验收后，需要向档案管理部门移交归档的建设项目资料。

(8)竣工图是指工程竣工验收后，真实反映建设工程项目结果的图样。

(9)建设工程档案是指在工程建设活动中直接形成的、具有归档保存价值的文字、图表、声像等各种形式的历史记录。

(10)立卷是指按一定的原则和方法，将有保存价值的文件分门别类整理成案卷，称为立卷，也可称组卷(盒)。

(11)归档是指归档单位工程文件形成后，整理立卷，按规定移交给档案管理部门。

第二节 铁路工程资料分类

工程资料共分为五类。分别有 A、B、C、D、E 类，A 类是建设管理资料，B 类是勘察设计资料，C 类是施工资料，D 类是监理资料，E 类是竣工验收资料。其中：A 类资料包括立项决策、征地拆迁、招投标管理、合同管理、开工报告、技术管理、质量安全控制、质量安全监督、水土保持、环境保护、计划统计、投资控制；B 类资料包括勘察、设计资料；C 类资料包括施工管理、施工技术、物质设备管理、工程测量、工程试验、施工记录、施工质量验收等；D 类监理资料包括监理管理和施工监理资料；E 类是基础资料和验收资料。

一、铁路工程施工管理资料

（一）施工管理资料（C类）

1. 施工组织机构资料

施工组织机构资料包括施工单位现场的机构设置、人员配置及工作职责等。

2. 施工管理规章制度资料

施工管理规章制度资料是指施工单位为实现质量、安全、工期、投资、环境保护和科技创新等“六位一体”控制目标而制定的各项管理制度。

3. 施工现场质量管理检查记录

施工现场质量管理检查是施工前，施工单位对所做施工准备工作的一次全面检查，是保证项目顺利施工的一项基础工作。施工单位自查后，监理单位的总监理工程师进行检查，作出合格或不合格及限期整改的结论。

4. 分包单位资料

对于允许分包的工程，分包单位资料包括分包单位资质材料、业绩材料以及分包工程名称、部位、工程数量、合同额等，含监理单位审查、签认意见文件。

5. 主要进场人员资料

主要进场人员资料包括施工单位按合同约定进场的相应人员、人员资格证明等材料，含监理单位审查、签认意见文件。

6. 主要进场施工机械、设备资料

主要进场施工机械、设备资料包括施工单位进场施工机械、设备的规格、型号、数量以及技术参数、质量证明文件、试验报告等，含监理单位审查、签认意见文件。

（二）施工技术资料（C类）

1. 施工图现场核对资料

施工单位、监理单位结合现场实际核对施工图，对重点、难点工程进行会审，汇总发现的问题形成的书面资料。施工图必须全部进行核对。

2. 设计技术交底资料

建设单位组织设计单位向监理、施工及其他相关单位进行设计技术交底。设计技术交底资料包括设计交底记录、设计交底问题汇总、专题技术交底记录。专题技术交底记录是对重大、复杂或采用新技术、新标准、新结构、新工艺的工程，在施工前和施工中应请有关专业设计负责人到施工单位现场进行专题技术交底，形成专题技术交底记录资料。

3. 交接桩资料

交接桩资料包括交接桩记录、测量成果资料，也包括施工单位的施工复测资料。由建设单位组织设计单位向施工单位办理交桩手续。交接桩记录包括交桩资料明细，现场点桩情况、交接桩纪要等。测量成果资料包括：GPS控制点坐标及点之记；平面控测导线桩坐标；中线逐桩坐标；水准点高程成果表及点之记；精密测量控制桩等。

4. 实施性施工组织设计资料

实施性施工组织设计资料包括标段实施性施工组织设计、单位或单项工程施工组织设计、专项施工方案以及监理单位、建设单位的审核、审批意见等。专项施工方案是指对控制工程、重点工程以及技术复杂、危险性高的工程制定的实施性方案。

5. 施工技术交底资料

施工技术交底分总施工技术交底、工点施工技术交底和操作人员技术交底等。各种技术交底应有书面资料，交底双方应履行签字手续。

6. 施工作业指导书

施工作业指导书是施工单位针对特殊过程、关键工序向操作人员交待作业程序、方法以及注意事项而制定的指导性文件。施工作业指导书应经项目技术负责人审批。

7. 施工技术总结

施工技术总结包括自开工至竣工的全过程相关内容，在工程竣工后规定的期限内完成编写。施工技术总结分综合性施工技术总结、各合同标段及重点工程施工技术总结。

(三)物资设备管理资料(C类)

1. 质量证明文件

物资设备包括工程用原材料、构配件、成品、半成品和设备等。其质量证明文件是指产品供货商提供的合格证、检验报告、试验报告、质量保证书、技术说明书等。从国外引进的新技术或成套设备，还包括外方提供的设计文件和相关标准。属于行政许可或强制认证的，应有行政许可或强制认证证书。质量证明文件应反映工程物资设备的品种、规格、数量、性能指标等，并与实物相符。

2. 进场验收记录

进场验收记录是指物资设备进场后，由施工单位和监理单位按规定方法和频次进行检查、试验，确定其是否合格的记录。

(四)工程测量资料(C类)

1. 施工测量实施方案资料

施工测量实施方案资料包括施工测量实施方案和监理单位审批文件。实施测量前，施工单位编制施工测量实施方案，报监理单位审批。

2. 施工控制测量资料

施工控制测量资料包括施工控制测量记录和施工控制测量成果以及监理单位审查、签认文件。

3. 施工测量放样资料

施工测量放样资料包括施工测量放样记录和施工测量放样成果以及监理单位审查、签认文件。

4. 变形观测与评估资料

变形观测与评估资料包括各类工程结构的变形观测与评估资料。其中线下工程的沉降变形评估报告由专门机构根据标准方法进行判定后提出。

5. 竣工测量资料

竣工测量资料包括竣工测量记录和竣工测量成果。每项工程竣工时应由施工单位按设计文件要求和相关标准规定，对线路、路基及各种建筑物的位置、尺寸、高程及用地界进行测量核对，如实反映在竣工资料和图纸上。

(五)工程试验资料(C类)

1. 工程试验实施方案资料

工程试验实施方案资料包括工程试验实施方案和监理单位审批文件。工程试验是指施工单位、监理单位或第三方检测机构为采集有关质量指标和数据，对工程用原材料、构配件、成品、半成品、设备以及工程实体等进行的试验检测。施工单位试验前应编制工程试验实施方案，经监理单位批准后实施。

2. 工程试验记录

工程试验记录应按《铁路工程试验表格》(Q/CR 9205—2015)的规定编制。

3. 工程试验报告

工程试验报告应按《铁路工程试验表格》(Q/CR 9205—2015)的规定编制。

(六)施工记录资料(C类)

1. 施工记录

施工记录是施工单位对重点工序、关键部位施工过程的记录，施工记录应经监理单位检查签认。施工过程中必须填写以下施工记录：主体工程混凝土搅拌生产记录；主体工程混凝土浇筑记录；主体工程混凝土养护记录；打入桩施工记录；钻孔桩钻孔及清孔记录；桥梁、涵洞基坑开挖记录；预应力混凝土结构张拉记录；预应力混凝土结构孔道压浆记录；预应力混凝土结构封锚(端)记录；地基加固处理施工记录；隧道开挖断面及地质状况检查记录；隧道喷锚支护施工记录；无砟轨道灌浆记录；轨道板张拉连接记录；线路锁定记录；光、电缆埋深记录；光、电缆防护记录；电杆埋深记录。

2. 施工日志

施工日志是重要的施工技术履历档案，应按单位或单项工程建立，由工程(工点)施工负责人或技术负责人逐日连续填写。其主要内容包括：工程的基本概况；施工期的气候、施工方法、劳动力布置、机械配置、施工操作、施工进度及工程地质变化情况；相关工作记录，如现场取样、检测、测量、施工交底等；工序检查验收情况及结论；每日使用的主要材料规格、数量及检测结果；施工中遇到的重大技术问题，变更设计、主要工程材料代用等所采取的主要措施和效果记录；施工中发生的工程质量事故和处理改进情况记录；停工原因(停工期间重要事件应记录)；各级管理人员检查的有关工程施工或质量要求，施工中发现的问题及相关指令，存在问题及整改情况；施工中采用的新工艺、新材料、新设备、新技术情况；其他与工程施工和质量形成相关的情况。施工日志样式见表1-1。

表1-1　施工日志

<table>
<tr><td rowspan="2">日期</td><td rowspan="2">年　月　日</td><td rowspan="2">天气</td><td rowspan="2">晴</td><td>风力</td><td>西北风2级</td><td rowspan="2">气温</td><td>最高温</td><td>28℃</td></tr>
<tr><td>湿度</td><td>34%</td><td>最低温</td><td>9℃</td></tr>
<tr><td>工点</td><td colspan="8">××隧道进口</td></tr>
<tr><td colspan="9">Ⅰ、技术日志
记录人：××
一、技术情况
会审记录编号：20140313-01，20140313-02，20140313-05，20140313-06，20141020-01，20141010-02。
图册：××隧道设计图(图号：××控先施隧03-01-01～15)；双线隧道复合式衬砌参考图(图号：××控先施隧01-01～69)；双线隧道防排水及辅助工程措施参考图(图号：××控先施隧04-01～37)；双线隧道洞室及过轨参考图(图号：××控先施隧05-01～32)；双线隧道综合接地预留预埋参考图(图号：××控先施隧07-01～13)；隧道接触网槽道(图号：××客运专线施网-隧顶-01)；铁路综合接地系统(图号：通桥(2009)9301)。
二、技术交底
(1)编号：JSTJ-01-0104-2016-08 名称：防水板施工技术交底。
(2)编号：JSTJ-01-0104-2016-13 名称：衬砌施工技术交底。</td></tr>
</table>

续上表

(3)编号:JSTJ-01-0104-2016-15 名称:水沟电缆槽施工。

三、施工方案

(1)编号:JS-SC-03-29 名称:××隧道衬砌施工专项方案。

(2)编号:JS-SC-03-28 名称:××隧道防排水施工专项方案。

(3)编号:JS-SC-03-34 名称:××隧道水沟电缆槽门架台车施工方案。

四、作业指导书

(1)编号:JS-0G-03-13 名称:防水板防水施工作业指导书。

(2)编号:JS-0G-03-21 名称:隧道内预埋接触网槽道施工作业指导书。

(3)编号:JS-0G-03-20 名称:衬砌施工作业指导书。

五、机械情况

混凝土输送泵:2 台;挖掘机:2 台;装载机:2 台;自卸车:4 台;切割机:1 台;超声波焊机:2 台;破碎锤:1 台;二次衬砌台车:2 台;射钉枪:4 台;附着式振动器:24 台;爬焊机:1 台;振捣棒:6 台;止水带热熔焊机:1 台;双液注浆机:1 台;洒水车:1 台;发电机:2 台;空压机:4 台;面包车:1 台。

六、人员情况

电工:2 人;电焊工:4 人;力工:6 人;衬砌工:14 人;厂内机动车驾驶员:8 人。

七、施工内容

(略)

八、详细说明

隧道施工进度:开挖方式:台阶法;掌子面里程:495 840 m;仰拱前端里程:495 877 m;二次衬砌前端里程:495 901 m;实际围岩:围岩Ⅲ;

Ⅱ、质量日志

记录人:×××

一、工种持证上岗情况

厂内机动车驾驶员:8 人;爆破工:4 人;电焊工:4 人;电工:2 人。

二、设备符合要求情况

湿喷机:符合要求;仰拱栈桥:符合要求;风枪:符合要求;挖掘机:符合要求;破碎锤:符合要求;振捣棒:符合要求;装载机:符合要求;自卸车:符合要求;面包车:符合要求;洒水车:符合要求;切割机:符合要求;空压机:符合要求。

三、原材料送检情况

减水剂:规格:CC-AI,实验报告编号:WJ17021010-01。

四、巡检其他项

无

五、检验批检测项

无

六、自检存在问题及改正情况

无

七、上级部门检查问题

无

八、质量事故

无

九、详细说明

无

Ⅲ、安全日志

记录人:×××

一、安全红线管理

(1)应急预案和报警、救援、逃生等设施是否符合规范要求? 是否按规范开展应急培训和演练并对作业人员进行逃生教育:检查合格。

(2)不擅自变更隧道施工方案、施工工艺,变更审批手续规范,采取合理的安全防范措施:检查合格。

续上表

二、施工安全管理检查 (1)签订的相关施工安全协议:检查合格。 (2)相应的安全操作要求:检查合格。 三、施工作业安全检查 (1)劳动保护用品佩戴:检查合格。 (2)洞口防排水系统:检查合格。 四、危险源识别及控制 (1)通风系统:检查合格。 (2)电工作业人员防护:检查合格。 五、其他安全隐患检查 无 六、相关部门检查 无 七、其他安全记录 无 八、安全事故 无 九、详细说明 无

技术负责人:××× 记录人:×××

(七)施工质量验收资料(C类)

1. 检验批质量验收资料

按铁路工程相关专业施工质量验收标准规定,经验收合格形成的《检验批质量验收记录》。

2. 分项工程质量验收资料

按铁路工程相关专业施工质量验收标准规定,经验收合格形成的《分项工程质量验收记录》。

3. 分部工程质量验收资料

按铁路工程相关专业施工质量验收标准规定,经验收合格形成的《分部工程质量验收记录》。

4. 单位工程质量控制资料

按铁路工程相关专业施工质量验收标准规定,经验收合格形成的《单位工程质量控制资料核查记录》。

5. 单位工程实体质量和主要功能核查资料

按铁路工程相关专业施工质量验收标准规定,经验收合格形成的《单位工程实体质量和主要功能核查记录》。

6. 单位工程观感质量检查资料

按铁路工程相关专业施工质量验收标准规定,经验收合格形成的《单位工程观感质量检查记录》。

7. 单位工程质量验收资料

按铁路工程相关专业施工质量验收标准规定,经验收合格形成的《单位工程质量验收记录》。

二、铁路工程竣工验收资料

（一）基础资料（E类）

1. 竣工图

竣工图是建设项目完工后的主要凭证性材料，也是维修、养护、改造、管理的依据。建设单位应组织施工、设计或监理单位按有关规定绘制。

2. 竣工表、册

竣工表、册是针对建设项目及其各类工程、设备、设施、系统的技术条件、工程数量、投资等，按有关规定编制的汇总表、对照表和清册等。

3. 国有土地使用证

建设单位向国土管理部门申领铁路用地国有土地使用证。

4. 水土保持、环境保护设施验收资料

水土保持、环境保护设施的施工质量验收或竣工试运行验收资料，以及行政主管部门的验收批复。

5. 劳动、安全、卫生、消防设施验收资料

劳动、安全、卫生、消防设施的施工质量验收或竣工试运行验收资料，以及相关部门的合格验收意见。

6. 竣工决算资料

竣工决算资料包括建设单位按有关规定编制的竣工决算及审计结论等资料。

（二）验收资料（E类）

1. 静态验收资料

静态验收资料包括子系统（专业）验收申请表、子系统（专业）验收记录表、综合系统验收申请表、综合系统验收记录表和静态验收报告。

2. 动态验收资料

动态验收资料包括动态验收实施方案、动态检测报告、动态验收记录表、动态验收报告。

3. 初步验收资料

初步验收资料包括初步验收申请表、初步验收报告。

4. 安全评估报告

安全评估报告是由铁路安全监察部门组织（或委托具有资质的第三方机构）进行安全评估，就建设项目试运营（或临管运营）提出的安全评价意见。

5. 国家（正式）验收资料

国家（正式）验收资料包括国家（正式）验收申请表、国家（正式）验收证书。

第二章　竣工验收与文件管理

第一节　高速铁路工程竣工验收管理

竣工验收是指高速铁路按设计要求建成后，由验收机构对其进行检查评价的过程。高速铁路竣工验收分为静态验收、动态验收、初步验收、安全评估、正式验收等五个阶段。初步验收合格后进行安全评估，安全评估通过后可开通初期运营；正式验收合格后投入正式运营。

为加强高速铁路建设管理，规范高速铁路竣工验收工作，全面考核建设成果，我国对于新建高速铁路建设项目和其他专门用于旅客运输的铁路建设制定了相关规定。

一、竣工验收阶段、依据和内容

（一）竣工验收阶段

（1）静态验收：是对建设项目的工程按设计完成且质量合格、设备安装调试完毕且质量合格进行检查确认的过程。

（2）动态验收：是在静态验收合格后，通过联调联试、动态检测对列车运行状态下工程质量全面检查和确认，并通过运行试验对整体系统在正常和非正常运行条件下的行车组织、客运服务以及应急救援等进行检验的过程。

（3）初步验收：是在动态验收合格后，对工程建设情况，以及静态验收、动态验收情况进行确认的过程。

（4）安全评估：是经初步验收合格后，且初步验收发现的影响运营安全的问题得到解决后，对安全管理、设备设施、规章制度、人员素质等是否具备开通安全运营条件进行检查评价的过程。

（5）正式验收：是在开通初期运营一年以上由国家主管部门或委托铁道部组织对建设项目整体情况进行检查和评价的过程。

（二）竣工验收依据

（1）国家有关法律、法规。

（2）经批准的可行性研究报告。

（3）经批准的初步设计（含变更设计）文件。

（4）审核合格的施工图。

（5）设备技术说明书。

（6）相关设计规范、工程施工质量验收标准。

（三）竣工验收主要内容

（1）检查工程是否按批准的设计文件建成，配套、辅助工程是否与主体工程同步建成。

（2）检查工程质量是否符合国家和铁道部颁布的相关设计规范及工程施工质量验收标准。

（3）检查工程设备配套及设备安装、调试情况，国外引进设备合同完成情况。

(4)检查概算执行情况及财务竣工决算编制情况。

(5)检查联调联试、动态检测、运行试验情况。

(6)检查环保、水保、劳动、安全、卫生、消防、防灾安全监控系统、安全防护、应急疏散通道、办公生产生活房屋等设施是否按批准的设计文件建成、合格,精测网复测是否完成、复测成果和相关资料是否移交设备管理单位,工机具、常备材料是否按设计配备到位,地质灾害整治及建筑抗震设防是否符合规定。

(7)检查工程竣工文件编制完成情况,竣工文件是否齐全、准确。

(8)检查建设用地权属来源是否合法,面积是否准确,界址是否清楚,手续是否齐备。

建设项目基本符合竣工验收标准,且达到开通运营条件、确保运营安全的情况下,零星土建工程和少数非行车设备尚未按设计规定的内容全部建成,可进行静态、动态和初步验收,零星土建工程和少数非行车设备必须在正式验收前完成施工和安装。

二、验收组织

竣工验收采用先期验收、专家检查、政府验收的组织方式。先期验收包括铁路局和建设单位组织的静态验收和动态验收;专家检查包括对静态验收、动态验收结果进行评审,为初步验收、正式验收提供专家意见;政府验收包括初步验收和正式验收。

静态验收由铁路局组织,建设单位配合,在施工单位自检合格、监理单位确认的基础上进行。铁路局牵头成立由铁路局负责人为组长,建设单位负责人为副组长,铁路局和建设单位处室(部门)负责人、监理、勘察设计、施工单位负责人参加的静态验收领导小组,负责静态验收工作。静态验收领导小组下设工务、通信、信号、信息、电力、牵引供电、房建、客服设施、土地、环水保等专业验收组;专业验收组由铁路局处室负责人任组长,建设单位部门负责人为副组长,铁路局处室人员,以及勘察设计、施工、监理单位现场或专业负责人参加。

动态验收由铁路局组织、建设单位配合,在静态验收合格后进行。铁路局牵头成立由铁路局负责人为组长,建设单位、检测单位负责人为副组长,铁路局和建设单位处室(部门)负责人、检测单位部门负责人参加的动态验收领导小组,负责动态验收工作。初步验收由铁道部初步验收委员会组织,在动态验收合格后进行。初步验收委员会由铁道部领导、有关业务部门负责人、质量监督机构负责人、验收专家组及专业验收组正副组长,建设单位、运营单位负责人以及其他专家组成。

安全评估在初步验收合格后进行,安全评估按铁道部有关规定组织。

正式验收由正式验收委员会组织,在初期运营一年后进行;正式验收委员会由国家主管部门或铁道部按相关规定成立。

建设项目跨越两个及以上铁路局的,各铁路局负责管内部分的静、动态验收工作,以及初步验收、正式验收的配合工作;中国铁路总公司工程管理中心指定一个牵头铁路局,牵头铁路局做好牵头工作。中国铁路总公司可以委托铁路局对建设项目的单位工程先行组织初步验收,初步验收报告报铁道部备案。

中国铁路总公司成立由中国铁路总公司总工程师为组长的高速铁路验收专家组;验收专家组下设工务工程、供电工程、电务工程、信息工程、房建工程、客服设施、环水保专业专家组。验收专家组对静态、动态验收情况及验收报告进行审查,对是否进行下一步工作提出意见。

工务工程专业专家组由运输局为组长单位,工管中心为副组长单位;供电工程专业专家组由运输局为组长单位，工管中心为副组长单位；电务工程专业专家组由运输局为组长单位，工管中心为副组长单位；信息工程专业专家组由信息办为组长单位，运输局和工管中心为副组长单位；房建工程专业专家组由工管中心为组长单位，运输局为副组长单位；客服设施专业专家组由运输局为组长单位，工管中心为副组长单位；环水保专业专家组由计划司为组长单位，工管中心为副组长单位；专业专家组组长单位和副组长单位共同组建专业专家组。

建设项目的勘察设计单位、施工单位、监理单位参加初步验收和正式验收。

三、静态验收

静态验收是指由建设单位（或委托单位）组织验收工作组，对建设项目进行检查，确认工程是否按设计完成且质量合格，系统设备是否已安装并调试完毕。静态验收包括专业现场验收和静态综合系统验收。根据规范《高速铁路工程静态验收技术规范》（TB 10760—2013），静态验收的内容应该包括内业检查和外业检查两部分。内业检查应对内业资料的完整性、全面性进行检查，并对有关内业资料进行重点抽查；外业检查应包括观感质量检查、主要功能和实体质量抽查等，并符合相应专业标准的要求。

（一）静态验收条件

（1）主体工程及其配套工程、辅助工程已按设计文件建成。

（2）环境保护设施、水土保持设施与主体工程同步建成。

（3）劳动、安全、卫生及消防设施与主体工程同步建成。

（4）承包单位按有关规范、标准对工程质量和系统功能自检合格。

（5）精测网复测已经完成，复测资料完备，复测成果已移交。

（6）辅助工程（含公路立交桥）已经移交完毕。

（7）监理单位对工程质量评定合格。

（8）建设用地经依法批准。

（9）竣工文件已按规定的编制内容和标准基本完成。

（二）静态验收程序

（1）施工单位按照施工图和合同约定完成除第八条外的全部工程施工和设备安装、调试并经自检合格，经监理单位同意后，向建设单位申请验收，并报送《工程验收申请表》。

（2）静态验收领导小组审查达到验收条件后，铁路局和建设单位向工管中心申请开展静态验收；申请报告内容包括项目完成情况、验收方案、验收组织（根据建设情况，可分段分专业安排验收），以及零星土建工程和少数非行车设备未完成施工情况等；工管中心审查后向建设单位下达开始静态验收通知，通知抄送建设司、运输局。

（3）接到同意验收通知后，静态验收领导小组组织专业验收组按照有关规定进行验收。

（4）专业验收组应在确定的时间内完成检查，对检查发现的问题提出处理意见、整改期限、复检时间等，建设单位组织相关责任单位进行整改，专业验收组对整改问题进行复查，复查合格后填写专业工程验收记录。静态验收领导小组协调专业间接口验收。

（5）静态验收领导小组完成验收工作后编制静态验收报告。静态验收报告报建设司，抄送计划司、安监司、运输局、信息办、工管中心。

《静态验收报告》应包括静态验收过程、验收人员组成、验收程序、存在问题及整改情况、遗留的零星土建工程和少数非行车设备、验收结论等内容，并附相关数据和试验报告。

建设司将静态验收报告分送部专业专家组正副组长单位。专业专家组对静态验收情况及报告进行审查，审查意见送铁路局和建设单位，抄送建设司、工管中心。

铁路局和建设单位按照审查意见进行整改。整改结束后，铁路局和建设单位编写整改报告，整改报告报建设司，抄送计划司、安监司、运输局、信息办、工管中心。

四、动态验收

（一）动态验收条件

（1）静态验收存在的问题整改完毕，静态验收合格。

（2）联调联试、动态检测和运行试验大纲已经批准。

（3）工机具、常备材料、交通工具已按设计文件配备到位。

（二）动态验收程序

（1）建设单位组织编写联调联试、动态检测和运行试验大纲，在静态验收完成30日前报铁路局；铁路局组织初审，初审后报工管中心；跨铁路局项目，工管中心要指定一个铁路局作为牵头单位，牵头铁路局会同其他铁路局对大纲联合初审后上报工管中心。

工管中心牵头、有关部门参加，对大纲进行集中审查，由铁道部总工程师签发铁工管函批复。

（2）铁路局根据批准的大纲、既有线和高速铁路管理相关规定，组织编制动态验收期间的行车和施工作业管理细则。

跨铁路局的建设项目，由牵头铁路局组织编制。

（3）铁路局确认具备动态验收条件后，动态验收领导小组按照批准的大纲和管理细则启动动态验收。

跨铁路局的建设项目，各铁路局分别负责管内部分的动态验收工作，牵头铁路局负责组织全线拉通调试和运行试验等工作。

工管中心牵头、运输局等相关部门参加，对动态验收工作进行协调指导。

（4）动态验收领导小组就动态检测中发现的问题进行研究，由建设单位组织整改；整改问题复查合格后，填写《动态验收记录表》，检测单位编制动态检测试验报告。

（5）动态验收完成后，铁路局和建设单位编制动态验收报告；动态验收报告报建设司，抄送计划司、安监司、运输局、信息办、工管中心。

《动态验收报告》应包括动态验收组织及人员、存在问题及整改情况，验收结论等内容，并附相关数据和检测试验报告。

铁路局和建设单位按照审查意见进行整改，工管中心对整改工作进行监督；整改结束后，铁路局和建设单位编制整改报告，整改报告报建设司，抄送计划司、安监司、运输局、信息办、工管中心。

五、初步验收及安全评估

（一）初步验收条件

（1）静态验收、动态验收合格。

（2）环境保护设施、水土保持设施经主管部门检查认可。

（3）劳动、安全、卫生及消防设施经相关部门检查认可。

（4）竣工文件按规定编制达到档案验收标准。

（二）初步验收程序

（1）动态验收合格并达到初步验收条件后，建设单位会同铁路局向建设司报送初步验收申请报告。

（2）工程质量监督机构向建设司提交《建设项目工程质量监督报告》。

（3）建设司组织部内相关部门进行研究，认为达到初步验收条件的，向铁道部提出初步验收建议及初步验收委员会组成建议。

（4）初步验收委员会组织检查资料和现场确认，召开初步验收会议，提出《初步验收报告》，明确验收结论。

初步验收合格且初步验收发现的影响运营安全的问题得到解决后，按照铁道部有关规定进行安全评估，形成《安全评估报告》。安全评估办法由铁道部安全监察部门另行组织制订。安全评估通过后，按铁道部规定开通初期运营。

六、正式验收

（一）正式验收条件

（1）初步验收合格且初期运营一年后。

（2）初期运营中发现的问题整改完毕，初期运营状态良好。

（3）《国有土地使用证》已经全部领取。

（4）环境保护、水土保持经相应行政主管部门验收合格。

（5）建设资金已全部到位，按合同与建设各方完成费用结算。

（6）竣工决算已经编制完成并上报主管部门审查。

（7）档案验收工作已完成。

（二）正式验收程序

（1）具备正式验收条件后，建设单位会同铁路局向铁道部上报正式验收申请报告。

（2）建设司组织部内相关部门进行研究，经确认符合正式验收条件的，向铁道部报告申请正式验收。

（3）国家主管部门或铁道部组建高速铁路项目正式验收委员会。

（4）高速铁路项目正式验收委员会检查资料和文件，组织现场检查，召开正式验收会议，对工程质量、初步验收结论以及初期运营情况进行整体评价，形成正式验收结论，出具《正式验收证书》。

初期运营期间，建设项目设计、施工、设备安装单位和设备供应商在建设单位组织下，配合运营单位做好设备维修和应急处理工作，及时处理可能出现的问题，共同保证初期运营工作顺利进行。所需人员、设备、时间根据需要确定，因责任方引起的各项修理、返工等费用和损失由责任方承担，正常维修和应急处理费用纳入运营成本。具体各方权利和责任在运营配合合同中明确。

七、铁路建设项目竣工验收部分附表样式

表 2-1　×××竣工申报表

表 2-2　×××初验申报表

表 2-3　×××初验专业小组记录

表 2-4　×××竣工验收交接记录

表 2-1　×××竣工申报表

<table>
<tr><td>建设项目名称</td><td colspan="3"></td></tr>
<tr><td>申请验收范围</td><td colspan="3"></td></tr>
<tr><td>工程承包单位</td><td colspan="3"></td></tr>
<tr><td>施工负责人</td><td></td><td>技术负责人</td><td></td></tr>
<tr><td>工程完成情况</td><td colspan="3"></td></tr>
<tr><td>工程质量情况</td><td colspan="3"></td></tr>
<tr><td>竣工文件情况</td><td colspan="3"></td></tr>
<tr><td>监理单位意见</td><td colspan="3"></td></tr>
<tr><td colspan="4">施工单位：

负责人：　　　　（章）
年　　月　　日</td></tr>
</table>

表 2-2　×××初验申报表

项目名称	完　成　情　况
主体工程	
配套工程	
生产设施	
必要的生活设施	
环保、水土保持	
耕地占补措施	
劳动安全卫生措施	
消防设施	
国外新技术、设备	
竣工文件及资料	
其他	
质量监督机构意见	
需要说明的问题	
建设单位	负责人：　　（章） 年　月　日
监理单位	负责人：　　（章） 年　月　日
质量监督单位	负责人：　　（章） 年　月　日
审批单位意见	负责人：　　（章） 年　月　日

表 2-3　×××初验专业小组记录

<table>
<tr><td>项目名称</td><td></td><td>专业</td><td></td></tr>
<tr><td>验收范围</td><td colspan="3"></td></tr>
<tr><td>验收工程数量</td><td colspan="3"></td></tr>
<tr><td>质量情况</td><td colspan="3"></td></tr>
<tr><td>存在问题</td><td colspan="3"></td></tr>
<tr><td>小组意见</td><td colspan="3"></td></tr>
<tr><td colspan="4">专业组长：

专业副组长：

接管单位：

建设单位：

设计单位：

施工单位：

监理单位：

年　　月　　日</td></tr>
</table>

表 2-4　×××竣工验收交接记录

建设项目名称		项目地点	
设计概算		工程决算	
开工日期		竣工日期	
验交范围及 工程数量			
存在问题			
处理意见			
质量等级			
建设单位	代表：　（章） 年　月　日		
设计单位	代表：　（章） 年　月　日		
施工单位	代表：　（章） 年　月　日		
接管单位	代表：　（章） 年　月　日		
监理单位	代表：　（章） 年　月　日		
监督单位	代表：　（章） 年　月　日		

第二节　竣工文件编制

一、竣工文件的组成

项目文件由综合部分和专业部分两大类组成。专业部分由线路、路基、桥梁、涵洞、隧道、站场、动车、给排水、通信、信号、电力、电气化、信息、防灾、房建、环境保护与水土保持、铁路用地等专业组成。各专业未包括或不能包括进去的，可以纳入综合部分。应包含的内容有：全部施工设计文件1套；全部竣工文件。

各专业均需纳入项目文件的内容有：

(1)开、竣工报告及批复文件。

(2)本专业工程竣工数量表。

(3)变更设计通知单。

(4)单位工程质量验收记录。

(5)施工日志。

(6)工程施工小结。

(7)竣工验收交接记录表。

(8)本专业工程的检验批、分项工程、分部工程的验收记录。

(9)会议纪要等相关文件。

(10)声像资料(按声像档案规定组卷、移交、归档)。

二、竣工文件的编制规定与要求

铁路工程竣工文件的编制工作由施工单位负责编制，接管单位档案部门协作指导。建设单位督促各参建单位按档案部门的要求做好文件材料的形成和积累工作，竣工验收前将文件图纸按专业和单位工程进行汇总整理。

(一)竣工文件编制规定

铁路工程竣工文件要如实反映铁路建设项目施工技术状况和工程竣工的现状。如发现竣工文件与实际不符，应追究原施工、监理单位及人员的责任。竣工文件内容及提交份数执行铁道部相关规定。正式验收前，建设单位应按照有关法律法规的规定，组织施工单位会同接管单位(部门)向地方县级以上人民政府统一办理国有土地使用证书。《国有土地使用证》随建设用地竣工文件一并移交接管单位的铁路用地管理部门。

(二)竣工文件编制要求

(1)及时性。及时性是做好工程技术资料的前提。不及时必然出现造表现象，造表必然出错。

(2)真实性。真实性是做好工程技术资料的灵魂。不真实的东西必然出现漏洞。

(3)准确性。准确性是做好工程技术资料的核心。准确性依赖于对技术内容的理解。

(4)完整性。完整性是做好工程技术资料的基础。要特别注意记录的闭合性。

三、竣工图的编制规定和要求

(一)竣工图编制规定

竣工图是否完整、准确、系统，是衡量建设项目工程质量优劣的重要指标之一。竣工图不完整、不准确，其后果是不堪设想的。项目竣工文件的编制要如实反映建设项目施工的技术状况和工程竣工的现状。如发现竣工文件与实际不符，应追究原施工单位和监理人员责任。其内容包括竣工文件编制依据、竣工文件的基本构成、竣工文件编制的一般原则、竣工图的编制责任、竣工图的编制要求、竣工图的更改、竣工图的审核、竣工图的份数等。

(二)竣工图编制基本要求

1. 时间要求

为确保竣工图编制的质量和验收时间的要求，要求做到竣工图的编制与工程进度同步，以保证竣工图的准确性。一般来说，竣工图绘制与工程交工的时间差，应不大于一个单位工程的施工。

2. 内在质量的要求

竣工图必须符合实际，反映工程竣工的最终状况。包括：

(1)新增加的施工应适当补充新的施工图；

(2)没有施工图，但实际进行施工且已竣工的工程，必须编制竣工图；

(3)对施工质量事故处理及设计文件的更改。包括文字、数字、图形的改变，必须在竣工图上有所反映；

(4)被取消的施工图，不应编制竣工图，但必须将取消的依据纳入竣工说明中。

3. 竣工图的签字手续要完备

各有关责任人(编制人、审核人、承担施工的技术负责人、驻地监理)要在竣工图上签字，以示对竣工图的质量负责，如有关责任人以盖章代替手签，应附有关责任的书面声明。

4. 外观质量要求

竣工图必须是新图，图纸质量要规格统一，图面整洁，字迹线条清晰、耐久、标注位置合理。

5. 竣工图文件主要的编制形式

建设项目竣工图与施工图有密切的联系，从施工图演变到反映实际施工最终状况的竣工图，分为几种不同的情况：

(1)施工图没有变更；

(2)施工图只有一般局部变更；

(3)施工图发生重大的变更；

(4)施工图被取消；

(5)原设计没有，施工中新增加的内容等。

因此，对竣工图的编制形式有几种不同的要求：

施工图被取消包括设计变更取消或现场未施工的，不需要编制竣工图。但应在原图中注明“取消”，并将原图作废。

由于某种原因，新的施工内容在没有正式施工图的情况下进行施工的(一般情况下是不允许的)，应按实际施工最终状况，由施工单位绘制竣工图，经设计单位签署意见并补充修改依据后方可作为竣工图。

重复的标准图、通用图可不编入竣工图中，但必须在目录中列出图号，指明该图所在位置，并在编制说明中注明。

重新出图时，将“设计说明”改做“竣工说明”，叙述施工变更情况，按最终的情况绘制竣工图。

6. 修改的技术要求

(1)利用施工图修改的竣工图,凡修改处都要标注修改依据,标注修改依据应按设计变更、洽商记录等文件名称、编号、条文号、产生日期、其所在案卷号和页号的先后顺序填写。

(2)所有设计变更文件中的变更内容,必须不遗漏地在施工图中全面反映,即每项变更内容,不但要在文件所指的竣工图上反映,而且要在所有涉及到的每张竣工图上反映。

(3)修改后的文字和数字位置要与被修改部分的位置大致相对应。凡有关施工技术要求或材料明细表等文字有更改的,应在修改变更处进行杠改,当内容较多时,可采用注记说明的方法。

(4)文字说明,变更后图样上各种引出说明应与标题栏平行,引出线不交叉。作为竣工图的蓝图必须是图面清晰的新图纸。

(5)更改应用黑色墨水或碳素墨水。

7. 竣工图的更改方法

(1)对少量文字和数字的修改,可用扛改法,即用一条实线将被修改的部分划去,在其附近的适当位置,填写变更后的内容,并注明修改依据。

(2)对于少量图形的修改,可采用叉改法,即用"×"将被修改部分图形圈出,在其附近的适当位置,画出修改后的图形,注明修改内容及依据。

(3)对较多图形修改,可采用圈改法,即将被修改的部分图形圈出,按制图规范在其附近的适当位置,画出修改后的图形,注明修改依据。

(4)凡图形、标高等没有变化,但工程数量与原设计工程数量不同的,可在原设计图上列出竣工工程数量,原设计工程数量表仍应保留。

(5)描图过程中为了避免差错,可利用设计单位原底图或用蓝图重新复制后二底晒蓝图;也可扫描形成后更改;也可由设计单位提供CAD图纸后,由施工单位在计算机中直接改图。

(6)由于局部范围内文字、数字修改或增加较多、较集中,影响图面清晰或线条、图形在原图上修改后使用面模糊不清,宜采用贴图更改法,即将需要修改的部分,用别的图纸书写绘制好,然后粘贴到被修改的位置上。粘贴时,必须与原有的行列、线条、图形相衔接。在粘贴接缝处要加盖编制人印章。重大工程不宜采用贴图更改法,整张图纸全面修改的也不宜用贴图更改法,这两种情况应重新绘制竣工图。

8. 竣工图反映综合施工图和设计变更文件的内容

(1)施工图是编制竣工图的基础,每一张施工图就应编制一张相应的竣工图(施工图取消的除外)。

(2)设计变更文件是编制竣工图的依据,它是所有引起原设计施工图变更的图纸、文件、有关资料总称。其中,设计单位提供的设计变更文件有:设计变更单、补充设计图、修改设计图、技术交底图纸会审会议纪要,各种技术会议记录,其他涉及设计变更的文件等;施工单位提供的设计变更文件有:隐蔽工程验收单、技术核定单、材料代用单、工作联系单、其他涉及设计变更文件等。

(3)更改应符合各专业的要求。

(4)更改应用黑色墨水或碳素墨水。

9. 竣工图章的使用

竣工图章的内容有:施工单位、技术负责人、监理单位、编制人、审核人、编制日期、总监、现场监理。

所有竣工图应加盖竣工图章，凡有改动的图纸，必须有签字（手写）。竣工图章的位置盖到标题栏上方，若图面没有盖章位置，可盖在反面。竣工图章应使用不褪色红印泥。

10. 竣工图的审核

（1）竣工图编制完后，监理单位应督促和协助竣工图编制单位检查其竣工图编制情况，发现不准确或短缺时要及时修改和补齐。

（2）竣工图内容应与施工图设计、设计变更、洽商、材料变更、施工及质检记录相符合。

（3）竣工图按单位工程、装置或专业编制，并配有详细编制说明和目录。监理单位应协调各施工单位交叉工程竣工图纸的编制分工。

（4）竣工图应使用新的或干净的施工图，按要求加盖并签署竣工图章。

（5）一张更改通知单涉及多图的，如图纸不在同一卷册的，应将复印件附后在有关卷册中，或在备考表中说明。

（6）国外引进项目、引进技术或由外方承包的建设项目，外方提供的竣工图应由外方签字确认。

四、铁路工程资料的填写方法和表格样式

内容以施工单位用表为例进行说明。

1. 施工组织设计（方案）报审表

表 2-5 用于承包单位报审施工组织设计（方案）。施工过程中，如经批准的施工组织设计（方案）发生改变，项目监理机构要求将变更的方案报送时，也采用此表。

表 2-5　施工组织设计（方案）报审表

工程项目名称：××段土建施工　　施工合同段：土建×标　　编号：××

<table>
<tr><td colspan="2">致×××监理公司××段××标（监理站）：
我单位根据承包合同的约定已编制完成××桥梁工程的施工组织设计，并经我单位技术负责人审查批准，请予以审查。
附：××工程的施工组织设计

承包单位（章）：×××公司
××段××标项目经理部
项目负责人：
日　　期：</td></tr>
<tr><td>专业监理工程师意见：
同意上报

专业监理工程师：
日　　期：</td><td>监理站意见：
同意按此方案组织施工

监理站章：
总监理工程师：
日　　期：</td></tr>
<tr><td colspan="2">公司审核意见（按相关管理办法规定，需要时）：

公司（章）：
负 责 人：
日　　期：</td></tr>
</table>

注：本表一式 4 份，承包单位 2 份，监理单位、建设单位各 1 份。

2. 工程开工/复工申请表

(1)表 2-6 用于工程项目开工或停工后恢复施工。如整个项目一次开工，只填报一次；如工程项目中涉及较多的单位工程，且开工时间不同，则每个单位工程开工都应填报一次。此时，将表头上的“复工”两字划掉。

(2)因各种原因工程暂停，承包单位准备恢复施工，工程复工报审时，将表头的“开工”两字划掉。

(3)表中证明文件，是指证明已具备开工或复工条件的相关资料。

表 2-6 工程开工/复工申请表

工程项目名称：××段××标　　　　施工合同段：××标　　　　编号：

<table>
<tr><td>工程名称(单位、分部)</td><td>×××大桥工程</td><td>里程/部位</td><td>DK492+267.50～DK492+436.16</td></tr>
<tr><td>申请开工日期</td><td>2014 年 6 月 29 日</td><td>计划工期</td><td>30 个月</td></tr>
<tr><td colspan="4">致×××监理公司××段××标(监理站)：
我方承担的×××大桥工程，已完成各项准备工作，具备了开工条件，特此申请施工，请核查并签发开工指令。
附件：
一、证明文件
1. 桥梁施工组织设计报审表
2. 主要进场人员报审表
3. 进场施工机械、设备报验单
4. 施工现场质量管理检查记录
5. 施工复测/测量放样报审表
6. 检查材料检测报审表/混凝土配合比报审表

施工单位(章)：____________
项目负责人：____________
日　　期：____________</td></tr>
<tr><td colspan="2">监理站审查意见：
同意开工

监理站(章)：____________
总监理工程师：____________
日　　期：____________</td><td colspan="2">公司意见(需要时)：

公　　章：____________
负 责 人：____________
日　　期：____________</td></tr>
</table>

注：本表一式 4 份，承包单位 2 份，监理单位、建设单位各 1 份。

“单位工程”及“合同标段”和“重点工程”开工报告表格及填写见表 2-7。

表 2-7 铁路建设工程单位工程开工报告

<table>
<tr><td>建设项目名称</td><td>新建铁路××至
××(××段)</td><td>单项工程名称</td><td>×××大桥工程</td><td>工程地点</td><td>××××</td></tr>
<tr><td>施工单位</td><td>××公司××段
××标项目经理部</td><td>申请开工日期</td><td>2014 年 6 月 29 日</td><td>实际开、
竣工日期</td><td>开工：2014 年 7 月 5 日
竣工：　　年　月　日</td></tr>
<tr><td colspan="6">申请×××大桥工程单位工程开工。单项工程已经×××监理公司××段××标监理站批准于2014 年 7 月 5 日开工</td></tr>
</table>

续上表

	项　目	情　况
准备工作情况	1. 设计文件； 2. 设计交接桩及复测情况； 3. 材料、设备、机具、劳力准备； 4. 施工组织设计，施工图预算； 5. 用地拆迁； 6. 施工用水、电、临时设施； 7. 施工现场安全措施； 8. 是否已列入年度建设计划； 9. 签订施工合同情况	1. 设计文件已满足施工要求； 2. 设计交接桩及复测已完成，满足施工要求； 3. 材料、设备、机具、劳力准备充分，满足施工要求； 4. 施工组织设计已审批，施工图预算已完成，满足施工要求； 5. 用地拆迁工作已完成，满足施工要求； 6. 施工用水、电、临时设施齐全，满足施工要求； 7. 施工现场安全措施到位，满足施工要求； 8. 该单位工程已列入年度建设计划； 9. 该单位工程已签订施工合同
其他存在问题	无	
审批意见	同意单位工程于 2014 年 7 月 5 日开工	

申请开工单位：(签章)××公司　　　　审批单位：(签章)×××监理公司
2014 年 7 月 5 日　　　　2014 年 7 月 5 日
××段××标项目经理部　　　　××段××标监理站

附注：1. 施工单位在申请开工前填报一式 4 份，施工单位 2 份，监理单位 1 份，建设单位 1 份。
2. 施工单位上报时，在具备条件的项目前“□”中打“√”

3. 分包单位资质报审表

表 2-8 用于施工单位分包项目时，向监理项目部上报分包单位资质审批用表。

表 2-8　分包单位资质报审表

工程项目名称：××高速铁路　　　　施工合同段：××　　　　编号：××

致××公司××监理项目部(项目监理机构)：

经考察，我方认为选择的×××(分包单位)具有承担下列工程的施工资质和施工能力，可以保证本工程项目按合同的规定进行施工。分包后，我方仍承担总包单位的全部责任。请予以审查和批准。

附：1. 分包单位资质材料；
2. 分包单位业绩材料。

分包工程名称(部位)	工程数量(单位)	拟分包工程合同额(万元)	分包工程占总包工程
××桥	1	23	3.5%
合　计			

承包单位(章)：__________
项目经理：__________
日　期：__________

专业监理工程师意见：

同意分包

专业监理工程师：__________
日　期：__________

总监理工程师意见：

同意

项目监理机构(章)：__________
总监理工程师：__________
日　期：__________

注：本表一式 4 份，承包单位 2 份，监理单位、建设单位各 1 份。

4. 进场施工机械、设备报验表

施工单位进场机器使用前，向监理报验机械、设备时使用表 2-9，现场监理现场对该设备进行检查，签认后施工单位可将该设备投入使用。

表 2-9　进场施工机械、设备报验表

工程项目名称：新建××至××铁路　　施工合同段：××段××标段　　编号：××

致×××监理公司××段××标（监理站）：

下列施工机械、设备按合同约定已进场，并经我方检查，能满足工程施工需要，请审查签证并准予使用。

施工单位（章）：__________

技术负责人：__________

日　　期：__________

序号	机械设备名称	规格及型号	数量	技术状况	进场日期	使用工点	备　注
1	冲击钻	ZZ3257M3845C	2	良好	2014.05.13	桥梁工程	投标承诺进场 4 台，已进场 2 台，目前已满足开工条件，计划 2014 年 6 月 14 日再进场 2 台
2	混凝土搅拌运送车	ZZ32M3845C	2	良好	2014.05.13	桥梁工程	计划 2014 年 6 月 13 日前进场 2 台，满足施工要求
3	混凝土输送泵	ZZ3257M845C	2	良好	2014.05.13	桥梁工程	计划 2014 年 6 月 13 日前进场 1 台，满足施工要求
4	汽车起重机	Z57M3845C	2	良好	2014.05.13	桥梁工程	计划 2014 年 6 月 13 日前进场 2 台，满足施工要求
5	挖掘机	ZZ3257M3544C	1	良好	2014.05.14	桥梁工程	投标承诺进场 2 台，已进场 1 台，目前已满足开工条件，计划 2014 年 6 月 11 日再进场 1 台
6	钢筋弯曲机	GW-40	3	良好	2014.05.14	桥梁工程	投标承诺进场 2 台，已进场 3 台，满足开工条件
7	钢筋切断机	GQ-40	2	良好	2014.05.14	桥梁工程	投标承诺进场 2 台，已进场 2 台，满足开工条件
8	钢筋调直机	GJ4-14	2	良好	2014.05.15	桥梁工程	投标承诺进场 2 台，已进场 1 台，目前已满足开工条件，计划 2014 年 6 月 20 日再进场 1 台
9	混凝土振动棒	HZ-50	15	良好	2014.05.15	桥梁工程	投标承诺进场 10 台，已进场 15 台，满足开工条件
10	电焊机	BX-500	6	良好	2014.05.16	桥梁工程	投标承诺进场 10 台，已进场 6 台，目前已满足开工条件，计划 2014 年 6 月 14 日再进场 4 台
11	空压机	v-0.3/8	6	良好	2014.05.16	桥梁工程	计划 2014 年 6 月 14 日前进场 4 台，满足施工要求
12	风镐	G10	5	良好	2014.05.16	桥梁工程	投标承诺进场 4 台，已进场 5 台，满足开工条件

审验结论：

同意进场

专业监理工程师：__________

日　　期：__________

注：1. 对性能、数量不符合要求需要更换或补充的原因另附说明；

2. 本表一式 4 份，承包单位 2 份，监理单位、建设单位各 1 份。

5. 主要进场人员报审表

表 2-10 为施工单位主要人员进场后，开始施工前对人员报审时用表。

表 2-10　主要进场人员报审表

工程项目名称：××段　　施工合同段：××标　　编号：

致：×××监理公司××客运专线××段××标监理站（监理站）

下列人员已进场，并满足合同约定，请予以审查。

附：人员资格证明复印件。

施工单位（章）：____________

项目负责人：____________

日　　期：____________

序号	姓　名	性别	出生年月	职　　务	学历	专业	专业年限	备　注	监理审查意见
1	赵××	男	1980.2	架子队队长/工程师	本科	桥梁工程	4 年		同意进场
2	钱××	男	1987.6	架子队技术负责人/工程师	专科	土木工程	3 年		同意进场
3	孙××	男	1976.3	架子队技术员/助理工程师	专科	公路工程	3 年		同意进场
4	李××	男	1985.2	架子队安全员/助理工程师	专科	隧道工程	3 年		同意进场
5	周××	男	1993.9	架子队质检员/助理工程师	本科	土木工程	4 年		同意进场
6	吴××	男	1985.9	架子队材料员/工程师	本科	物流管理	4 年		同意进场

审查结论：

同意进场

总监理工程师：____________

日　　期：____________

注：本表一式 4 份，承包单位 2 份，监理单位、建设单位各 1 份。

6. 进场材料/构配件/设备报验表

表 2-11 多用于进场材料报验，施工单位材料进场后，并经自检合格，方可向监理报验，现场监理会对进场材料质量证明材料，自检试验报告等进行审查，合格后签认。

表 2-11　进场材料/构配件/设备报验表

工程项目名称：新建铁路××至××段　　施工合同段：××标　　编号：×××

致×××监理公司××段××标监理站（项目监理机构）：

下列原材料/构配件/设备经自检符合技术规范要求，报请验证并准予在指定的部位使用。

附件：1. 出厂质量保证书（产品合格证）；

2. 出厂检验报告；

3. 自检试验报告。

项 目 经 理：____________

技术负责人：____________

日　　期：____________

续上表

名　　称		钢　　筋	
规格及型号		HPB300Φ20	
本批数量		49.128 t	
供货单位		×××有限公司	
到达时间		2014.06.24	
合格证		××(批号:2014-5-4556)	
来源或产地		×××有限公司	
使用工点及部位		×××大桥桩基础	
自验情况	取样地点及日期	×××隧道进口1号钢筋加工场 2014.06.24	
	检验人及检验日期	××× 2014.06.24	
	检验结果	合格	
使用日期		2014.06.24	
监理检验意见		同意使用	

审查结论：

据报告，同意使用

专业监理工程师：____________

日　　期：____________

注：本表一式4份，承包单位2份，监理单位、建设单位各1份。

7. 施工测量放样报验表

表2-12为施工单位施工测量放样完毕并自检合格后，向监理报审用表。

表2-12　施工测量放样报验表

工程项目名称：新建铁路××至××段　　　施工合同段：××标　　　编号：××

致：×××监理公司××段××标监理站

根据合同要求，我单位已完成×××大桥(DK492＋267.5～DK492＋436.16)(0#桥台桩基)的施工测量放样工作，清单如下，请予以核验。

附件：测量资料。

1. 桩基施工测量放样记录

工程地点	放样内容	备　　注
东台子大桥(DK492＋267.5-DK492＋436.16)	0#桥台桩基定位	徕卡 TCR1201＋

施工单位(章)：____________

测　量　人：____________

复　核　人：____________

技术负责人：____________

日　　期：____________

续上表

审核结论： 校验合格 □ 纠正偏差后合格 □ 纠正偏差后再报 □ 专业监理工程师：__________ 日　　期：__________

注：本表一式 3 份，承包单位 2 份，监理单位 1 份。

8. 工程报验表

表 2-13 用于工程质量检查验收的申报。

(1)用于隐蔽工程检查和验收时，当承包单位完成自检，填报此表提请监理工程确认。在填报此表时，应附有相应工序和部位的工程质量检查证。

(2)用于分项、分部、单位工程施工质量验收报审时，应附有相关的工程质量验收标准要求的资料及规定用表。

(3)本表可以一次报验多个检查验收项目，前提是报验的各项目已经完成并经自检合格。

表 2-13　工程报验表

工程项目名称：新建铁路××至××段　　　　施工合同段：××段　　　　编号：××

致：××监理公司××客运专线××段××标监理站： 根据施工承包合同和设计文件的要求，我单位已完成下列施工项目并自检合格，报请检查。 项目 1：×××大桥 0# 墩～1# 墩后张法预应力混凝土简支箱梁模板及支架质量验收工程 项目 2：×××大桥 0# 墩～1# 墩后张法预应力混凝土简支箱梁支座板及防落梁质量验收工程 附件： 模板安装检查记录表 模板制作与安装尺寸质量检查表 模板及支架(安装)检验批质量验收记录表(I) 制梁前底模板反拱测量记录表 制梁前翼缘板反拱测量记录表 后张法预应力混凝土简支箱梁支座板安装质量检查表 后张法预应力混凝土简支箱梁防落梁安装质量检查表 质量检查工程师(签字)：__________ 日　　期：__________
监理工程师意见： 全部合格，同意验收 专业监理工程师：__________ 日　　期：__________

注：本表一式 3 份，承包单位 2 份，监理单位 1 份。

9. 工程质量事故报告单

施工中出现质量事故时，施工单位向业主及监理汇报用表 2-14。

表 2-14　工程质量事故报告单

工程项目名称：×××　　施工合同段：××标　　编号：××

致×××监理公司(项目监理机构)： ××年×月×日×时，在×××桥 ______ 发生工程质量事故，报告如下： 1. 事故经过及原因简要说明(详见附件)： 2. 事故性质： 3. 预计造成损失： 4. 应急措施： 5. 初步处理意见： 待进行现场调查后，另作详细报告。 承包单位(章)__________ 项目经理：__________　____年____月____日____时
收件人：__________　____年____月____日____时

注：本表一式 4 份，承包单位 2 份，监理单位、建设单位各 1 份。

10. 工程数量报审表

施工单位每季度向监理公司上报工程数量用表 2-15。

表 2-15　××年×季度已完工程数量报审表

承包单位(章)：×××××　　工程项目名称：××高速铁路　　施工合同段：××标　　编号：××

序号	项目名称	工程数量																		
		区间土方(万 m^3)	区间石方(万 m^3)	站场土方(万 m^3)	站场石方(万 m^3)	路基圬工(万 m^3)	特大桥(延长米)	大中桥(延长米)	小桥(延长米)	涵渠(横延米)	隧道(延长米)	桥梁架设(孔)	正线铺轨(km)	站线铺轨(km)	铺渣(m^3)	房屋建筑(m^2)	信号(站/km)	通信(km)	电力(km)	电气化(km)
1	××高速铁路	22		12	1	12	3422	122	23	23	321	24								

注：本表一式 4 份，承包单位 2 份，建设单位、监理单位各 1 份。

填表人：××　　复核人：××

承包单位项目经理：××　　专业监理工程师：××

××年×月×日　　××年×月×日

11. 季度验工计价表

每季度施工单位向监理公司验工计价用表 2-16。

表 2-16　××年 1 季度验工计价表

工程项目名称：××高速铁路　施工合同段：××标　单位：万元　编号：××

章号	项目名称	合同价值	本季验工计价	本年验工计价	开工累计计价	合同余额
1	××运河特大桥	120000	2000	89000	89000	31000
编制人：＿＿＿＿ 复核人：＿＿＿＿ 日　期：＿＿＿＿		承包单位(章)：＿＿＿＿ 项目经理：＿＿＿＿ 日　期：＿＿＿＿			项目监理机构(章)：＿＿＿＿ 专业监理工程师：＿＿＿＿ 总监理工程师：＿＿＿＿ 日　期：＿＿＿＿	

注：本表一式 4 份，承包单位 2 份，建设单位、监理单位各 1 份。

12. 监理工程师通知回复单

此表同“监理工程师通知单”配套使用，当监理工程师下发“监理工程师通知单”后，施工单位接到通知单并根据通知单要求整改完毕后，向监理工程师回复用表 2-17。

表 2-17　监理工程师通知回复单

工程项目名称：××铁路　施工合同段：××标　编号：××

致：×××监理公司××段××标(监理站) 我方接到编号××的监理工程师通知单后，已按要求完成了整改 工作，现进行回复，请给予复查。 1. 斜井排水沟堵塞，不畅通。 整改措施：立即安排人员对斜井排水沟进行清理，保证排水沟畅通，排水顺畅。 2. 斜井洞室焊接模板钢架时未对防水板进行保护，且焊工无证上岗。 整改措施：重新对现场工人进行安全交底，要求焊接模板钢架时用木板对防水板进行保护，避免电焊火花引燃防水板，造成安全隐患。并更换现场电焊人员，要求持证上岗作业，禁止无证上岗，一旦发现，将进行处罚。 3. ×××大桥防水层养护不到位，个别地方侧面节水养护薄膜未覆盖到边，遮阳网覆盖不符合要求。 整改措施：立即安排人员对桥面防水层养护重新进行覆盖，要求节水养护薄膜、遮阳网覆盖到位，并用沙袋压实，确保桥面防水层养护质量。 施工单位(章)：＿＿＿＿ 负　责　人：＿＿＿＿ 日　　期：＿＿＿＿
复查意见： 监理工程师：＿＿＿＿ 日　　期：＿＿＿＿

注：本表一式 3 份，承包单位 2 份，监理单位 1 份。

13. 工程延期报审表

当由于非施工单位原因造成施工工期延误，并根据合同有关要求属于可延期范畴时，施工单位向监理公司申请工期延期用表 2-18。

表 2-18　工程延期报审表

工程项目名称：××高速铁路　　施工合同段：×标　　编号：××

致××高速铁路监理项目部(项目监理机构)： 根据合同×× 条的规定，由于××××原因，我方申请工程延期，请予以审查批准。 附件： 1. 工程延期的依据及工期计算 合同竣工日期：××年×月×日 申请延长竣工日期：××年×月×日 2. 证明材料： 承包单位(章)：____________ 项目经理：____________ 日　　期：____________
总监理工程师意见： 同意延期至××年×月×日 总监理工程师：____________ 日　　期：____________
建设单位审批意见： 建设单位(章)：____________ 负 责 人：____________ 日　　期：____________

注：本表一式 4 份，承包单位 2 份，监理单位、建设单位各 1 份。

第三节　竣工文件组卷与归档

一、竣工文件资料归档范围和保存单位

1. 竣工文件应由建设单位组织有关责任单位编制，接管使用单位档案管理部门应予以协助指导。

2. 竣工文件的编制、整理、验收、移交、管理等应符合有关标准和管理办法的规定。

3. 竣工文件应如实反映建设项目主要过程和竣工状况，表格所列的建设项目资料应纳入竣工文件。

4. 竣工文件资料收集范围见表 2-19。

表 2-19　建设项目资料竣工归档范围及责任(督办)部门划分表

资料代号	资料名称	归档范围	公司责任(督办)部门	形成(X)、收集(S)				纳入竣工文件	保管期限
				建设单位	勘察设计单位	施工单位	监理单位		
建设管理资料(A类)									
A1	建设单位内部管理资料								
A1-1	管理机构资料	机构设置、人员配置及工作职责等,包括各个建设阶段	综合部	X				√	永久
A1-2	管理制度资料	为实现“六位一体”控制目标而制定的各项管理制度	综合部	X					长期
A2	立项决策资料								
A2-1	预可行性研究报告	项目立项依据,铁道部及国家主管部门审批	工程部	S	X			√	永久
A2-2	预可行性研究报告批复文件	原铁道部及国家主管部门的审批文件	工程部	S	S			√	永久
A2-3	环境影响报告书	勘察设计单位编制,铁道部及国家环境保护行政主管部门审批	工程部	S	X			√	永久
A2-4	环境影响报告书批复文件	原铁道部及国家环境保护行政主管部门的审批文件	工程部	S	S			√	永久
A2-5	水土保持方案报告书	勘察设计单位编制,铁道部及国家水土保持行政主管部门审批	工程部	S	X			√	永久
A2-6	水土保持方案报告书批复文件	原铁道部及国家水土保持行政主管部门的审批文件	工程部	S	S			√	永久
A2-7	节能报告书	勘察设计单位编制,铁道部及国家节能行政主管部门审批	工程部	S	X			√	永久
A2-8	节能报告书批复文件	原铁道部及国家节能行政主管部门的审批文件	工程部	S	S			√	永久
A2-9	防洪影响评估报告书	勘察设计单位编制,铁道部及国家防洪行政主管部门审批	工程部	S	X			√	永久
A2-10	防洪影响评估报告书批复文件	原铁道部及国家防洪行政主管部门的审批文件	工程部	S	S			√	永久
A2-11	通航论证报告书	勘察设计单位编制,铁道部及国家河道行政主管部门审批	工程部	S	X			√	永久
A2-12	通航论证报告书批复文件	原铁道部及国家河道行政主管部门的审批文件	工程部	S	S			√	永久
A2-13	地震安全性评估报告书	勘察设计单位编制,铁道部及国家地震行政主管部门审批	工程部	S	X			√	永久
A2-14	地震安全性评估报告书批复文件	原铁道部及国家地震行政主管部门的审批文件	工程部	S	S			√	永久
A2-15	文物保护影响评估报告书	勘察设计单位编制,铁道部及国家文物保护行政主管部门审批文件	工程部	S	X			√	永久

续上表

资料代号	资料名称	归档范围	公司责任（督办）部门	形成(X)、收集(S)				纳入竣工文件	保管期限
				建设单位	勘察设计单位	施工单位	监理单位		
A2-16	文物保护影响评估报告书批复文件	原铁道部及国家文物保护行政主管部门的审批文件	工程部	S	S			√	永久
A2-17	可行性研究报告	勘察设计单位编制，铁道部及国家行政主管部门审批	工程部	S	X			√	永久
A2-18	可行性研究报告批复文件	国家行政主管部门的审批文件	工程部	S	S			√	永久
A3	征地拆迁资料								
A3-1	建设用地预审资料	包括地质灾害危险性评估报告、压覆重要矿藏评估报告、使用林地可行性报告等	工程部	S	X			√	永久
A3-2	建设用地预审批复文件	国土管理部门的审批文件	工程部	S	S			√	永久
A3-3	选址意见书、建设用地规划许可证	建设单位根据建设项目有关批复文件，向城市规划部门申请办理的选址意见书和建设用地许可证	工程部	S	S			√	永久
A3-4	勘测定界成果资料	包括勘测定界技术报告书和勘测定界图，建设单位委托有资质单位编制	工程部	S		S		√	永久
A3-5	施工用地图纸、资料	设计单位提供包括征地图、征地数量表、拆迁调查明细表等资料	工程部	S	X	S		√	永久
A3-6	建（构）筑物评估报告	对于拆迁范围内的特殊建（构）筑物，建设单位委托有资质评估单位进行评估并编制评估报告	工程部	S		S			长期
A3-7	征地拆迁现场操作资料	根据有关规定和管理办法，实施征地拆迁现场操作的各类资料	工程部	S		X		√	永久
A3-8	临时用地租用协议资料	对于生产区、辅助生产区、办公生活区及施工便道等临时用地，施工单位与当地行政主管部门签订的临时租赁协议书等资料	工程部	S		X			长期
A3-9	征地拆迁管理台账	根据征地拆迁管理内容建立台账	工程部	X		X			长期
A4	招投标管理资料								
A4-1	招标计划	根据招标文件编制原则和编制大纲编制招标计划	计财部	X				√	永久
A4-2	招标计划批复文件	招投标管理机构的批复文件	计财部	S				√	永久
A4-3	招标公告	指依法进行招标必须在指定媒体发布的招标公告。具体内容按铁道部有关管理规定执行	计财部	X				√	永久
A4-4	资格预审文件、招标文件	应按相应文件的范本编制。招标答疑、补遗文件是招标文件的组成部分	计财部	X	S	S	S	√	永久
A4-5	资格后审批准文件	报招投标管理机构批准形成的批准文件	计财部	S				√	永久

续上表

资料代号	资料名称	归档范围	公司责任（督办）部门	形成(X)、收集(S)				纳入竣工文件	保管期限
				建设单位	勘察设计单位	施工单位	监理单位		
A4-6	资格预审评审资料	包括评审记录资料、向资格预审合格的潜在投标人发出的资格预审合格通知书、向资格预审不合格的潜在投标人发出的告知资格预审不合格通知书	计财部	X				√	永久
A4-7	投标文件	包括对提交的文件做补充、修改内容的书面资料	计财部	S	X	X	X	√	永久
A4-8	开标记录文件	在开标过程中由招标单位负责人、投标人法定代表人或委托代理人签字确认的记录，委托公证机关对开标过程依法进行公证的还应包括公证书	计财部	X				√	永久
A4-9	评标报告	由评标委员会全体成员签字	计财部	X				√	永久
A4-10	中标通知书、中标结果通知书	评标报告经招投标管理机构核准后发出。	计财部	X	S	S	S	√	永久
A4-11	招投标情况书面报告	在中标通知书发出规定的期限内，招标人向招标管理机构提交	计财部	X				√	永久
A5	合同管理资料								
A5-1	合同审查资料	建设管理内部审查、咨询审查以及律师审查等资料	计财部	X				√	永久
A5-2	合同联签文件	建设管理内部业务部门、计财部、业务领导及法人代表或委托代理人等签字文件	计财部	X				√	永久
A5-3	合同变更、解除及纠纷处理文件	合同变更、解除及纠纷处理的各类文件资料	计财部	X	X	X	X	√	永久
A5-4	合同文本	包括各种协议、合同、补充协议及补充合同书面文本	计财部	X	X	X	X	√	永久
A5-5	合同管理台账	根据管理需要以便于统计和查询为原则编制	计财部	X					长期
A6	开工报告								
A6-1	建设项目开工报告	需提交资料： 1. 开工报告； 2. 可行性研究报告及批复文件； 3. 建设管理机构资料及管理规章制度； 4. 初步设计及总概算批复文件，普通铁路项目鉴修概算或客运专线项目施工图投资检算核备文件； 5. 项目资本金和其他建设资金计划已落实证明材料； 6. 指导施工组织设计大纲； 7. 主体工程（或控制性工程）施工单位、监理单位中标通知书； 8. 建设项目管理单位与设计单位签订的设计图纸交付协议； 9. 环境影响评估报告审批文件； 10. 节能评估报告审批文件； 11. 建设项目用地预审文件	工程部	X				√	永久

续上表

资料代号	资料名称	归档范围	公司责任(督办)部门	形成(X)、收集(S)				纳入竣工文件	保管期限
				建设单位	勘察设计单位	施工单位	监理单位		
A6-2	建设项目开工报告批复文件	上级主管部门对开工条件进行审查后的批复文件	工程部	S				√	永久
A6-3	合同标段和重点工程开工报告	施工单位填写申请表向监理单位申请经检查并确认后，上报建设单位审核	工程部	S		X	X	√	永久
A6-4	合同标段和重点工程开工报告批复文件	建设单位的批复文件	工程部	X		S	S	√	永久
A6-5	单位工程开工报告	施工单位填写申请表向监理单位申请开工	工程部	S		X	S	√	永久
A6-6	单位工程开工报告批复文件	监理单位完成审查的批复文件，报建设单位备案	工程部	S		S	X	√	永久
A7	技术管理资料								
A7-1	指导性施工组织设计资料	包括指导性施组及批复文件，也包括各类施工组织设计的调整及批复。由建设单位编制按规定上报主管部门审批	工程部	X	S	S	S	√	永久
A7-2	施工技术调查资料	包括相关专业的有关资料、工程施工条件、标段设置和施工布局资料，为合理划分标段、工期、合理标价和定标做准备	工程部	X					长期
A7-3	全线控制测量方案	由设计单位提出，符合本线设计标准，满足建设需求，并为施工、运营维护提供依据	工程部	S	X	S	S	√	永久
A7-4	线路贯通测量资料	包括线路贯通测量记录、线路贯通测量成果资料	工程部	S	S	S	S	√	永久
A7-5	系统集成与接口管理资料	包括系统集成与接口管理的工作制度、职责分工、实施方案、界面划分、工序交接、功能测试及保证措施等资料	工程部	X	S	S	S		长期
A7-6	科技成果资料	包括任务书、合同、研究报告和评审鉴定结论等	工程部	S				√	永久
A7-7	工程项目总结	建设单位应在国家验收完成后规定的期限内，完成从项目立项到竣工验收全过程的工程项目总结。包括质量安全、工期、投资效益、环境保护和科技创新等目标控制体系的全部内容	工程部	X				√	永久
A8	物资设备管理资料								
A8-1	甲供(控)物资设备采购计划	包括建设单位供应和控制的设备物资清单以及相应的采购计划等	物设部	X		S			长期
A8-2	甲供(控)物资设备质量记录	由施工单位和监理单位负责进场验收，并填写《进场材料/构配件/设备报验表》对不合格的物资要进行处理，形成相应的记录文件	物设部	S		X	X	√	永久

续上表

资料代号	资料名称	归档范围	公司责任（督办）部门	形成(X)、收集(S)				纳入竣工文件	保管期限
				建设单位	勘察设计单位	施工单位	监理单位		
A9	质量安全管理资料								
A9-1	质量安全控制资料	工程质量和安全生产的管理目标、资源配置、对策措施、动态检查、应急预案及演练、工程风险评估等资料	安质部	X、S	X、S	X、S	X、S		长期
A9-2	质量安全事故资料	按国家和铁道部有关规定，对工程质量事故进行上报报告、安全事故的上报报告、调查报告、鉴定报告、责任处理报告、现场处理情况检查和验收记录等	安质部	X、S	X、S	X、S	X、S	√	永久
A9-3	专项检测资料	指建设单位委托检测机构，对工程用原材料、配构件、成品、半成品、设备及工程实体等进行质量抽检、验证以及系统联调联试资料。包括检测方案及批复文件、检测记录和检测报告等	安质部	S	S	S	S	√	永久
A10	质量安全监督资料								
A10-1	质量安全监督申报资料	建设单位在项目开工前，必须到监督部门办理质量安全监督手续。包括申请表、建设项目审批文件的复印件、指导性施组、项目质量安全保证体系及主要措施，勘察设计、施工、监理等合同副本，勘察设计、施工、监理等责任主体单位资质证书复印件及施工企业安全生产许可证复印件，已审核批准的设计文件目录及其他相关资料	安质部	X					长期
A10-2	质量安全监督审批资料	包括铁路建设工程质量安全监督书及铁路建设工程质量安全监督补充资料通知单等	安质部	S				√	永久
A10-3	质量安全监督实施资料	包括监督计划、监督现场处罚通知单、监督通知书、监督复工通知书等	安质部	S	S	S	S		长期
A10-4	质量安全监督报告	包括监督报告及其补充报告	安质部	S		S		√	永久
A11	水土保持、环境保护资料								
A11-1	水土保持资料	包括施工过程中的检查记录、方案变更记录等	工程部	S		X	S	√	永久
A11-2	环境保护资料	包括施工过程中的检查记录、方案变更记录等	工程部	S		X	S	√	永久
A12	计划统计资料								
A12-1	年度计划资料	包括上报计划部门下发年度计划、建设单位编制的年度基建计划（含月度计划）、各标段分解计划及年度调整计划	计财部	X		S	S		长期
A12-2	季度施工建议计划	由建设单位编制，在征求各施工单位意见进行权限汇总平衡后，以文件形式在季末前下达计划，包括月份分解计划指标	计财部	X		S	S		长期

续上表

资料代号	资料名称	归档范围	公司责任（督办）部门	形成(X)、收集(S)				纳入竣工文件	保管期限
				建设单位	勘察设计单位	施工单位	监理单位		
A12-3	滚动计划	建设单位编制，报上级计划管理部门	计财部	X					长期
A12-4	月、年统计报表	使用统一提供的软件、格式、内容填报，署名、签章必须齐全	计财部	S		X	S		长期
A12-5	计划统计管理台账	对合同数量及价值、施工图数量、完成数量及价值、变更设计数量及价值应逐项统计，便于对比分析；准确掌握施工过程中工程数量的增减变化及合同投资变更情况；发挥统计监督作用，通过统计月报、年报全面反映施工计划的执行情况	计财部	X		X	X		长期
A13	投资控制资料								
A13-1	投资估算文件	在项目可行性研究阶段由设计单位完成	计财部	S	X			√	永久
A13-2	投资估算审查修改文件	设计单位按照批复的投资估算总额编制项目投资估算，审查修改设计文件，作为下阶段投资对照分析和控制的依据	计财部	S	S			√	永久
A13-3	设计概算	在初步设计阶段由设计单位完成	计财部	S	X			√	永久
A13-4	鉴修概算	在建设单位对初步设计文件初审并经铁道部批复的基础上编制的，是依据铁道部批复意见编制的，并与批复总概算吻合。是组织工程招标或编制施工图投资检算的主要依据，也是项目工程实施阶段控制投资的基础	计财部	S	X			√	永久
A13-5	投资检算	在施工图设计阶段由设计单位完成	计财部	S	X			√	永久
A13-6	分标段执行预算	在建设项目招标完成后，建设单位组织编制分标段执行预算	计财部	S	X	S	S	√	永久
A13-7	甲供物资价款资料	包括标底确定资料、投标报价资料、中标价确定资料等	计财部、物设部	S	X	S	S		长期
A13-8	验工计价资料	包括建筑安装工程、设备工器具、征地及拆迁、勘察设计费、工程咨询费、监理费、建设管理费统计计价资料等	计财部	S、X	S、X	X、S	S、X	√	永久
A13-9	清理概算资料	包括项目清理概算报告及上级主管部门批复意见	计财部	S	X	S	S	√	永久
A13-10	投资管理台账	应详细记载各阶段投资审批、工程招投标、执行预算、年度投资、变更设计、降造费使用、概算清理等内容	计财部	X	X	X	X		长期
勘察设计资料(B类)									
B1	勘察资料								
B1-1	勘察大纲资料	包括地质勘察大纲和相应的审查资料，审查后的地质勘察大纲是地质勘察合同的一部分，勘察大纲是勘察工作的指导性文件，由勘察设计单位完成，通过勘察监理和设计单位的审查	工程部	S	X			√	永久

续上表

资料代号	资料名称	归档范围	公司责任（督办）部门	形成(X)、收集(S)				纳入竣工文件	保管期限
				建设单位	勘察设计单位	施工单位	监理单位		
B1-2	勘察报告资料	包括勘察报告和相应的验收资料。由勘察设计单位完成，通过建设单位组织的验收	工程部	S	X			√	永久
B1-3	初测资料	勘察初测工作的成果，是由勘察设计单位完成，是进行可行性研究的依据性资料	工程部	S	X			√	永久
B1-4	定测资料	勘察定测工作的成果，是由勘察设计单位在初测资料的基础上完成，是进行初步设计的依据性资料	工程部	S	X	S		√	永久
B1-5	勘察监理资料	包括勘察监理规划、勘察监理实施细则、勘察监理月报、勘察监理日志、检查记录、旁站记录、监理通知、勘察监理工作总结	工程部	S	S			√	永久
B2	设计资料								
B2-1	初步设计资料	包括初步设计文件、设计图纸、设计概算、鉴修概算以及初步设计审查意见、审查及批复文件	工程部	S	X	S		√	永久
B2-2	施工图设计资料	包括施工图纸、投资检算以及施工图设计审核、优化、审查文件	工程部	S	X	S	S	√	永久
B2-3	变更设计资料	包括变更提议、会审（勘）纪要、投资比较、批准的变更设计文件、变更设计图纸等	工程部	S	X	S	S	√	永久
B2-4	工程咨询资料	包括工程咨询大纲、阶段实施细则和工程咨询报告等。工作咨询报告一般可分为阶段性工程咨询报告、阶段性工程咨询补充报告和工程咨询总结报告	工程部	S	S			√	永久
施工资料（C类）									
C1	施工管理资料								
C1-1	施工组织机构资料	包括施工单位现场的机构设置、人员配备（含施工作业人员）、工作职责等	综合部	S		X	S	√	永久
C1-2	施工管理规章制度资料	为实现“六位一体”控制目标而制定的各项管理制度	综合部	S		X	S		长期
C1-3	施工现场质量管理检查记录	施工单位自查后，监理单位的总监工程师进行检查，做出合格或不合格及限期整改的结论	安质部	S		X	X		长期
C1-4	分包单位资质资料	对于允许分包的工程，分包单位资料包括分包单位资质资料、业绩资料以及分包工程名称、部位、工程数量、合同额等。含监理单位审查、签认意见文件	计财部			X	X		长期

续上表

资料代号	资料名称	归档范围	公司责任（督办）部门	形成(X)、收集(S)				纳入竣工文件	保管期限
				建设单位	勘察设计单位	施工单位	监理单位		
C1-5	主要进场人员资料	包括施工单位按合同约定进场的相应人员、人员资质证明等材料。含监理单位审查、签认意见文件，也包括其他人员的质量责任登记资料	计财部			X	X		长期
C1-6	主要进场施工机械、设备资料	包括施工单位进场施工机械、设备的规格型号、数量以及技术参数、质量证明文件、检验报告等。含监理单位审查、签认意见文件	物设部			X	X		长期
C2	施工技术资料								
C2-1	施工图现场核对资料	施工、监理单位结合现场实际核对施工图，对重点难点工程进行会审，汇总发现的问题形成书面资料	工程部	S	S	X	X		长期
C2-2	设计技术交底资料	包括设计交底记录、设计交底问题汇总等。对重大、复杂或采用新技术、新标准、新结构、新工艺的工程，在施工前和施工过程中应由有关专业设计负责人到施工现场进行专题技术交底，形成专题交底纪要	工程部	S	X	X	S		长期
C2-3	交接桩及测量资料	包括交桩记录、测量成果资料，也包括施工单位的施工复测资料。由建设单位组织设计单位向施工单位进行交桩。交接桩记录包括：交桩资料明细、现场点桩情况、交接桩纪要等。测量成果包括：GPS控制点坐标及点之记、平面控制导线桩坐标、中线逐桩坐标、水准点高程成果标记点之记、精密测量控制桩等	工程部	S	X	X	S		长期
C2-4	工程风险评估与管理资料	不同阶段的风险评估工作实施细则、风险评估报告、风险监测和处理措施记录以及审核、评审意见等	安质部、工程部	X、S	X、S	X、S	S		长期
C2-5	超前地质预报资料	包括超前地质预报实施大纲、各预测方法预测报告、地质综合分析报告、超前地质预报竣工总报告等。	工程部	S	S	X	S	√	永久
C2-6	实施性施工组织设计资料	包括标段实施性施组、单位或单项工程施组、专项施工方案、应急预案以及监理单位、建设单位审核、审批意见等。专项施工方案是对控制工程、重点工程以及技术复杂、危险性高的工程制定的专门施工方案。由施工单位填写《施工组织设计(方案)审批表》按程序报批	工程部	S		X	X		长期
C2-7	施工技术交底	分总施工技术交底、工点施工技术交底和施工作业技术交底等。各种技术交底应有书面资料，交底双方应履行签字手续	工程部			X	S		长期

续上表

资料代号	资料名称	归档范围	公司责任(督办)部门	形成(X)、收集(S)				纳入竣工文件	保管期限
				建设单位	勘察设计单位	施工单位	监理单位		
C2-8	施工作业指导书	应由项目技术负责人审批	工程部			X	S		长期
C2-9	施工技术总结	包括自开工至竣工的全过程相关内容,在工程竣工后规定的期限内完成编写。分综合性施工技术总结、各合同标段施工技术总结等	工程部	S		X	S	√	永久
C3	工程测量资料								
C3-1	施工测量实施方案资料	包括施工测量实施方案和监理单位审批文件。实施测量前,施工单位编制施工测量实施方案,填写《测量实施方案报审表》报审	工程部			X	X		长期
C3-2	施工控制测量资料	包括施工控制测量记录和施工控制测量成果以及监理单位审查、签认文件	工程部			X	X	√	永久
C3-3	施工测量放样资料	包括施工复测和施工测量放样记录、成果以及监理单位审查结论等,由施工单位填写《施工复测/测量放样报验表》报检	工程部			X	X	√	永久
C3-4	结构变形监测与控制资料	对隧道和特殊桥梁结构变形的监控量测记录以及分析、控制和处理措施等资料	工程部			X	S	√	永久
C3-5	沉降变形观测与评估资料	包括各类工程结构的变形观测与评估资料,其中线下工程的沉降变形评估报告由专门机构根据标准方法进行判定后提出	工程部	S	X	X	S	√	永久
C3-6	竣工测量资料	包括竣工测量记录和竣工测量成果,每项工程竣工时应由施工单位按设计文件要求和相关标准规定,对线路、路基及各种建筑物的位置、尺寸、高程及用地界进行测量核对,如实反映在竣工资料和图纸上	工程部	S		X	S	√	永久
C4	工程试验资料								
C4-1	工程试验实施方案资料	包括工程试验实施方案和监理单位审批意见等。工程试验是指施工单位、监理单位为采集有关质量指标和数据,对工程用原材料、构配件、成品、半成品、设备以及工程实体等进行的试验检测。施工单位试验前应编制工程试验实施方案,填写《试验实施方案报审表》,经监理单位批准后实施	安质部			X	X		长期
C4-2	工程试验记录	应按《铁路工程试验表格》(铁建设〔2009〕27号)的规定编制	安质部			X	S		长期
C4-3	工程试验报告	应按《铁路工程试验表格》(铁建设〔2009〕27号)的规定编制	安质部			X	S	√	永久

续上表

资料代号	资料名称	归档范围	公司责任（督办）部门	形成(X)、收集(S)				纳入竣工文件	保管期限
				建设单位	勘察设计单位	施工单位	监理单位		
C5	施工记录资料								
C5-1	施工记录	施工记录是施工单位对关键工序、重点部位施工过程的记录。以下施工记录在施工过程中必须填写，并纳入竣工文件，其他施工记录应根据工程特点进行增补，并根据其内容确定是否纳入竣工文件。 1. 打入桩施工记录； 2. 钻孔桩及清空记录； 3. 基坑开挖施工记录； 4. 预应力混凝土简支梁终张拉施工记录； 5. 预应力混凝土连续梁张拉记录； 6. 预应力混凝土梁孔道压降记录； 7. 预应力混凝土梁封锚(端)记录； 8. 粉体喷射搅拌桩施工记录； 10. 高压旋喷桩施工记录； 11. 水泥粉煤灰碎石桩(CFG)施工记录； 12. 强夯施工记录； 13. 隧道开挖断面及地质状况检查施工记录； 14. 隧道喷锚支护施工记录； 15. 线路锁定记录	工程部、安质部			X	X	√	永久
C5-2	施工日志	施工日志是重要的施工技术履历档案，应按单位工程或单项工程建立，由工程(工点)施工负责人或技术负责人逐日连续填写，其主要内容包括： 1. 工程概况； 2. 施工期的气候、施工方法、劳动力布置、机械配置、施工操作、施工进度及工程地质变化情况； 3. 相关工作记录，如现场取样、检测、测量、施工交底等； 4. 工序检查验收情况及结论； 5. 每日使用的主要材料规格、数量及检测结果； 6. 施工中遇到的重大技术问题，变更设计、主要工程材料代用等所采取的主要措施和效果记录； 7. 施工中发生的工程质量事故和处理改进情况记录； 8. 停工原因(停工期间重要事件应记录)；	工程部			X		√	永久

续上表

资料代号	资料名称	归档范围	公司责任(督办)部门	形成(X)、收集(S)				纳入竣工文件	保管期限
				建设单位	勘察设计单位	施工单位	监理单位		
C5-2	施工日志	9. 各级管理人员检查的有关工程施工或质量要求，施工中发现的问题及相关指令，存在问题及整改情况； 10. 施工中采用的新工艺、新材料、新设备、新技术情况； 11. 其他与工程施工有关的情况； 12. 施工日志中提出问题的纠正和验证记录	工程部			X		√	永久
C6	施工质量验收资料								永久
C6-1	物资设备质量验收资料	包括质量证明文件和进场验收记录。质量证明文件指供货商提供的合格证、检验报告、质量保证书、技术说明书等。从国外引进的新技术或成套设备，还应包括外方提供给的设计文件和相关标准。属于行业行政许可或强制认证的，应有行业行政许可或强行认证证书。质量证明文件应反应工程物资设备的品种、规格、数量、性能指标等，并与实物相符。进场验收记录指物资设备进场后，由施工单位和监理单位按规定方法和频次进行检查、试验，确定其质量是否合格	物设部、安质部			X	X	√	永久
C6-2	检验批施工质量验收资料	按现行铁路工程相关专业施工质量验收标准规定，经验收形成的包括《检验批质量验收记录》以及检验批施工质量问题处理记录	安质部			X	X	√	永久
C6-3	分项工程施工质量验收资料	按现行铁路工程相关专业施工质量验收标准规定，经验收形成的包括《分项工程质量验收记录》以及分项工程施工质量问题处理记录	安质部			X	X	√	永久
C6-4	分部工程施工质量验收资料	按现行铁路工程相关专业施工质量验收标准规定，经验收形成的《分部工程质量验收记录》以及分部工程施工质量问题处理记录	安质部		X	X	X	√	永久
C6-5	单位工程施工质量控制资料	按现行铁路工程相关专业施工质量验收标准规定，经验收形成的《单位工程质量验收记录》	安质部			X	X	√	永久
C6-6	单位工程实体质量和主要功能核查资料	按现行铁路工程相关专业施工质量验收标准规定，经验收形成的《单位工程实体质量和主要功能核查记录》	安质部			X	X	√	永久
C6-7	单位工程观感质量检查资料	按现行铁路工程相关专业施工质量验收标准规定，经验收形成的《单位工程观感质量检查记录》	安质部	X		X	X	√	永久

续上表

资料代号	资料名称	归档范围	公司责任（督办）部门	形成(X)、收集(S)				纳入竣工文件	保管期限
				建设单位	勘察设计单位	施工单位	监理单位		
C6-8	单位工程验收资料	按现行铁路工程相关专业施工质量验收标准规定，经验收形成的《单位工程质量验收记录》以及单位工程施工质量问题处理记录	安质部	X	X	X	X	√	永久
C7	图纸								
C7-1	施工图纸	包括各类施工设计图纸和变更设计图纸	工程部	S		X		√	永久
C7-2	竣工图纸	竣工后形成工程实体图纸	工程部	S		X		√	永久
监理资料(D类)									
D1	监理管理资料								
D1-1	监理组织机构资料	现场项目监理机构的组织形式、人员构成(含动态变化情况)等。组织形式和人员构成应根据委托监理合同规定的服务内容、服务期限、工程类别、规模、技术复杂程度、工程环境等因素确定	综合部	S			X	√	永久
D1-2	管理规章制度资料	项目监理机构的各项管理规章制度	综合部				X		长期
D1-3	监理规划	由总监工程师主持编制，经监理单位技术负责人批准，用来指导项目监理机构全面开展监理工作的指导性文件	安质部	S			X	√	永久
D1-4	监理实施细则	根据监理规划，由专业监理工程师编写，并经总监工程师批准，针对工程项目中某一专业或某一方面监理工作的操作性文件	安质部				X	√	永久
D1-5	监理设备资料	项目监理机构配备的检测、测量、交通、通信、办公等方面的设备资料	安质部				X		长期
D1-6	监理日志	项目监理机构记录每天监理工作实施情况的文件，由监理人员按单位工程或单项工程监理，其主要内容包括： 1. 基本工程概况，主要包括设计概况，施工单位主要负责人、技术负责人、专职质量及安全人员，开工及竣工日期等； 2. 气候情况、施工方法、劳力布置、机械配置、施工操作、施工进度和工程地质变化情况； 3. 相关工作记录，如现场取样、检测、测量、技术交底等； 4. 工序检查验收及结论、平行检验、见证检验、旁站监理情况及相关指令等； 5. 使用的主要材料规格、数量及检测结果；	安质部				X	√	永久

续上表

资料代号	资料名称	归档范围	公司责任（督办）部门	形成(X)、收集(S)				纳入竣工文件	保管期限
				建设单位	勘察设计单位	施工单位	监理单位		
D1-6	监理日志	6. 施工中遇到的重大技术问题，变更设计及采取的主要措施和效果； 7. 施工中发生的工程质量事故和处理改进情况； 8. 停工原因； 9. 各级管理及监督人员的检查意见，施工中发现的问题及解决方法，存在问题及整改情况； 10. 施工中采取的新工艺、新材料、新设备、新技术情况； 11. 其他监理工作有关情况； 12. 监理日志中提出问题的纠正和验证记录	安质部				X	√	永久
D1-7	监理日记	监理人员记录每天监理工作实施情况的文件	安质部				X		长期
D1-8	会议纪要和文函	包括第一次工地会议纪要、监理例会纪要以及和监理工作相关的各种会议纪要及文函等	安质部				X		长期
D1-9	监理月报	项目监理机构分析、总结每月项目实施和监理工作情况的文件	安质部	S			X	√	永久
D1-10	监理工作总结	工程完工后，由项目监理机构编写的全面反应监理工作全过程的回顾性总结报告	安质部	S			X	√	永久
D1-11	工程质量评估报告	项目监理机构编制的工程施工质量评价报告	安质部	S			X	√	永久
D2	施工监理资料								
D2-1	监理工程师通知单	是项目监理机构按委托监理合同授权，由监理工程师向施工单位签发的指令性文件	安质部	S		S	X		长期
D2-2	监理工程师通知回复单	施工单位根据监理工程师通知单要求，进行整改后提交的回复文件	安质部	S		X	S		长期
D2-3	工程停(复)工令	监理单位向施工单位发出的暂停(恢复)施工指令	安质部	S		S	X	√	永久
D2-4	旁站监理记录	监理人员在现场对关键部位或关键工序进行施工过程监督的记录	安质部			S	X	√	永久
D2-5	见证、平行检测资料	包括见证、平行检测计划、检测记录以及检测报告等	安质部				X	√	永久
D2-6	测量复核资料	监理单位的各类测量复核资料	安质部				X		长期
D2-7	工程延期报告及审批资料	施工单位提交的工程延期报审资料和监理单位及建设单位的批准意见	工程部	S		X	X	√	永久

续上表

资料代号	资料名称	归档范围	公司责任(督办)部门	形成(X)、收集(S)				纳入竣工文件	保管期限
				建设单位	勘察设计单位	施工单位	监理单位		
D2-8	索赔申请报告及审批资料	合同一方因另一方原因造成成本损失,向监理单位提交的费用索赔或工程延期及相关材料,包括监理单位(建设单位)的审查意见	计财部	S		X	X	√	永久
竣工验收资料(E类)									
E1	基础资料								
E1-1	竣工图	建设单位应组织施工、设计或监理单位按有关规定绘制和审核	工程部	S		X		√	永久
E1-2	竣工表、册	针对建设项目的各类工程、设备、设施、系统的技术条件、工程数量、投资等,按有关规定编制的汇总表、对照表和清册等	工程部	S		X		√	永久
E1-3	国有土地使用证	建设单位向国土管理部门申领铁路用地国有土地使用证	工程部	S				√	永久
E1-4	水土保持、环境保护设施验收资料	水土保持、环境保护设施的施工质量验收或竣工运行验收资料,以及行政主管部门的验收批复	工程部	S		S	S	√	永久
E1-5	劳动、安全、卫生、消防设施验收资料	劳动、安全、卫生、消防设施的施工质量验收或竣工试运行验收资料,以及相关部门的合格验收意见	综合部	S		S	S	√	永久
E1-6	竣工决算资料	包括建设单位按有关规定编制的竣工决算及审计结论等资料	计财部	X、S				√	永久
E2	验收资料								
E2-1	静态验收资料	包括子系统(专业)验收申请表、子系统(专业)验收记录表、综合系统验收申请表、综合系统验收记录表和静态验收报告。其中应含有按照系统集成理念进行综合调试的有关资料	工程部	X	X	X	X	√	永久
E2-2	动态验收资料	包括静态验收实施方案、动态检测报告、动态验收记录表、动态验收报告等。其中应含有综合调试、试运行的有关资料	工程部	X、S	X、S	X、S	X、S	√	永久
E2-3	初步验收资料	包括验收申请表、初步验收报告	工程部	X、S	S	S	S	√	永久
E2-4	安全评估报告	安全评估报告是由铁路安全监察部门组织(或委托具有资质的第三方机构)进行安全评估,就建设项目试运营(或临管运营)提出的安全评价意见	安质部	S	S	S	S	√	永久
E2-5	国家(正式)验收资料	包括国家验收申请表、国家(正式)验收证书	工程部	X、S	S	S	S	√	永久

建设项目资料竣工归档范围和保管期限的说明：

(1)归档资料的内容及质量均由资料形成单位负责，归档范围的内容除上表列举之外，应符合《铁路建设项目资料管理规程》(TB 10443—2010)相关要求。

(2)建设项目档案的保管期限分为永久、长期、短期三种。其中，“永久”是指需要永久保存，“长期”是指保存期限等于该工程的使用寿命，“短期”是指保存20年以下。竣工文件的保存期限不得低于长期保管的期限。

(3)以上涉及报审手续和审批用表参照《铁路建设项目资料管理规程》(TB 10443—2010)附录表格样式，其他附件不在此不一一说明。

二、竣工文件组卷

(一)各种专业竣工文件组卷(即组成保管单位)方法

1. 基本建设工程文件

一个工程项目的基建文件、施工技术文件、竣工图，要遵循先综合、后按专业区分的原则。根据每个工程项目形成档案的多少，按照问题、时间、专业等规律，组成若干个保管单位，即：一卷为一个保管单位，一盒即为一卷。

2. 基建工程竣工文件综合类组卷方法

(1)竣工验收相关报告：静态验收报告、动态验收报告、初步验收报告、正式验收报告。

(2)竣工验收附表：铁验表1～7，铁客运专线验表1～7。

(3)施工技术总结是指一个建设项目总的施工技术总结。

(4)综合专业规定的内容表格。

(5)施工中来往的文电、协议、合同文本按内容和保管期限分别组成保管单位。

(6)施工中形成的声像档案按铁路总公司《声像档案管理暂行办法》或本系统印发的《声像档案管理办法》要求组成保管单位。

(7)工程质量检验报告。

(8)各单位工程验收报告，可在固定资产移交后按专业组卷，并集中装订成册。

3. 施工技术文件、竣工图按专业、按阶段组卷

(1)线路：按线路综合、线上和其他三个部分组成保管单位。

线路综合：分别按线路平、纵断面缩图；线路平面图；线路纵断面图；详细工程地质图、纵断面图；施工资料(包括施工小结、工程日志)等五个部分组卷。

线上：将施工资料装订成册，组成若干卷。线上如统一由一个单位铺设时，由铺设单位将施工资料装订成册，直接交接收单位归档。

其他：将有关施工资料集中装订成册，组成若干卷。

(2)路基：按路基及路基附属两个部分组成保管单位

路基：按施工资料及有关检查证、横断面图、路基个别设计竣工图等三个部分组卷。路基夯实度试验记录，单独组成保管单位。

路基附属：工程数量小的可将施工管段内的若干项单项工程组在一起，工程数量大的可按路基排水、路基加固、防护和路基环境保护工程分别组卷，然后按施工资料和图纸两个部分组卷。

(3)桥梁

1)特大、大、中桥按座组卷，将施工资料、图纸分别组成保管单位(施工资料、图纸少的也可合并组卷)。施工资料按墩台顺序集中组卷。钻孔桩施工资料按根、墩台顺序集中组卷。复线桥错位时，如基础分开，资料也应分左右线分开组卷，图纸可合在一起绘制。

2)小桥比照上述大、中桥按座组卷，也可按区间组卷(一个区间以甲、乙两站中心里程为界)，各自按里程先后排列，并将施工资料与图纸分开组卷。

如梁由铺架单位统一架设时，铺架单位应及时将架梁记录及梁的出厂合格证移交桥下施工单位合并组成保管单位。

(4)涵洞：按区间组卷(一个区间以甲、乙两站中心里程为界)，各自按里程先后排列，并将施工资料与图纸分开组卷。

(5)隧道：按座组卷，将施工资料与图纸分开组成保管单位。

(6)站场：按站组卷，将站场平、横断面图、站场设备分别组卷，如小站将站内道路、栅栏、站台、风雨棚等组在一起，如大站按站场设备分别组卷，然后按施工资料、图纸组成保管单位。

(7)机务、车辆：按土建和动力机械设备分别组成保管单位。

(8)给水、排水：先区分给水、排水，再按每个给水站包括水源井、泵房、水塔，给水管路等按文件材料、图纸分别组成保管单位，排水系统单独组成保管单位。

(9)通信：按干线通信线路、通信站、地区及站场通信、无线通信、车站客运管理信息系统五个部分组成保管单位，电缆径路按设计区段组卷。

(10)信号：按电锁器联锁、电气集中联锁、驼峰信号、区间信号、调度集中或调度监督、其他信号六个部分分别组成保管单位，站场与区间分开组卷(区间为甲站出站信号机至乙站进站信号机为界，以下同)，所有区间信号可集中组卷。

(11)电力：首先按区间和站场分别组成保管单位，然后按发、变、配电所，站内电力线路，供电线路，动力配线，室内外照明、自动控制六个部分分别组卷。

(12)电气化：按接触网、变配电所等部分组成保管单位。接触网应将站场接触网和区间接触网分开组卷。

(13)房建：按小站和地区房屋两种情况分别组卷。

小站房屋不分归属单位，将机、车、工、电、辆房屋组在一起，将施工资料和图纸分开组成保管单位。地区房屋按站、段、厂、院分别组卷，大单位再按生产、生活、办公、福利等用途分开组卷。

房地产档案按地亩资料、基本综合资料、工程项目确定阶段形成的文件及资料、工程竣工阶段形成积累的文件及资料等4方面内容收集组卷。

(14)专用线、客运专线：10 km以内按线路其他组卷，10 km以上按专业组卷。

(15)铁路用地：按站、区间、零置地分别组成保管单位，征地资料如车站与区间不能分开时，可将资料集中组在车站内。

(16)环境保护与水土保持：文件材料单独组卷，图纸组入各专业内。凡施工资料与图纸分开组成保管单位的，如施工资料与图纸数量都有不多时，可以合并组成一个保管单位。

(二)竣工文件整理排序

竣工文件及图纸的排序为：

(1)竣工验收记录表及报告；

(2)开工报告及批复文件；

(3)工程施工总结(或小结)；

(4)变更设计通知单；

(5)竣工工程数量表；

(6)建交表；

(7)施工质量验收资料(或检查证)；

(8)施工技术资料；

(9)物质设备管理资料；

(10)工程测量资料；

(11)工程试验资料；

(12)各种原材料、成品、半成品出厂合格证；

(13)各种动力机械图纸、出厂合格证、说明书；

(14)施工记录资料；

(15)其他报表和文字材料。

(三)竣工文件案卷质量要求

在组卷时，应分别对施工文件材料、施工日志进行整理装订，对图纸进行折叠或装订，案卷要编页号，填写案卷封面、卷内目录、备考表。其案卷质量应达到《科技档案案卷质量标准》(办档〔2002〕6 号)要求。

项目文件的质量要求包括以下方面：

(1)齐全完整。应归档的施工文件材料。图纸全部收齐，签名、印章齐全，具备法律效力。

(2)内容准确。所移交的项目文件内容，真实记述和准确反映工程建设过程和竣工时的客观实际，各项原始记录和技术数据详实可靠；竣工图纸已按变更设计和施工洽商记录进行修改，做到图物相符，施工里程已更换为竣工后的统一里程。

(3)系统配套。一个建设项目内各专业内容和一个单位工程内施工文件材料、图纸的各项内容应配套完整。

(4)整洁美观。项目文件材料装订整齐、美观，封面及卷内目录填写清楚，字体工整，文面整洁。不得用圆珠笔、铅笔、双面蓝色复写纸书写。图纸图幅标准、线条清晰、字体工整、反差良好、折叠规范统一。

(5)项目文件份数应满足归档要求。合格证只有一份时，可复印加盖施工单位项目部印章后使用，并在案卷备考表中注明原件出处；大批量采购的材料原件不足时，应在复印件上加盖材料采购单位公章，并由经手人签名，代替原件归档，写明原件出处。

(四)铁路工程竣工文件及图表移交

竣工文件移交的图表和清册的编制应按照接管单位的行政区划分，便于接管单位存档和使用。建设项目的全部竣工文件包括综合；线路；路基；桥梁；涵洞；隧道、明洞；站场；机务；车辆；给水排水；通信；信号；电力；电气化；房建工程；环境保护与水土保持；铁路征用土地等内容。

1. 施工单位需移交一份的资料内容

(1)各专业的工程日志，交接收单位归档。

(2)原材料、成品、半成品出厂合格证及各种原材料复试报告，零小配件抽样检查合格证等交接收单位归档。

(3)混凝土、砂将试压报告，混凝土灌注记录，隧道压浆记录，路基填土夯实度试验报告，电气、设备测试报告，施工单位只做一份，交接收单位归档。

(4)各项设备出厂合格证、使用说明书、图纸，交设备使用维修部门归档。

(5)站前工程项目分部、分项工程质量有关资料交接收单位。

2. 房建专业具体规定

(1)机车车辆检修车间、工厂厂房、通信站、信号楼、站调楼、继电室、行车室、给水所、电气化铁路牵引变配电所，特一、二等客站房、客运专线资料、局机关办公楼、局直属职工宿舍等整套竣工文件及图纸交归口的各铁路集团档案馆归档。

(2)建设单位站段需收集全部生产、办公、福利、生活等各类房屋资料。

3. 各铁路、集团公司、合资铁路公司、地方铁路公司档案部门收集项目前期施工的文件，包括项目立项、调研、可行性研究评估、决策，各阶段设计及项目安装、调试、涉外、科研、生产准备、试生产等工作活动中形成的文件。

4. 通信设备属铁通公司管理，通信专业的竣工文件交各铁路集团公司和设备使用单位各一份，其他随固定资产移交接管单位。

(五)竣工文件装盒程序和表格样式

1. 装盒程序

施工资料和图纸一般应分开装盒，如果施工资料内容较少可采取下列第二种方法组卷。

第一种装盒方法：施工资料内容较多的情况下，施工资料和图纸分开装盒，并按内容先后顺序排序，一盒装不完续第 2 盒，如第 1、2、3、……、n 盒。

竣工文件装盒步骤：卷内目录(在盒内散放，页数多也可用不锈钢钉单独装订)→案卷软封面(皮)→竣工文件(装订在案卷软封面内)→备考表(若在盒内印有，无须另放，只需按盒上内容填写)。

竣工图装盒步骤：卷内目录→竣工图纸→备考表。

第二种装盒方法：施工资料与图纸数量不多，可以合并组成一个保管单位(盒)。

竣工文件及图纸的装盒步骤：卷内目录→案卷软封面(皮)→竣工文件→竣工图纸→备考表。

2. 表格式样

(1)卷内目录式样见表 2-20。

表 2-20　卷内目录

序号	文件编号	责任者	文件题目	日期	页次	备注
1		×××公司	×××大桥工程开工申请表	2014.07	1	
2		×××公司	铁路建设工程单位工程开工报告(横表)	2014.07	2	
3		×××公司	桥梁工程施工方案报审表	2014.07	3	

续上表

序号	文件编号	责任者	文件题目	日期	页次	备注
4		×××公司	主要进场人员报审表	2014.07	4	
5		×××公司	进场施工机械、设备报验表	2014.07	27	
6		×××公司	施工现场质量管理检查记录表	2014.06	29	
7		×××公司	施工复测报验表	2014.06	30	
8		×××公司	施工复测记录表	2014.06	31	
9		×××公司	新建铁路××至××客运专线混凝土配合比报审表(TA1)	2014.06	32	
10		×××公司	进场材料报验表	2014.06	33	
11		×××公司	试验任务委托单	2014.06	40	
12		×××公司	桥梁工程施工方案报审表	2014.07	41	
13		×××公司	××客运专线××段 TJ-1 标段×××大桥施工组织设计	2014.06	42～102	

(2)竣工文件软封面式样如图 2-1 所示。

单位代号：____________
种类代号：____________
档 案 号：____________

科学技术档案

案卷标题：新建××至××铁路××段××大桥工程
　　　　　开工报告及批复文件、施工组织设计
施工里程：DK492+267.50～DK492+436.16
竣工里程：____________
形成单位：×××公司
形成日期：2014.06-2014.07
保管期限：永久
密　　级：____________

图 2-1　竣工文件软封面

(3)工程日志软封面式样如图 2-2 所示。

(4)科技档案卷内备考表式样如图 2-3 所示。

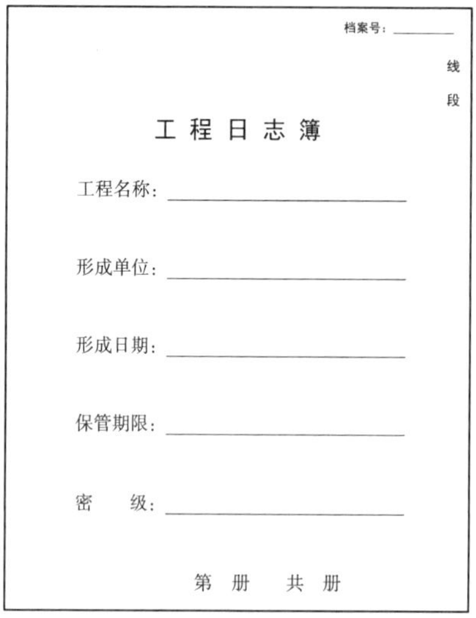

图 2-2　工程日志软封面

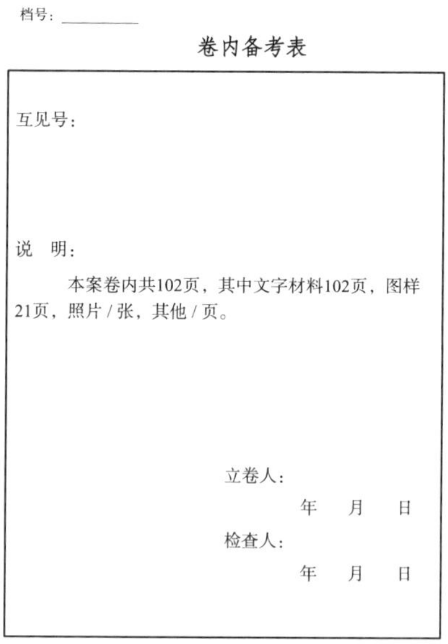

图 2-3　科技档案卷内备考表

(5)科技档案盒封面式样如图 2-4 所示。

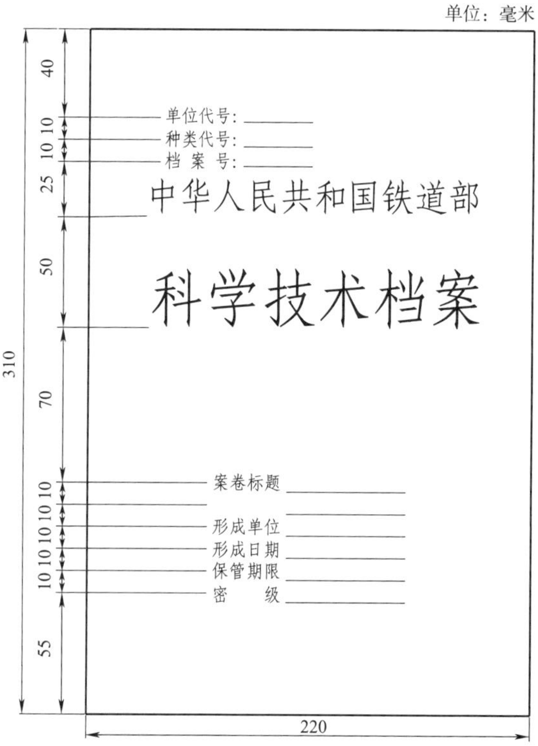

注：1. “单位代号、种类代号、档案号”用三仿，“中华人民共和国铁道部”用一号宋体，“科学技术档案”用30×25长牟体字，“案卷标题”等用三黑。

2. 字和符号用红色印刷。

图 2-4　科技档案盒封面

(6)科技档案盒脊背式样与档案盒规格尺寸如图 2-5 所示。

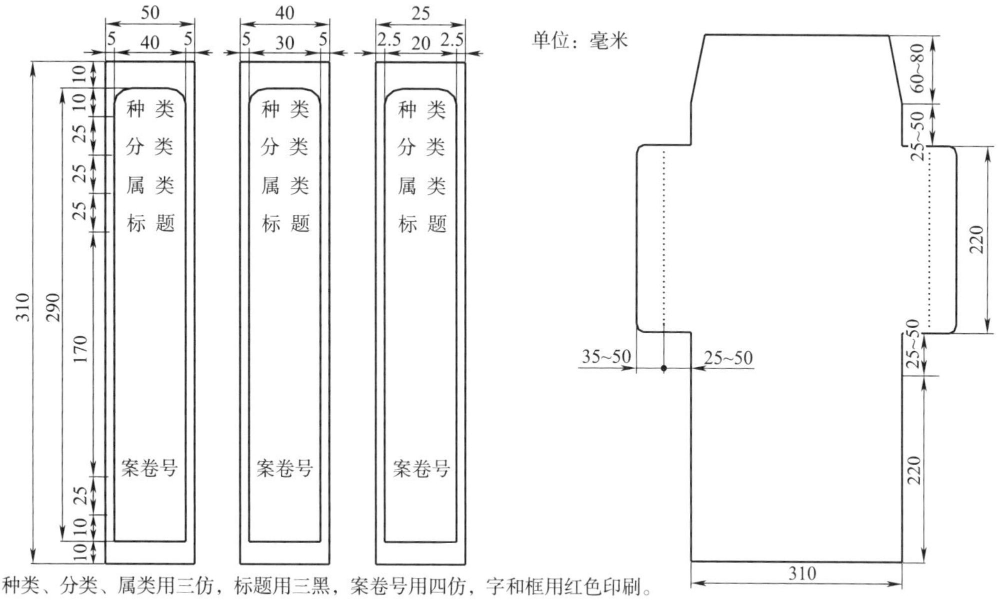

注：种类、分类、属类用三仿，标题用三黑，案卷号用四仿，字和框用红色印刷。

图 2-5　科技档案盒脊背式样与档案盒规格尺寸

(7)科技档案移交清册式样如图 2-6 所示。

档 案 （ 文 件 ） 移 交 清 册

项　　目：

共　　计：　　　　卷　　　册　　　件　　　　张

本册共计：　　　　页

移交单位：　　　　移交人：　　　　接收单位：　　　　接收人：

交接日期：　　　年　　月　　日

图 2-6　科技档案移交清册

(8)科技档案(文件)移交目录式样如图 2-7 所示。

档案（文件）移交目录

形成单位	年代	标题或文件内容	移交单位编号	卷(盒、张)	数量	接收单位	备考

图 2-7　科技档案(文件)移交目录

三、竣工文件及图表清单

(一)综合(凡各专业内容不能包括进去的,均可收集纳入综合部分内)

(1)竣工验收相关报告:静态验收报告、动态验收报告、初步验收报告、正式验收报告。

(2)竣工验收附表。

(3)概算及决算支出对照表。

(4)主要材料及人工消耗统计表。

(5)设计与竣工主要工程数量及投资对照表。

(6)剩余工程数量及投资表。

(7)整个项目的施工技术总结。

(8)工程技术条件表。

(9)车站表。

(10)桥梁表。

(11)旅客天桥、地道表。

(12)涵洞表。

(13)隧道及明洞表。

(14)房屋总清册。

(15)消防、环保、安全、医药卫生空调设备表。

(16)工程质量检查报告。

(17)施工中形成的有关文件、电报、协议、合同、会议记录以及工程照片(底片)、录音带、录像带、光盘等。

(18)单位工程质量验收记录表。

(二)线路(含综合、轨道、其他)

线路综合：

1. 文件资料

(1)水准点表。

(2)控制桩表。

(3)统一里程与施工里程对照表。

(4)曲线表。

(5)坡度表。

(6)断链表。

(7)断高表。

(8)控制测量成果表。

(9)双线设计时(增建)第二线左右侧及线间距表。

(10)预留二线一次施工地段表。

(11)既有线改线地段表。

(12)既有线改坡地段表。

2. 竣工图

(1)线路竣工平面图(含改建既有线、增建第二线、绕行线)。

(2)线路竣工纵断面图(含改建既有线、增建第二线)。

(3)线路竣工平面、纵断面缩图。

(4)详细工程地质图(根据需要全部或重点编制,可与线路竣工平面图合并编制)。

(5)详细工程地质纵断面图(可与线路竣工纵断面合并编制)。

(6)改移道路及平(立)交道、人行过道竣工图。

线路轨道：

文件资料：

(1)专业工程验收记录表及报告(或竣工验收交接记录表及报告)。

(2)开工报告及批复文件。

(3)工程施工小结。

(4)变更设计通知单。

(5)轨道工程数量汇总表。

(6)加强地段表。

(7)制动地段表。

(8)正线线路上部建筑铺设材料汇总表。

(9)铺设钢筋混凝土枕、木枕地段表。

(10)铺设无缝线路地段表。

(11)铺设整体道床、宽枕及其他新型轨下基础地段表。

(12)线路标志及信号标志工程数量表。

(13)养路机械设备数量表。

(14)施工质量验收资料。

(15)施工记录资料。

线路其他(包括平交道口、栅栏、道口铺砌砖、车挡、线路标志、备品等):

(1)专业工程验收记录表及报告(或竣工验收交接记录表及报告)。

(2)开工报告及批复文件。

(3)工程施工小结。

(4)变更设计通知单。

(5)工程数量表。

(6)平(立)交道表。

(7)施工质量验收资料。

(8)施工记录资料。

(9)设计单位提供的修改后的竣工图。

(三)路基(含路基和路基附属二个部分)

路基:

1. 文件资料

(1)专业工程验收记录表及报告(或竣工验收交接记录表及报告)。

(2)开工报告及批复文件。

(3)工程施工小结。

(4)变更设计通知单。

(5)路基土石方数量总表。

(6)路基填挖方工程数量表。

(7)路基填土夯实检验记录。

(8)路基地面排水工程数量表。

(9)机械化养路作业平台设置表。

(10)施工质量验收资料。

(11)施工记录资料。

2. 竣工图

(1)路基竣工横断面图。

(2)路基个别设计竣工图(平面图、纵断面图、横断面图、建筑物结构详图等)。

(3)路基排水系统竣工图。

(4)路基环境保护工程竣工图。

路基附属:

(1)排水工程。包括改河和河床加固、护坡、片石垛、渗水沟、盲沟、排水沟、天沟、截水沟、排水沟、排水槽、急流槽、侧沟铺砌、吊沟、挡水埝、地下水处理等。

(2)路基加固及防护工程。包括挡墙、护墙、抗滑桩、桩板墙、锚杆档墙、锚索桩、锚固桩、挤密桩、砂桩、砂井、抛填片石、片石垛、护坡护墙等。

(3)排水及路基加固防护工程均应包含以下内容:专业工程验收记录表及报告、开工报告及批复文件、工程施工小结、变更设计通知单、工程数量表、路基加固防护工程数量表、改河改沟(渠)表、路基地面排水工程数量表、混凝土和砂浆试压报告单、石材试验报告单、施工质量验收资料、施工记录资料、路基排水系统竣工图、路基环境保护工程竣工图、各种加固工程设计图修改为竣工图。

(四)桥梁(含所有桥梁工程)

1. 文件资料

(1)专业工程验收记录表及报告(或竣工验收交接记录表及报告)。

(2)开工报告及批复文件。

(3)工程施工小结。

(4)变更设计通知单。

(5)桥梁工程数量汇总表。

(6)检查桩基检测情况表。

(7)桥梁表。

(8)钢梁挠度及振动试验表。

(9)钢材、水泥、砂石料等原材料出厂合格证或复试报告。

(10)检验批质量验收记录表。

(11)工程用水水质化验情况。

(12)混凝土、砂浆试压报告单。

(13)钢梁出厂合格证。

(14)钢筋混凝土梁及预应力钢筋混凝土梁出厂合格证。

(15)钢筋混凝土人行道板出厂合格证。

(16)现场灌注钢筋混凝土梁检验资料及合格证。

(17)桥梁围栏、护栏、梁部检查设备、防火设备、河床铺砌检查证及附图等。

(18)施工质量验收资料。

(19)施工记录资料。

2. 竣工图

(1)桥址平面图。

(2)桥址工程地质图(地质复杂的桥附)。

(3)桥梁墩台及基础竣工图。

(4)全桥总布置图。

(5)桥梁特殊结构竣工图。

(6)桥梁新技术、新结构竣工图。

(7)导治建筑物及其他附属工程竣工图。

(8)汇水面积图。

(9)桥上的照明、通信、信号、电力、电气化等有关竣工图。

(五)涵　　洞

文件资料及图：

(1)专业工程验收记录表及报告(或竣工验收交接记录表及报告)。

(2)开工报告及批复文件。

(3)工程施工小结。

(4)变更设计通知单。

(5)竣工数量表(区间内按类型、孔径分别汇总)。

(6)检验批质量验收记录表。
(7)钢筋、水泥、砂浆试压报告单。
(8)工程质量验收记录表。
(9)涵洞顶进记录。
(10)施工质量验收资料。
(11)施工记录资料。
(12)进出口改沟图。

(六)隧道、明洞

1. 文件资料

(1)专业工程验收记录表及报告(或竣工验收交接记录表及报告)。
(2)开工报告及批复文件。
(3)工程施工小结。
(4)变更设计通知单。
(5)隧道工程数量汇总表。
(6)隧道净空测量记录。
(7)钢材、水泥、砂石料等原材料出厂合格证或复试报告。
(8)混凝土、砂浆试压报告。
(9)压浆记录。
(10)特殊隧道处理记录。
(11)重大塌方处理记录。
(12)工程质量事故处理记录。
(13)通风机械设备数量表。
(14)隧道及明洞表。
(15)通风机械设备一览表。
(16)施工质量验收资料。
(17)施工记录资料。

2. 竣工图

(1)隧道(含明洞)平面图。
(2)隧道纵断面图。
(3)隧道洞身横断面图。
(4)隧道洞口平面及纵、横断面图。
(5)运营通风设施竣工图,包括:通风机房、通风机组平面布置图、通风机组安装图、通风机组及其他设备基础图、隧道通风门安装图等。
(6)特殊设计隧道(如洞门、衬砌、支护、防水、排水和新技术、新结构等)竣工图。
(7)改沟、防护等竣工图。
(8)既有隧道改建或加固竣工图。

(七)站　场

1. 文件资料

(1)专业工程验收记录表及报告(或竣工验收交接记录表及报告)。

(2)开工报告及批复文件。

(3)工程施工小结。

(4)变更设计通知单。

(5)土石方工程数量汇总表。

(6)轨道工程数量表。

(7)工程数量汇总表。

(8)站内平(立)交道表。

(9)站场设备表(包括客运、货运、调车及安全设备等)。

(10)施工质量验收资料。

(11)路基填土夯实检验记录。

(12)站线线路上部建筑铺设材料汇总表。

(13)站内站台、雨棚、天桥、地道、平过道、检票口、栅栏、围墙、给水台、检查坑、进站道路、进站台阶、货场道路、站名牌等各项工程的施工资料及附图。

(14)施工记录资料。

2. 竣工图

(1)站场平面布置图(包括站房、进站公路)。

(2)站场纵、横断面图。

(3)站场管线综合布置图。

(4)站场排水系统竣工图。

(5)进出站场线路布置和疏解平面布置及纵断面图。

(6)较长联络线纵断面图。

(7)驼峰线路竣工图,包括驼峰线路平面图、驼峰线路纵断面与能高线图、驼峰线路车辆溜放间隔检查图、减速顶布置图、驼峰管线综合布置图等。

(8)大站车场综合布置图。

(9)避难线竣工图。

(10)站区绿化竣工图。

(11)维修设施总平面布置图。

(12)各生产车间设备平面布置图。

(13)室内、外生产管路布置图,包括平面图、剖面图、复杂管系的原理图及立体图、设备基础图。

后继还有机务、车辆、给水排水、通信、信号、电力、电气化、房建工程、环境保护与水土保持、铁路征用土地等具体内容查看相关规定,不再列举。

四、铁路工程竣工文件部分附表样式

表 2-21 路基加固及防护工程数量表;表 2-22 水准点表;表 2-23 控制桩表;表 2-24 统一里程与施工里程对照表;表 2-25 涵洞表;表 2-26 隧道及明洞表。

表 2-21　路基加固及防护工程数量表

建设项目名称：××线先期开工段自××至××××段 TJ-1 标　　　　第 1 页　共 1 页

起讫里程		位置	长度(m)	最高高度(m)	最大顶宽(m)	最大底宽(m)	体积(m^3)	基础情况	建筑材料	样式	备注
施工	统一										
DK492+436.1～DK492+575	K497+797.262～K497+936.162	下	138.9	6.2	30.6	30.6	26082	原状土	C25 混凝土+灰土	CFG 桩+灰土挤密桩	
DK492+650～DK492+800	K498+011.162～K498+161.162	左	150	4.15	1.8	2.1	1227	基岩	C30 混凝土	重力式挡土墙	
DK492+640～DK492+800	K498+001.162～K498+161.162	右	160	4.15	1.8	2.1	1312	基岩	C30 混凝土	重力式挡土墙	
DK493+436.1～DK493+415	K497+797.262～K498+776.162	左	978.9	9.39	1.0	0.6	4414	原状土、B组填料	C25 混凝土	骨架护坡	
DK493+436.1～DK493+415	K497+797.262～K498+776.162	右	978.9	9.39	1.0	0.6	4414	原状土、B组填料	C25 混凝土	骨架护坡	

填报单位：　　　制表：　　　复核：　　　主管：　　　日期：

附注：1. 位置栏按其在线路的“上”、“下”“左”“右”填写。

2. 表中计量单位：长度、最大顶宽、最大底宽为“米”；体积为“立方米”。

3. 新结构、新材料及试验项目在备注栏内注明。

表 2-22　水准点表

建设项目名称：××线先期开工段自××至××××段 TJ-1 标　　　　第 1 页　共 1 页

基点编号		标高(m)	位置				备注
			里程		距离(m)		
旧有	移交		施工	统一	左	右	
JM05		281.3389	DK492+285.626	DK497+646.788		260.991	深层基岩水准标石，水准点金属标志上部为不锈钢十字丝，下部普通钢筋焊接而成，现场 C30 混凝土浇筑埋设东四家村南山上土路边，东台子大桥 $0^{\#}$
JM06		263.0319	DK492+338.664	DK497+699.826	218.837		深层基岩水准标石，水准点金属标志上部为不锈钢十字丝，下部普通钢筋焊接而成，现场 C30 混凝土浇筑埋设东四家村南边田埂边，101 国道 604+200 处下沿河道前行 0.9 km，东台子大桥 $2^{\#}$ 墩左侧 220 m
JM07		285.9342	DK492+821.847	K498+183.009		81.106	深层基岩水准标石，水准点金属标志上部为不锈钢十字丝，下部普通钢筋焊接而成，现场 C30 混凝土浇筑埋设，$1^{\#}$ 拌和站大里程围墙外 20 m，线路右侧乡间小路
JM02		297.2481	DK493+267.584	K498+628.746	43.289		深层基岩水准标石，水准点金属标志上部为不锈钢十字丝，下部普通钢筋焊接而成，现场 C30 混凝土浇筑埋设，三棱山隧道进口线路左侧，1 架子队生活区小里程方向，田地边

填报单位：　　　制表：　　　复核：　　　主管：　　　年　月　日

附注：备注栏内应注明何种基点，基点的构造材料，具体位置。

表 2-23　控制桩表

建设项目名称：××线先期开工段自××至××××段 TJ-1 标　　　　第 1 页　共 1 页

编号	基桩种类	位置				构造材料	备注
		里程		距离(m)			
		施工	统一	左	右		
JM05	加密(临时)桩	DK492+285.626	DK497+646.788		260.991	不锈钢(十字丝)	深层基岩水准标石，水准点金属标志上部为不锈钢十字丝，下部普通钢筋焊接而成，现场 C30 混凝土浇筑埋设东四家村南山上土路边，×××大桥 0#
JM06	加密(临时)桩	DK492+338.664	DK497+699.826	218.837		不锈钢(十字丝)	深层基岩水准标石，水准点金属标志上部为不锈钢十字丝，下部普通钢筋焊接而成，现场 C30 混凝土浇筑埋设东四家村南边田埂边，101 国道 604+200 km 处下沿河道前行 0.9 km，×××大桥 2# 墩左侧 220 m
JM07	加密(临时)桩	DK492+821.847	K498+183.009		81.106	不锈钢(十字丝)	深层基岩水准标石，水准点金属标志上部为不锈钢十字丝，下部普通钢筋焊接而成，现场 C30 混凝土浇筑埋设，1# 拌和站大里程围墙外 20 m，线路右侧乡间小路
JM02	加密(临时)桩	DK493+267.584	K498+628.746	43.289		不锈钢(十字丝)	深层基岩水准标石，水准点金属标志上部为不锈钢十字丝，下部普通钢筋焊接而成，现场 C30 混凝土浇筑埋设，×××隧道进口线路左侧，1 架子队生活区小里程方向，田地边

填报单位：　　　　制表：　　　　复核：　　　　主管：　　　　年　月　日

附注：构造材料栏注明基桩材料种类，临时桩尺寸，永久桩草图或其根据图号等。

表 2-24　统一里程与施工里程对照表

建设项目名称：××线先期开工段自××至××××段 TJ-1 标　　　　第 1 页　共 1 页

统一里程	施工里程	断链(m)		断链增减累计(m)		实际长度计(km)	备注
		增长	减短	增长	减短		
K497+797.262	DK492+436.100			5 361.161 6		0	路基起点
K498+000.000	DK492+638.838			5 361.161 6		202.738 4	公里桩
K498+776.162	DK493+415.000			5 361.161 6		776.161 6	路基终点

填报单位：　　　　制表：　　　　复核：　　　　主管：　　　　年　月　日

附注：1. 断链处所其施工里程栏应填入相对应的两个里程，其余者仅填上半栏按统一里程每整公里列入。

2. 统一里程即竣工连续里程。

3. 本表仅限新建铁路填列。

表 2-25　涵洞表

建设项目名称：××客运专线先期开工段自××至××××段 TJ-1 标　　　　第　页　共　页

编号	中心里程	式样种类	孔数	跨度或直径	填土高	涵长	基础情况	备注
1	DK492＋884.80	框架箱涵	1	4	6 m	31.34 m	基底必须置于 400 kPa 的岩层上，铺砌部分换填三七灰土	
2	DK492＋951.20	框架箱涵	1	2	8 m	40.19 m	基底必须置于 400 kPa 的岩层上，铺砌部分换填三七灰土	
3	DK493＋053.30	框架箱涵	1	4	4.3 m	34.56 m	基底必须置于 400 kPa 的岩层上，铺砌部分换填三七灰土	
4	DK492＋346.00	框架箱涵	1	4	3.6 m	23.6 m	基底必须置于 400 kPa 的岩层上，铺砌部分换填三七灰土	

填报单位：　　　　制表：　　　　复核：　　　　主管：　　　　年　月　日

附注：1. 包括泄水洞在备注栏内说明衬砌情况及涵洞曲线和坡度情况。

2. 表中计量单位：跨度或直径、填土高及涵长为“米”。

表 2-26　隧道及明洞表

建设项目名称：××客运专线先期开工段自××至××××段 TJ-1 标　　　　第　页　共　页

编号	中心里程	隧道或明洞名称	长度（m）	地质情况	线路情况		备　注
					R(m)	i(‰)	
1	DK497＋859	×××隧道	8888	洞身范围多为侏罗系上统吐呼鲁组凝灰岩夹凝灰质砂页岩，其中 DK496＋717～DK496＋867 为凝灰质角砾岩和断层泥，DK498＋529～DK499＋300 为凝灰质角砾岩，DK499＋610～DK501＋475 为白垩纪安山岩。出口为第四系上更新统坡洪积粉质黏土、细角砾土。山洞沟谷局部分布第四系全新统坡洪积堆积层	0	DK493＋415～DK496＋950 段 3 535 m 为 4.8‰的上坡，DK496＋950～DK502＋250 段 5 300 m 为 6‰的下坡，DK502＋250～DK502＋303 段 5 300 m 为0‰的平坡	×××隧道线别为双线；隧道内采用 CRTSⅢ型板式无砟轨道；明洞采用路堑对称式明洞

填报单位：　　　　制表：　　　　复核：　　　　主管：　　　　年　月　日

附注：线别（单、双、三线）、明洞、辅助导洞及道床类型在备注栏中注明。R 为曲线半径，i 为线路坡度。

第三章 铁路工程施工质量验收标准的基本内容

第一节 铁路工程施工质量验收标准的基本组成

一、系列标准的组成

2010年12月8日铁建设〔2010〕240号文发布的9项高速铁路施工质量验收标准：
(1)《铁路混凝土工程施工质量验收标准》(TB 10424—2010)
(2)《高速铁路路基工程施工质量验收标准》(TB 10751—2010)
(3)《高速铁路桥涵工程施工质量验收标准》(TB 10752—2010)
(4)《高速铁路隧道工程施工质量验收标准》(TB 10753—2010)
(5)《高速铁路轨道工程施工质量验收标准》(TB 10754—2010)
(6)《高速铁路通信工程施工质量验收标准》(TB 10755—2010)
(7)《高速铁路信号工程施工质量验收标准》(TB 10756—2010)
(8)《高速铁路电力工程施工质量验收标准》(TB 10757—2010)
(9)《高速铁路电力牵引供电工程施工质量验收标准》(TB 10758—2010)

二、总　　则

(1)系统总结高速铁路建设、运营经验和教训。
(2)全面落实建设管要求("六位一体"管理目标,标准化管理要求,现代化施工管理手段)。
(3)大力推广"四新"技术应用,淘汰落后工艺方法。
(4)有效控制质量通病,提出针对性具体措施。
(5)体现质量终身负责制,对各类施工人员进行质量责任登记。

(6)与相关标准规范的关系。铁路工程施工过程中的环节多、专业多,所以采用的标准规范就会很多,既有技术标准又有管理标准,既有国家标准又有行业标准,甚至还有国际标准和国外标准,本系列验标难以一一详列。一般情况下,可根据工程实际情况,确定各种标准规范的采用与否。但是对于施工过程涉及的现行国家和铁道行业标准中有强制性执行要求的标准或标准条文,则必须贯彻执行。

验收标准的编制指导思想:调整地位;验评分离;充实内容;严格程序;强化检测;明确职责。

(1)调整地位就是调整验标在标准体系中的位置,突出验标对铁路工程质量的控制作用,明确验标是保证施工质量的主要技术标准,明确验标是建设各方都必须遵守的强制性标准,符合验标要求的工程,是合格工程,不符合验标要求的工程,是不合格工程。

(2)验评分离。验标只规定合格质量要求,不规定优良等级评定。优良等级评定不是保证工程质量的有效途径,也不是政府对工程质量的强制性要求。优良等级的评定可以由建设各方通过协商或在承包合同中确定。以后可以根据需要另行制订工程施工质量评优的推荐性标准,由工程承包合同双方通过协商确定是否采用。

(3)充实内容就是在验标中充实完善施工质量保证措施、施工要求等内容。工程施工质量是由施工准备、工序操作质量决定的,或者说工程施工质量是在施工过程中形成的,而不是最后检验出来的,所以,要保证工程施工质量,就必须加强施工过程控制。

验标的内容不仅仅限于对工程施工质量的“检与评”,还要把体现质量保证和过程控制的主要内容予以纳入。

(4)严格程序。主要包括严格材料和设备进场;严格工序交接的检查验收程序;严格检验批和分项、分部、单位工程施工质量的验收程序;严格有关项目检查验收的时限要求;严格不合格项目的处理程序。

(5)强化检测。质量检测工作主要从三个方面予以强调:一是对工程材料、构配件、设备的检测;二是施工过程中的检测;三是对完工后的工程实体的抽查检测。

(6)明确职责。明确建设活动各方在施工质量控制过程中的职责,体现责、权、利的统一。依据《建设工程质量管理条例》和铁路工程施工的实际需要,在验标中具体明确建设、施工、监理、勘察设计单位的责任和义务。

三、术　语

每项验标中的术语包括通用术语和专业术语两部分。通用术语是各专业在工程施工质量验收工作中共用的、列在前面的那一部分;专业术语是具有专业特点的、列在后面的那一部分。术语的解释不一定是其理论涵义,可能与其他标准中的解释不尽一致。列出术语及其解释的主要目的是为了在工程施工质量验收工作中统一其内容和界定其范围,避免产生理解上的不同甚至歧义。需要重点说明的是下列几个术语:

“验收”含义为:工程施工质量在施工单位自行检查评定的基础上,参与建设活动的有关单位(建设单位、施工单位、监理单位、勘察设计单位)共同对检验批、分项、分部、单位工程的质量按有关规定进行检验,根据相关标准以书面形式对工程质量达到合格与否作出确认。与铁路建设项目竣工交接验收不是一码事。铁路建设项目竣工交接验收是按有关文件规定的办法进行的。可以说,验标规定的施工质量验收是建设项目竣工交接验收的一个组成部分。

“检验批”是验标修订引入的一个新概念,是施工质量验收的基本单元,很好地解决了一次验收的规模和范围的大小问题。原验标规定分项工程是验收的基本单元,但往往由于一个分项工程的规模过大、分部零散、施工期较长而不可能一次验收,但对多大规模和范围的分项工程进行一次验收,并没有给出具体的规定,造成分项工程验收时,规模大小相差悬殊,质量数据可比性差,实际操作出现了一定的混乱。

“工后沉降”,在铺轨工程完成以后,基础设施产生的沉降量。

“见证”和“见证取样检测”,从理论上讲,“见证”的范畴较大,包括“见证取样检测”在内。国家标准《建设工程监理规范》(GB 50319—2000)、铁道行业标准《铁路建设工程监理规范》(TB 10402—2003)中,列有“见证”术语,没有列“见证取样检测”术语;国家标准《建筑工程施工质量验收统一标准》(GB 50300—2001)中列有“见证取样检测”术语,没有列“见证”术语。考虑到两个术语的使用特点,新验标予以全部列出,但应区别使用。“见证取样检测”术语的定义在国家标准和其他有关标准中已经定型，并规定了许多特定的使用条件，且已广泛使用。"见证取样检测"多适用于能够取样的重要原材料、重要结构的试件检测。对于不取样或不能取样的现场检测项目，以及施工单位进行检验、检测、试验，监理单位见证就可以的项目，用"见证"(检验、检测、试验)较为合适，如路基压实质量检验、桥涵桩基无损检测、隧道衬砌厚度检测、电力及通信信号设备和系统的性能、功能试验等，用"见证取样检测"就不太合适。并列给出"见证"、"见证取样检测"两个术语，便于使用，与相关标准规范并不矛盾。

四、基本规定

铁路工程施工质量验收系列标准的第三章是基本规定。其内容是对工程施工质量的全过程控制提出了总的要求。包括施工现场质量管理的检查、原材料和设备的进场验收、工序质量的控制的工序之间的交接检验、配套的标准、施工的依据、验收的依据、有关单位的资质、各方人员的资格、验收单元的划分、验收的组织和程序、不合格质量的处理等。

五、一般规定

"一般规定"其内容主要是规定了对工程施工质量有重要影响的和涉及施工安全、人体健康、环境保护和公众利益的施工工艺方法，明确是必须执行还是禁止使用。还包括必要的施工准备、工装设备、施工和检测单位的资质等。

其他由施工单位根据具体情况选择采用的施工工艺方法，验标不作规定。

六、主控项目和一般项目

主控项目：对安全、卫生、环境保护和公众利益起决定性作用的检验项目。

一般项目：除主控项目以外的检验项目。

主控项目和一般项目不需要验标的执行者判定，验标已经确定了主控项目和一般项目。

主控项目和一般项目是按其对工程质量的影响程度划分的，实际上是一个相对的概念。对于大多数检验项目来讲，在验收工作中没有区别，质量要求都是合格。主要区别是对于有允许偏差的项目。如果有允许偏差的项目是主控项目，则其检测点的实测值必须在给定的允许偏差范围内，不允许超差；如果有允许偏差的项目是一般项目，除有特别要求不允许超差者外，则允许有20%检测点的实测值超出给定的允许偏差范围，但是最大偏差不得大于给定的允许偏差值的1.5倍。

第二节　单位、分部、分项工程和检验批的划分与表格填写

高速铁路工程建设过程中，一个构筑物的施工，一个系统的安装和调试，从施工准备到完工验收，要经过若干工序、工种的配合施工，包括若干个施工安装阶段，这就需要对各工序、工种及各施工安装阶段的质量进行控制和检验。工程施工质量的好坏，取决于各工序、工种的操作质量及各施工安装阶段的质量控制。为了便于控制、检查每个工序、工种、施工阶段的质量，就需要把整个工程施工过程按不同工序、工种、部位、区段、阶段、系统等划分成不同的单元，即划分成单位工程、分部工程和分项工程，一般情况下分项工程还要划分为若干个检验批。

一、单元划分

(一)概　　念

(1)建设工程项目

建设工程项目是指经批准按照一个总体设计进行施工,经济上实行统一核算,行政上具有独立组织形式,实行统一管理的工程基本建设单位。它由一个或若干个具有内在联系的工程所组成。

建设工程项目按建设性质可划分为新建、扩建、改建、迁建、恢复,其中新建项目又包括从无到有、在扩建的过程中,新增的固定资产价值超过原有固定资产价值的三倍以上等两种情况。按建设规模可分为大型、中型和小型三类。

(2)单位工程

单位工程是指具有独立的设计文件,竣工后可以独立发挥生产能力或工程效益的工程,是构成建设工程项目的组成部分。

首先应该明确的是,一个单位工程必须是由一个承包单位施工完成的,不管其规模大小、工程数量多少、所含分部工程和分项工程是否齐全。不同承包单位施工完成的工程,不论规模大小、关联情况如何,都不能划归为一个单位工程进行验收,这是划分单位工程的首要原则。

单位工程是按一个完整工程或一个相当规模的施工范围来划分的。这是共性的划分原则,各项验标都遵循了这一原则,并给出了推荐的单位工程划分原则。

所谓按一个完整工程划分的单位工程,是指一个完整构筑物、一个独立系统,如一座大桥、一座隧道、一个给水站、一个变电所、一个监控系统等。

所谓按一个相当规模的施工范围划分的单位工程,包括两方面的情况:一个单位工程是一个完整工程中的一部分,如一个承包单位施工的一座特大桥中的一个标段;另外,一个单位工程可以由几个完整工程组成,如由几个涵洞组成的一个涵洞单位工程,由地道、天桥、站台、雨棚等组成的站场构筑物单位工程。

(3)分部工程

分部工程是指单位工程中可以独立组织施工的工程。

分部工程是按一个单位工程中的完整部位、主要结构、施工阶段或功能相对独立的组成部分来划分的。一个分部工程应尽量类型相同或材料相同或施工方法相同。类型不同或材料不同或施工方法不同时,可以划分为不同的分部工程。例如一个桥梁单位工程,可以划分为地基与基础、墩台、梁部、附属设施等几个分部工程。若该桥的基础既有明挖基础又有钻孔桩基础,则明挖基础和钻孔桩基础就可以划分为两个分部工程。

(4)分项工程

分项工程是按照工种、工序、材料、设备和施工工艺等划分的工程。

站前工程的分项工程主要按工种、工序划分,也可按材料和施工工艺等划分,如模板、钢筋、混凝土、开挖、填筑、铺轨、整道、顶推架设、涂装等分项工程。站后工程的分项工程主要按设备、系统、工序划分,如信号机、转辙机、光缆通道、变压器、杆塔组立、导线架设、系统功能测试等分项工程。同一个分项工程其施工条件应基本相同,所用原材料及其质量要求应基本相同。

(5)检验批

检验批是分项工程的组成部分,是施工质量验收的基本单元。根据施工质量控制和验收需要,把一个分项工程划分成若干个检验批。特殊情况下一个分项工程仅含一个检验批。一个检验批的施工条件应基本相同,所用原材料及其质量要求应相同,形成的质量应均匀一致。

各项验标都给出了检验批的最大数量,对施工质量验收工作以指导,使质量数据具有可比性,有利于施工质量控制。如模板分项工程的检验批是一个安装段、钢筋分项工程的检验批是一个安装段、混凝土分项工程的检验批是一个浇筑段、道岔铺设分项工程的检验批是一组、路堤填筑分项工程的检验批是同一压实工作班的单个压实区段的每一检测层等。

需要特别说明的是,检验批是针对工程实体划分的。验标中有关材料、构配件和设备进场验收的批量,是根据相关产品标准的抽样方案和工程施工特点制订的,与检验批没有联系。也就是说,一次进场验收的材料可能用于多个检验批,也可能一个检验批所用的材料经过了多次进场验收。

(二)验收单元划分

质量验收划分为单位工程、分部工程、分项工程和检验批。

路基、桥梁、涵洞、隧道具体划分将在后继各章分项工程检验批的划分及编号附表。当本专业检验批质量验收记录表缺项时,可借用其他专业相同或类似工程表格填写。

二、验收程序

工程质量验收采取分层次、逐级验收。验收的程序是先进行检验批验收,其后是分项工程验收,再是分部工程验收,最后是单位工程验收。即:检验批→分项工程→分部工程→单位工程。

所有验收的基础就是检验批验收记录。

(一)检　验　批

验收组织:施工单位自检合格后报监理单位,由监理工程师组织施工单位专职质量检查员、技术负责人、工程负责人验收。监理单位检查全部主控项目,一般项目的检查内容和数量可根据各项验收标准及设计文件的要求确定。

验收内容:包括实物检查和资料检查。

1. 实物检查

(1)原材料、构配件和设备等的检验,按进场的批次和本标准规定的抽样检验方案执行。

(2)混凝土性能指标的检验,按验标规定的抽样检验方案执行。

(3)验标中采用计数检验的项目,按抽查点数符合验标规定的百分率检查。

2. 资料检查

包括原材料、构配件和设备等的质量证明文件(质量合格证、规格、型号及性能检测报告等)和检验报告、施工过程中重要工序的自检和交接检验记录、平行检验报告、见证取样检测报告等。

验收标准:质量验收标准为合格,主要取决于主控项目和一般项目的检验结果。

(1)主控项目:是对安全、卫生、环境保护和公众利益起决定性作用的检验项目。

(2)一般项目:是除主控项目以外的检验项目。

不合格的处理:

(1)经返工重做的或更换构配件、设备后的检验批,重新按验标验收。

(2)当试块试件的试验结果有怀疑时,或因试块试件丢失损坏、试验资料丢失等无法判断实体质量时，应邀请有资质的法定检测单位对实体质量检测鉴定，凡达到设计要求的检验批可予以验收。

标准不统一的处理：当涉及结构安全和系统功能的部分设计规范条文和设计文件对质量的要求与验标不一致时，应以设计文件为准。

（二）分项工程

由监理工程师组织施工单位分项工工程负责人、专职质量检查员、技术负责人验收。

合格标准：

(1)分项工程所含的检验批均符合合格质量的规定。

(2)分项工程所含的检验批的质量验收记录应完整。

分项工程质量验收是其所含检验批质量的统计汇总，主要是检查核对检验批是否覆盖了分项工程范围、检验批验收记录的内容及签字是否齐全准确。

（三）分部工程

由监理工程师组织施工单位项目负责人和技术、质量负责人验收。下列工程勘察设计单位项目负责人应参加：

(1)路基工程的地基处理、沉降观测、路堑开挖及支挡结构基坑开挖。

(2)桥梁工程的地基和基础分部工程。

(3)隧道工程的衬砌分部工程。

合格标准：

(1)所含分项工程的质量均验收合格。

(2)质量控制资料完整。

(3)实体质量和主要功能核查结果符合有关标准规范的规定。

（四）单位工程

单位工程完工后，施工单位自行组织有关人员检查评定，并向建设单位提交工程验收报告。建设单位收到单位工程验收报告后，由建设单位组织设计、监理、施工单位对单位工程实体质量和主要功能进行核查，并填写记录。

合格标准：

(1)所含分部工程的质量均验收合格。

(2)质量控制资料应完整。

(3)实体质量和主要功能核查结果符合有关标准规范的规定。

三、表格填写

工程施工质量验收工作，都要按验标规定的表格来填写，质量验收结果和结论均应反映在各类表格上。

（一）检验批质量验收记录表

检验批质量验收记录表是各分项工程分批验收的专用表格，其中的检验项目（主控项目、一般项目）要按各验标所规定的全部项目数量列全，做到一一对应，防止漏项。验标中规定的质量指标和质量控制要求，应简要反映在检验批质量验收记录表格上，便于与实体检查验收结果对照，直观地判定合格与否。所填检验项目和质量数据，需经各方签字认可，方可质量验收有效。

1. 编号

统一采用12位及以上数字编码，式样如图3-1所示。

专业代码(01～11)＋单位工程(01～06)＋分部工程代码(01、…)＋分项工程代码(01、…)＋□□□□(检验批顺序号，其中：第一位为作业队或工区代码，后三位数为检验批顺序编号)。

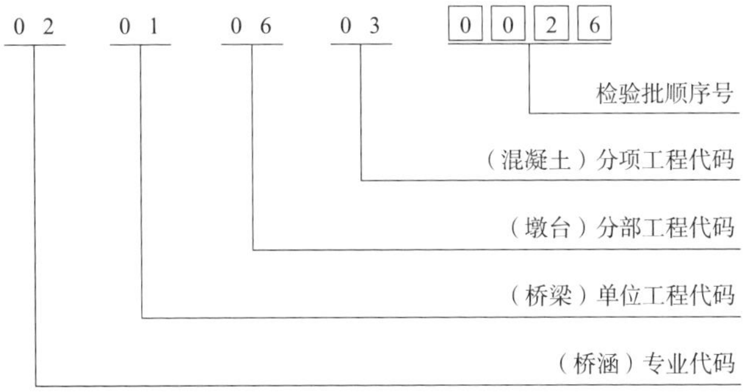

图3-1　编号方式

在高速铁路工程中专业代码：路基工程为01，桥涵工程为02，隧道工程为03，轨道工程为04，给水排水工程为05，站场工程为06，通信工程为07，信号工程为08，电力工程为09，电子牵引供电工程为10，声屏障工程为11。

2. 表头

(1)单位工程名称：按照承包合同或设计文件中所列工程名称填写。

(2)分部工程名称：按验标划分的分部工程名称填写。

(3)分项工程名称：按验标划分的分项工程名称填写；验收部位：按该检验批的验收范围或抽样检验范围或所处部位填写。

(4)施工单位、项目负责人：可填写该单位工程的具体施工单位、项目负责人。

(5)施工质量验收标准名称及编号：填写所执行的验标全称及标准号或批准文号。

3. 验收内容

检验批表的核心是验收内容，从左至右分三部分：

(1)施工质量验收标准的规定。分主控项目和一般项目，是验标中相应条文内容的归纳或简化描述；对于质量要求，直接标列验标指标，或因内容较多而只列验标条文号；内容和编号分列描述。

(2)施工单位检查评定记录。由专职质量检查员填写，填写要求：

1)定量项目，当检查点少时，可直接在表中填写检查数据。当检查点数较多填写不下时，可在表中填写综合结论，如“共检查20处，不大于7 mm，符合设计要求”。

2)定性项目，按验标条文所规定的质量要素全面描述。填写“合格或不合格”、“符合设计要求或不符合设计要求”、“符合验标要求或不符合验标要求”等。

3)既有定量又有定性的项目，填写验标要求的全部检验数据，并按验标条文所规定的质量要素全面描述。

4)对于有允许偏差的抽查点，将实测数据直接填入。

5)对于有试验要求的项目，可填写试验报告的编号。

6)对于混凝土、砂浆强度等级,可先填报份数和编号,待试件养护至28或56天试压后,再对检验批判定和验收。

对主控项目和一般项目验收情况的描述,需填写数值,可分列描述。

7)在同一分项工程或规模较小的单位工程,当第一次填写《混凝土(原材料)检验批质量验收记录表》以后的工序、部位、分项工程所使用的混凝土原材料生产厂家(含砂,石)、生产批号、进场抽检指标均与第一次一致时,可不再填写《混凝土(原材料)检验批质量验收记录表》,但必须在该分项工程《检验批质量验收记录表》的底部注明当第一次《混凝土(原材料)检验批质量验收记录表》的编号,《混凝土(配合比)检验批质量验收记录表》亦比照上述原则办理。

(3)监理单位验收记录。对主控项目和一般项目验收情况的描述。

1)主控项目:除核对施工单位的检查评定记录外,还要填写监理单位按验标规定采用平行检验、见证取样检测、见证检验等方法取得的质量数据与施工单位的检验结果互为对照,监理单位的检验数量须符合验标规定。

2)一般项目:按验标规定,监理单位的检查数量和方法自定。一般项目的监理单位验收记录可填具体数据,也可填写"符合要求或规定、合格"。

对于原材料的质量结论,或者具体定量数据的判定,填写"合格";对于一些定性要求的结论,填写"符合要求";对于不符合验标规定的项目,可暂不填写,待处理后再验收,但应做出标记。

3)施工作业人员质量责任登记,将每个检验批施工工序名称和施工作业人员的名字都登记上,由监理单位负责核查确认登记内容的真实性、全面性。

4. 验收结论

由施工单位检查评定结果和监理单位验收结论两部分组成,特殊情况加上"勘察设计单位现场确认地基地质条件情况"一栏。

(1)施工单位检查评定结果。由施工单位负责该分项工程的专职质量检查员填写"检查评定合格"结果,分项工程的负责人、技术负责人签名。

(2)监理单位验收结论。由监理工程师填写"同意验收"结论并签名。

5. 验收时间

施工单位、监理单位签字的时间是检验批表所含项目均合格以后的时间。

对于特殊试验,试验的时间通常滞后,为体现检验批表对分部工程质量验收评定的完整性,待完成试验之后,施工单位凭试验报告,约请监理工程师确认,经监理工程师确认合格后,由监理工程师填写验收时间。

(二)施工现场质量管理检查记录表

每个单位工程检查一次,由监理单位现场填写,相关文件、证件、资料原件或复印件备齐并装盒保存。

1. 表头

各方负责人无须签字。

(1)单位工程名称:填写按验标划分的单位工程名称。

(2)开工日期:开工报告中的开工日期。

(3)建设单位:承包合同中的甲方单位全称,项目负责人为合同的签字人或委托人。

(4)设计单位:勘察设计合同中签章的单位全称,项目负责人为合同的签字人或委托现场负责人。

(5)监理单位:委托监理合同中的监理单位全称,总监理工程师为机构负责人或项目负责人。

(6)施工单位:承包合同中的乙方单位全称或现场项目机构全称,项目经理、项目技术负责人与合同一致。

2. 检查部分

主要内容按项目逐项填写检查情况。

3. 检查结论

由总监理工程师作出“合格”或“不合格”并限期整改的结论。

(三)分项工程质量验收记录表

在检验批验收合格后进行归纳整理,实质上是统计表。

1. 表头

(1)标题填写具体分项工程名称。

(2)单位工程名称、分部工程名称、施工单位、项目负责人填写与检验批质量验收记录表一致。

(3)检验批数:填写整个分项工程所含检验批的总数量。

2. 验收内容

(1)检验批部位:按检验批逐一注明检验批所处(属)部位和区段,可合并。

(2)施工单位检查评定结果和监理单位验收结论:按检验批评定结果和验收结论,直接抄列即可。

3. 验收结论

(1)施工单位检查评定结果:由分项工程技术人员填写“质量合格”并签字。

(2)监理单位验收结论:如同意,由监理工程师填写“同意验收”并签字;不同意,应指出存在的问题。

(四)分部工程质量验收记录表

1. 表名和表头部分

表名要按验收单元填上具体的分部工程名称。

单位工程名称的填法与检验批数量验收记录表一致。

施工单位的填法与检验批数量验收记录表一致。

施工单位的项目负责人、项目技术负责人、项目质量负责人与施工合同中载明的一致或为按规定程序明确的人员。由于铁路建设项目规模较大,为便于现场管理,突出谁生产谁负责的原则,也可填写该单位工程的具体负责人、技术负责人、质量负责人。

2. 验收内容

(1)分项工程

将分部工程所含分项工程按顺序逐一分列,并分别填写各分项工程所含的检验批数量,即分项工程质量验收记录表上的“检验批数”,并将各分项工程质量验收记录表按顺序附在表后。施工单位自检合格后,在施工单位检查评定结果栏中填写“合格”、“符合要求”、“符合规定”等。监理单位组织审查符合要求后,在监理单位验收栏中填写“同意验收”意见。评定结果和验收结论由分项工程质量验收记录表直接抄列，并将各项分项工程质量验收记录表按顺序附在表后。

(2)质量控制资料

按"单位工程质量控制资料核查表"的内容，确定所验收的分部工程中含有的质量控制资料项目。逐项进行核查，当质量控制资料项目齐全，能反映分部工程质量情况，达到保证结构安全和使用能力的要求时，施工单位可在施工单位检查评定结果栏中填写"合格"、"完整"等，监理单位组织审查符合要求后，在监理单位验收栏中填写"符合要求"、"完整"等的结论。

(3)实体质量和主要功能检验(检测)报告

实体质量和主要功能的抽样检测项目，是按"单位工程实体质量和主要功能核查记录表"列出的项目事前确定的。对在分部工程中已做的检测项目，应逐一检查每个检测报告，核查检测方法、程序、结果等是否符合要求，全部检查合格后，施工单位在检查评定中填写"合格"、"符合要求"、"符合规定"等，监理单位在组织审查后符合要求后，在验收结论栏中填写"符合要求"意见。

参加验收各方签字认可，当分部工程的各项验收内容都合格时，参加分部工程质量验收的各方人员应签字确认，以示负责，便于质量追溯。

施工单位填写"质量合格"等结论，有项目负责人或单位工程的负责人签字。

勘察设计单位参加分部工程验收的，填写"满足设计要求"等验收意见，有项目负责人签字。勘察设计单位的项目负责人可以是现场的总体负责人，也可以是具体专业的负责人。

监理单位填写"同意验收"等验收意见，由专业监理工程师签字。

(五)单位工程质量验收记录表

1. 表头

单位工程名称、施工单位、项目负责人、项目技术负责人、项目质量负责人等填写与检验批质量验收记录表一致。

2. 验收内容

(1)分部工程：验收记录栏填写汇总，验收结论由监理单位填写"同意验收"。

(2)质量控制资料核查：验收记录栏填写汇总，按"单位工程质量控制资料核查表"进行，验收结论由监理单位填写"符合要求"。

(3)实体质量和主要功能核查：统计核查的项数、抽查的总项数，并分别统计符合要求的项数，填入验收记录栏中，按"单位工程实体质量和主要功能核查表"进行，验收结论由监理单位填写"符合要求"。

(4)观感质量验收：按"单位工程观感质量检查记录表"统计，验收结论由监理单位填写"符合要求"。

(5)综合验收结论：综合上述4项检查结论，由建设单位填写"通过验收"。

3. 签字盖章

由验收各方负责人签字，并加盖单位公章、标记日期。

(六)单位工程质量控制资料核查记录表

1. 表头

单位工程名称、施工单位与检验批一致。

2. 核查内容

按项核查,符合要求资料,核查人在核查意见栏中填写“符合要求”,并签名确认。

3. 核查结论

结论由监理单位填写“齐全完整”,监理单位、施工单位负责人均应签字。

(七)单位工程实体质量和主要功能核查记录表

1. 表头

单位工程名称、施工单位与检验批一致。

2. 核查内容

按项核查,符合要求资料,核查人在核查意见栏中填写“符合要求”,并签名确认。

3. 核查结论

结论由监理单位填写“符合要求”,建设单位、监理单位、施工单位负责人均应签字。

(八)单位工程观感质量检查记录表

1. 表头

单位工程名称、施工单位与检验批一致。

2. 核查内容

按项检查,由建设单位负责人进行评价,对每个检查项目质量状况进行描述、评定(“合格”或“差”在栏中用“√”标注,另栏用“/”划掉)。

3. 检查结论

结论由监理单位填写“合格”,建设单位、监理单位、施工单位负责人均应签字。

四、其他要求

(一)签字要求

各个单位工程所有用表签字人列出清单,报监理单位、指挥部审核,审查合格后报公司工程部、安质部核备。

表中的执行主体单位和责任人只能填写自己单位所完成工作内容对应的栏目,不允许代签。所有签署栏必须由责任人本人手写签名,签名前应对表中反映的工程信息仔细审阅或核对检查。

施工验收资料必须保证有一份为手工填写,其他份数可采用计算机录入、打印,但签字必须手签。

签名部分必须看清姓名,不能潦草,不使用个性签名。

(二)份数要求

检验批、分项工程质量验收记录,建设单位、施工单位、监理单位均应长期保存;分部工程、单位工程质量验收记录,建设单位永久保存,施工单位长期保存;其他资料应按相关规定保存。

(三)制表要求

施工单位填写部分可以打印填写,不允许代替监理单位填写、打印验收记录。

检验批验收记录表中的验收标准条款,每次填写时应与验标及设计要求对照,当设计要求严于验标时,按设计要求执行。

凡带罗马字编号的检验批质量验收记录表，表示该分项工程包括多种检验批表，应仔细核对，不能漏填。

通用表格中没有的项目，要用“/”划掉，不留空白。

个别施工环节，欠缺施工记录表、检验批验收记录表的，由监理单位按照验标要求，比照同类表格设计，报公司工程部、安质部核备同意后使用。

第四章　路基工程内业表格编制

第一节　高速铁路路基工程验收单元的划分

一、说　　明

高速铁路路基工程施工质量验收单元应按单位工程、分部工程、分项工程和检验批划分。

单位工程应按一个完整工程或一个相当规模的施工范围划分，并按下列原则确定：一个区间路基或一个车站的路基为一个单位工程。一个施工单位承担的路基施工范围为一个单位工程。相对独立或技术复杂的工程可作为一个单位工程。

分部工程应按一个完整部位或主要结构、施工阶段划分。

分项工程应按工种、工序、材料、施工工艺等划分。

检验批可根据施工及质量控制和验收需要按施工段或部位等划分。

声屏障基础对应的分部工程、分项工程、检验批的验收，应执行《铁路声屏障工程施工质量验收标准》(TB 10428—2010)的相关规定。当其由路基工程施工单位一并施工时，可纳入路基单位工程进行验收。当其由声屏障工程施工单位施工时，需要纳入声屏障单位工程进行验收。

二、路基分部工程、分项工程、检验批划分及编号方法

路基分部工程、分项工程、检验批划分及编号方法见表 4-1。

表 4-1　路基分部工程、分项工程、检验批划分及编号

（路基单位工程编号 0101）

分部工程		分项工程	检验批规模	检验批编号
类别	名　称			
地基处理	01 原地面处理	01 地表处理	区间正线路基沿线路纵向连续长度每≤200 m，站场路基折合正线双线每≤200 m	01010101□□□□
	02 换填	01 换填基坑	每个基坑	01010201□□□□
		02 填筑	每个基坑每填层	01010202□□□□
	03 砂垫层	01 填筑砂垫层	区间正线路基沿线路纵向连续长度每≤200 m，站场路基折合正线双线每≤200 m	01010301□□□□
	04 碎石垫层	01 填筑碎石垫层		01010401□□□□
	05 土工合成材料加筋垫层	01 铺设土工合成材料		01010501□□□□
	06 强夯	01 夯击		01010601□□□□
		02 强夯后地基	每个独立的强夯地基处理工点	01010602□□□□
	07 袋装砂井	01 插打袋装砂井	区间正线路基沿线路纵向连续长度每≤200 m，站场路基折合正线双线每≤200 m	01010701□□□□

续上表

分部工程		分项工程	检验批规模	检验批编号
类别	名　称			
地基处理	08 塑料排水板	01 插打塑料排水板	区间正线路基沿线路纵向连续长度每≤200 m,站场路基折合正线双线每≤200 m	01010801□□□□
	09 真空预压	01 真空加载	每个真空预压点	01010901□□□□
		02 卸载	每个真空预压点	01010902□□□□
	10 堆载预压	01 堆载加载	沿线路纵向连续长度每≤200 m	01011001□□□□
		02 卸载	每个堆载预压工点	01011002□□□□
	11 砂桩	01 制桩	区间正线路基沿线路纵向连续长度每≤200 m,站场路基折合正线双线每≤200 m	01011101□□□□
		02 成桩	每个独立的砂桩地基处理工点	01011102□□□□
	12 碎石桩	01 制桩	区间正线路基沿线路纵向连续长度每≤200 m,站场路基折合正线双线每≤200 m	01011201□□□□
		02 成桩	每个独立的碎石桩地基处理工点	01011202□□□□
	13 强夯置换	01 夯击	区间正线路基沿线路纵向连续长度每≤200 m,站场路基折合正线双线每≤200 m	01011301□□□□
		02 复合地基	每个独立的强夯置换地基处理工点	01011302□□□□
	14 挤密桩	01 制桩	区间正线路基沿线路纵向连续长度每≤200 m,站场路基折合正线双线每≤200 m	01011401□□□□
		02 成桩	每个独立的挤密桩地基处理工点	01011402□□□□
	15 粉体喷射搅拌桩	01 制桩	区间正线路基沿线路纵向连续长度每≤200 m,站场路基折合正线双线每≤200 m	01011501□□□□
		02 成桩	每个独立的粉喷桩地基处理工点	01011502□□□□
	16 浆体喷射搅拌桩	01 制桩	区间正线路基沿线路纵向连续长度每≤200 m,站场路基折合正线双线每≤200 m	01011601□□□□
		02 成桩	每个独立的浆喷桩地基处理工点	01011602□□□□
	17 旋喷桩	01 制桩	区间正线路基沿线路纵向连续长度每≤200 m,站场路基折合正线双线每≤200 m	01011701□□□□
		02 成桩	每个独立的旋喷桩地基处理工点	01011702□□□□
	18 水泥粉煤灰碎石桩(CFG)桩	01 制桩	区间正线路基沿线路纵向连续长度每≤200 m,站场路基折合正线双线每≤200 m	01011801□□□□
		02 成桩	每个独立的 CFG 桩地基处理工点	01011802□□□□
	19 混凝土预制桩(管桩、方桩)	01 制桩	区间正线路基沿线路纵向连续长度每≤200 m,站场路基折合正线双线每≤200 m	01011901□□□□
		02 成桩	每个独立的预制桩地基处理工点	01011902□□□□
	20 混凝土灌注桩	01 成孔	每 10 根桩	01012001□□□□
		02 钢筋	每 10 根桩	01012002□□□□
		03 混凝土	每 10 根桩	01012003□□□□
		04 成桩	每个独立的混凝土灌注桩地基处理工点	01012004□□□□
	21 桩帽	01 模板	每一安装批	01012101□□□□
		02 钢筋	每一安装批	01012102□□□□
		03 混凝土	每一浇筑批	01012103□□□□

续上表

分部工程		分项工程	检验批规模	检验批编号
类别	名　称			
地基处理	22 桩板结构	01 成孔	每 10 根桩	01012201□□□□
		02 模板	每一安装批	01012202□□□□
		03 钢筋	每 10 根桩，托梁、承载板每一安装批	01012203□□□□
		04 混凝土	每 10 根桩，托梁、承载板每一浇筑批	01012204□□□□
		05 成桩	每个独立的桩板结构工点	01012205□□□□
	23 筏板	01 垫层	区间正线路基沿线路纵向连续长度每≤200 m，站场路基折合正线双线每≤200 m	01012301□□□□
		02 模板	每一安装批	01012302□□□□
		03 钢筋	每一安装批	01012303□□□□
		04 混凝土	每一浇筑批	01012304□□□□
		05 沉降缝(伸缩缝)	每一混凝土浇筑批所包含的中间沉降缝(伸缩缝)	01012305□□□□
	24 岩溶、洞穴处理	01 填充	每个洞穴	01012401□□□□
		02 注浆	每处注浆工点	01012402□□□□
填料	25 填料制备	01 普通填料	每 $1\times10^4 m^3$	01012501□□□□
		02 化学改良土填料	每 $1\times10^4 m^3$	01012502□□□□
		03 物理改良土填料	每 $1\times10^4 m^3$	01012503□□□□
		04 基床表层级配碎石填料	每 5 000 m^3	01012504□□□□
		05 过渡段级配碎石填料	每 5 000 m^3	01012505□□□□
路堤	26 路基隔水层	01 隔水层铺设	沿线路纵向连续长度每≤200 m	01012601□□□□
	27 基床以下路堤	01 普通填料及物理改良土填料	同一压实工作班的单个压实区段的每一检测层	01012701□□□□
		02 化学改良土填筑	同一压实工作班的单个压实区段的每一检测层	01012702□□□□
		03 加筋土填筑	同一压实工作班的单个压实区段的每一检测层	01012703□□□□
	28 路堤基床底层	01 普通填料及物理改良土填筑	同一压实工作班的单个压实区段的每一检测层	01012801□□□□
		02 化学改良土填筑	同一压实工作班的单个压实区段的每一检测层	01012802□□□□
		03 加筋土填筑	同一压实工作班的单个压实区段的每一检测层	01012803□□□□
	29 路堤基床表层	01 级配碎石填筑	同一压实工作班的单个压实区段的每一检测层	01012901□□□□
	30 路堤边坡	01 路堤边坡	沿线路纵向连续长度每≤200 m	01013001□□□□

续上表

分部工程		分项工程	检验批规模	检验批编号
类别	名　称			
路堑	31 路堑开挖	01 路堑边坡	沿线路纵向连续长度每≤200 m	01013101□□□□
	32 路基隔水层	01 隔水层铺设	沿线路纵向连续长度每≤200 m	01013201□□□□
	33 换填路堑基床底层	01 普通填料及物理改良土填筑	同一压实工作班的单个压实区段的每一检测层	01013301□□□□
		02 化学改良土填筑	同一压实工作班的单个压实区段的每一检测层	01013302□□□□
		03 加筋土填筑	同一压实工作班的单个压实区段的每一检测层	01013303□□□□
	34 换填路堑基床表层	01 级配碎石填筑	同一压实工作班的单个压实区段的每一检测层	01013401□□□□
过渡段	35 基床表层以下过渡段	01 路堤与桥台过渡段	每个过渡段	01013501□□□□
		02 路堤与横向结构物过渡段	每个过渡段	01013502□□□□
		03 路堤与硬质岩石路堑过渡段	每个过渡段	01013503□□□□
		04 路堤与软质岩石路堑过渡段	每个过渡段	01013504□□□□
		05 路堑与隧道级配碎石过渡段	每个过渡段	01013505□□□□
		06 路堑与隧道混凝土过渡段	每个过渡段	01013506□□□□
	36 过渡段基床表层	01 级配碎石填筑	每个过渡段	01013601□□□□
路基支挡工程	37 重力式挡土墙	01 明挖基坑	长度≤50 m 的每个施工段	01013701□□□□
		02 挡土墙基础	长度≤50 m 的每个施工段	01013702□□□□
		03 墙身模板	每个安装段	01013703□□□□
		04 墙身钢筋	每个安装段	01013704□□□□
		05 墙身混凝土	每个浇筑段	01013705□□□□
		06 墙背填筑及反滤层	长度≤50 m 的每个施工段	01013706□□□□
		07 沉降缝(伸缩缝)、泄水孔	每座挡土墙	01013707□□□□
	38 短荷载板式挡土墙	01 明挖基坑	长度≤50 m 的每个施工段	01013801□□□□
		02 挡土墙基础	长度≤50 m 的每个施工段	01013802□□□□
		03 模板	每个安装段	01013803□□□□
		04 钢筋	每个安装段	01013804□□□□
		05 混凝土	每个浇筑段	01013805□□□□
		06 墙背填筑及反滤层	长度≤50 m 的每个施工段	01013806□□□□
		07 沉降缝(伸缩缝)、泄水孔	每座挡土墙	01013807□□□□

续上表

分部工程		分项工程	检验批规模	检验批编号
类别	名　称			
路基支挡工程	39 悬臂式和扶壁式挡土墙	01 明挖基坑	长度≤50 m 的每个施工段	01013901□□□□
		02 模板	每个安装段	01013902□□□□
		03 钢筋	每个安装段	01013903□□□□
		04 混凝土	每个浇筑段	01013904□□□□
		05 墙背填筑及反滤层	长度≤50 m 的每个施工段	01013905□□□□
		06 沉降缝(伸缩缝)、泄水孔	每座挡土墙	01013906□□□□
	40 锚杆挡土墙	01 明挖基坑	长度≤50 m 的每个施工段	01014001□□□□
		02 挡土墙基础	长度≤50 m 的每个施工段	01014002□□□□
		03 锚杆	长度≤50 m 的每个施工段	01014003□□□□
		04 肋柱、墙面板	长度≤50 m 的每个施工段	01014004□□□□
		05 墙背反滤层	长度≤50 m 的每个施工段	01014005□□□□
		06 沉降缝(伸缩缝)	每座挡土墙	01014006□□□□
		07 分级平台	每座挡土墙	01014007□□□□
	41 锚定板挡土墙	01 明挖基坑	长度≤50 m 的每个施工段	01014101□□□□
		02 挡土墙基础	长度≤50 m 的每个施工段	01014102□□□□
		03 拉杆	长度≤50 m 的每个施工段	01014103□□□□
		04 肋柱、墙面板、锚定板	长度≤50 m 的每个施工段	01014104□□□□
		05 墙背填筑及反滤层	长度≤50 m 的每个施工段	01014105□□□□
		06 沉降缝(伸缩缝)、泄水孔	每座挡土墙	01014106□□□□
		07 分级平台	每座挡土墙	01014107□□□□
	42 加筋土挡土墙	01 明挖基坑	长度≤50 m 的每个施工段	01014201□□□□
		02 挡土墙基础	长度≤50 m 的每个施工段	01014202□□□□
		03 墙面板预制	每施工批	01014203□□□□
		04 拉筋、墙面板安装	长度≤50 m 的每个施工段	01014204□□□□
		05 墙背填筑及反滤层	长度≤50 m 的每个施工段	01014205□□□□
		06 沉降缝(伸缩缝)	每座挡土墙	01014206□□□□
		07 帽石	长度≤50 m 的每个施工段	01014207□□□□
	43 土钉墙	01 明挖基坑	长度≤50 m 的每个施工段	01014301□□□□
		02 坡脚墙	长度≤50 m 的每个施工段	01014302□□□□
		03 坡脚墙墙背反滤层	长度≤50 m 的每个施工段	01014303□□□□
		04 土钉	长度≤50 m 的每个施工段	01014304□□□□
		05 钢筋网(土工网)	长度≤50 m 的每个施工段	01014305□□□□
		06 喷射混凝土面层	长度≤50 m 的每个施工段	01014306□□□□

续上表

分部工程		分项工程	检验批规模	检验批编号
类别	名　称			
路基支挡工程	44 抗滑桩	01 成孔	每 10 根桩	01014401□□□□
		02 钢筋	每 10 根桩	01014402□□□□
		03 混凝土	每 10 根桩	01014403□□□□
		04 成桩	每个抗滑桩工点	01014404□□□□
	45 桩板式挡土墙	01 成孔	每 10 根桩	01014501□□□□
		02 钢筋	每 10 根桩	01014502□□□□
		03 混凝土	每 10 根桩	01014503□□□□
		04 成桩	每个抗滑桩工点	01014504□□□□
		05 挡土板预制	每施工批	01014505□□□□
		06 挡土板安装	长度≤50 m 的每个施工段	01014506□□□□
		07 墙后填筑	长度≤50 m 的每个施工段	01014507□□□□
		08 路堑挡土墙顶面及周围封闭	每个挡土墙工点	01014508□□□□
	46 预应力锚索	01 锚索孔	每 10 个孔	01014601□□□□
		02 锚索制作	每施工批	01014602□□□□
		03 注浆锚固	每 10 个孔	01014603□□□□
		04 锚索张拉	每 10 个孔	01014604□□□□
		05 垫块及混凝土封闭	每个预应力锚索工点	01014605□□□□
路基边坡防护	47 植物防护	01 植物防护	连续护坡长度每≤200 m	01014701□□□□
		02 固土网垫	连续护坡长度每≤200 m	01014702□□□□
		03 喷混植生	连续护坡长度每≤200 m	01014703□□□□
	48 骨架护坡防护	01 现浇混凝土骨架	连续护坡长度每≤200 m	01014801□□□□
		02 混凝土预制件骨架	连续护坡长度每≤200 m	01014802□□□□
		03 植草	连续护坡长度每≤200 m	01014803□□□□
	49 混凝土预制件防护	01 预制件铺砌	连续护坡长度每≤200 m	01014901□□□□
	50 锚杆(锚索)框架梁防护	01 框架梁	连续护坡长度每≤100 m	01015001□□□□
		02 锚杆(锚索)	连续护坡长度每≤100 m	01015002□□□□
		03 植草	连续护坡长度每≤200 m	01015003□□□□
路基防排水	51 路基表面沥青混凝土	01 沥青混凝土	连续长度每≤1 000 m	01015101□□□□
	52 地面排水	01 基坑	连续长度每≤100 m	01015201□□□□
		02 现浇钢筋混凝土水沟	每浇筑段	01015202□□□□
		03 混凝土水沟预制	每施工批	01015203□□□□
		04 预制水沟安装	连续长度每≤100 m	01015204□□□□
	53 地下排水	01 基坑	连续长度每≤100 m	01015301□□□□
		02 现浇钢筋混凝土水沟	每浇筑段	01015302□□□□

续上表

分部工程		分项工程	检验批规模	检验批编号
类别	名称			
路基防排水	53 地下排水	03 混凝土水沟预制	每施工批	01015303□□□□
		04 预制水沟安装	连续长度每≤100 m	01015304□□□□
	54 路基横向排水	01 基坑	连续长度每≤100 m	01015401□□□□
		02 现浇钢筋混凝土水沟	每浇筑段	01015402□□□□
		03 混凝土水沟预制	连续长度每≤100 m	01015403□□□□
		04 预制水沟安装	连续长度每≤100 m	01015404□□□□
	55 过渡段排水	01 无砂透水混凝土块(渗水板)	每个过渡段	01015501□□□□
		02 透水管	每个过渡段	01015502□□□□
		03 路堤与路堑过渡段渗水盲沟	每个过渡段	01015503□□□□
路基相关工程及设施	56 端刺	01 端刺基坑	每处端刺	01015601□□□□
	57 电缆槽(井)	01 基底	沿线路连续长度每≤200 m	01015701□□□□
		02 电缆槽	沿线路连续长度每≤200 m	01015702□□□□
		03 电缆井	每处电缆井	01015703□□□□
		04 盖板	同一规格每 1 000 块	01015704□□□□
		05 护肩	沿线路连续长度每≤200 m	01015705□□□□
	58 接触网支柱基础	01 接触网支柱基础	沿线路每 10 处接触网支柱基础	01015801□□□□
	59 声屏障基础	01～16 声屏障基础	每 200 m(预埋件每 40 m)	01015901□□□□
	60 过轨管	01 过轨管	沿线路每 10 处	01016001□□□□
	61 综合接地	01 综合接地	沿线路连续长度每≤200 m	01016101□□□□
	62 检查井	01 检查井	每处检查井	01016201□□□□
	63 检查栏杆	01 检查栏杆	沿线路连续长度每≤200 m	01016301□□□□
	64 检查台阶(检查梯)	01 检查台阶(检查梯)	每 10 处检查台阶(检查梯)	01016401□□□□
	65 防护栅栏	01 防护栅栏	沿线路连续长度每≤500 m	01016501□□□□
	66 取土场	02 取土场	每个取土场	01016601□□□□
	67 弃土场	03 弃土场	每个弃土场	01016701□□□□
变形观测	68 变形观测	01 观测装置安设	沿线路连续长度每≤1 000 m	01016801□□□□
		02 变形观测	连续同一类型路基的沉降观测	01016802□□□□

第二节 高速铁路路基工程施工质量验收

为加强高速铁路工程施工质量管理，统一高速铁路路基工程施工质量的验收标准，保证工程质量，制定了《高速铁路路基工程施工质量验收标准》(TB 10751—2010)，为政府部门和专门质量机构、建设和施工及监理单位对工程质量的监督、管理、控制、验收提供统一的质量标准和检验、验收方法，作为规范工程建设各方主体质量行为的主要依据，以确保高速铁路路基工程的施工质量。

该标准共分15章，主要内容包括：总则、术语、基本规定、地基处理、填料、基床以下路堤、基床表层以下过渡段、路堑、基床、路基支挡工程、路基排水、路基边坡防护、路基相关工程及设施、沉降变形观测、路基单位工程综合质量评定。

一、重点的验收要求

验标的主要内容如下：

1. 突出了单位工程综合质量评定、实体工程质量及主要功能核查要求；

2. 强调了工程施工质量必须达到设计要求的结构安全、使用功能和耐久性能，主体结构质量实现零缺陷，满足设计使用年限内正常运营的需要；

3. 体现了对施工管理、技术、作业三个层次的有关要求，明确了建设各方在工程施工质量控制过程中的具体质量职责；

4. 体现“四新”技术及机械化、工厂化、专业化、信息化等现代化手段，规定了工程施工应采用先进的技术、设备和工艺，保证质量，保障安全；

5. 规定了质量检测应采用先进、成熟、科学的方法和手段，质量数据做到全面、真实、可靠；

6. 突出源头控制、过程控制、细节控制。加强工程用原材料的检查验收，完善施工过程中每一个环节、每一道工序、每一项作业的质量控制要求；

7. 提出了对参加客运专线铁路工程施工及验收的各方人员进行上岗培训的要求。

二、检验批验收记录表示例

检验批应由施工单位自检合格后报监理单位，由监理工程师组织施工单位专职质量检查员等进行验收。施工单位应对全部主控项目和一般项目进行检查。监理单位应对全部主控项目进行检查，对一般项目的检查内容和数量可根据具体情况确定。对于主控项目，施工单位检查评定记录及监理单位验收记录的内容应填写详细具体；对于一般项目可填写概括性结论。

检验批验收记录表见：表4-2　换填地基检验批质量验收记录表，表4-3　普通填料及物理改良土填筑检验批质量验收记录表(Ⅰ)，表4-4　普通填料及物理改良土填筑检验批质量验收记录表(Ⅱ)，表4-5　路堑开挖检验批质量验收记录表。

表4-2　换填地基检验批质量验收记录表

[换填]　　　　01010201□□□□

单位工程名称	路基工程		
分部工程名称	换填		
分项工程名称	换填基坑	验收部位	DK492+898.6～DK492+940
施工单位	××公司××标项目经理部	项目负责人	×××
施工质量验收标准名称及编号	《高速铁路路基工程施工质量验收标准》(TB 10751—2010)		

续上表

施工质量验收标准的规定				施工单位检查评定记录	监理单位验收记录
主控项目	1	换填深度	设计要求	换填深度为7.2 m，符合设计要求	符合要求
	2	换填深度换填深度范围	第4.2.5条	土层已挖除干净，坑底平整，符合设计要求	符合要求
	3	地基压实质量	设计要求	最大404 kPa，最小378 kPa，动力触探试验，编号：N1014081010-01	符合要求
一般项目	1	换填基坑坡角线位置的允许偏差	−50 mm	/	/
施工作业人员质量责任登记		（手写签名）			
施工单位检查评定结果		检查评定合格 专职质量检查员：　年　月　日 分项工程技术负责人：　年　月　日 分项工程负责人：　年　月　日			
监理单位验收结论		同意验收 监理工程师：　年　月　日			

表4-3　普通填料及物理改良土填筑检验批质量验收记录表（Ⅰ）

［基床以下路堤］　　01012701□□□□

单位工程名称	DK239＋190.28～DK251＋228.78段的路基工程		
分部工程名称	基床以下路堤		
分项工程名称	普通填料及物理改良土填料	验收部位	DK244＋500～DK244＋614.29段碎石垫层1
施工单位	××项目经理部	项目负责人	×××
施工质量验收标准名称及编号	《高速铁路路基工程施工质量验收标准》（TB 10751—2010）		

施工质量验收标准的规定					施工单位检查评定记录					监理单位验收记录
主控项目	1	填料的种类、质量		第6.2.1条	试验报告1份，编号：T14111010-01，质量合格					合格
	2	填筑碾压	每层全宽采用同种填料	第6.2.2条	使用同种填料填筑					符合要求
			每层摊铺厚度及碾压遍数	第6.2.2条	静压1遍，弱振碾压3遍，强震碾压2遍，符合要求					符合要求
			上下相接填筑层使用的填料粒径	第6.2.2条	/					
			重叠压实	第6.2.2条	纵向搭接长度为2.6 cm，纵向行与行之间的轮迹重叠为48 cm，上下两层填筑头错开为3.8m，符合验标要求					符合要求
	3	压实质量	压实系数K	第6.2.3条	0.984	0.953	0.975	0.983	0.982	合格
					0.943	/	/	/	/	
					/	/	/	/	/	

续上表

<table>
<tr><td colspan="5">施工质量验收标准的规定</td><td colspan="5">施工单位检查评定记录</td><td>监理单位验收记录</td></tr>
<tr><td rowspan="6">主控项目</td><td rowspan="6">3</td><td rowspan="6">压实质量</td><td rowspan="6">地基系数 K_{30}（或 E_{v2} 及 E_{v2}/E_{v1}）</td><td rowspan="6">第 6.2.3 条</td><td>/</td><td>/</td><td>/</td><td>/</td><td>/</td><td>/</td></tr>
<tr><td>/</td><td>/</td><td>/</td><td>/</td><td>/</td><td>/</td></tr>
<tr><td>/</td><td>/</td><td>/</td><td>/</td><td>/</td><td>/</td></tr>
<tr><td>/</td><td>/</td><td>/</td><td>/</td><td>/</td><td>/</td></tr>
<tr><td>/</td><td>/</td><td>/</td><td>/</td><td>/</td><td>/</td></tr>
<tr><td>/</td><td>/</td><td>/</td><td>/</td><td>/</td><td>/</td></tr>
<tr><td colspan="4">施工作业人员质量责任登记</td><td colspan="7">(手写签名)</td></tr>
<tr><td colspan="4">施工单位检查评定结果</td><td colspan="7">检查评定合格
专职质量检查员：　年　月　日
分项工程技术负责人：　年　月　日
分项工程负责人：　年　月　日</td></tr>
<tr><td colspan="4">监理单位验收结论</td><td colspan="7">同意验收
监理工程师：　年　月　日</td></tr>
</table>

表 4-4　普通填料及物理改良土填筑检验批质量验收记录表(Ⅱ)

［基床以下路堤］　　01012701□□□□

<table>
<tr><td colspan="3">单位工程名称</td><td colspan="10">DK239+190.28～DK251+228.78 段的路基工程</td></tr>
<tr><td colspan="3">分部工程名称</td><td colspan="10">基床以下路堤</td></tr>
<tr><td colspan="3">分项工程名称</td><td colspan="3">普通填料及物理改良土填料</td><td colspan="3">验收部位</td><td colspan="4">DK244+500～DK244+614.29 段碎石垫层 1</td></tr>
<tr><td colspan="3">施工单位</td><td colspan="3">×××项目经理部</td><td colspan="3">项目负责人</td><td colspan="4">×××</td></tr>
<tr><td colspan="4">施工质量验收标准名称及编号</td><td colspan="9">《高速铁路路基工程施工质量验收标准》(TB 10751—2010)</td></tr>
<tr><td colspan="6">施工质量验收标准的规定</td><td colspan="6">施工单位检查评定记录</td><td>监理单位验收记录</td></tr>
<tr><td rowspan="7">一般项目</td><td>1</td><td rowspan="7">各部施工允许偏差</td><td colspan="2">浸水路堤浸水与不浸水分界防护高程(mm)</td><td>+100 mm
0</td><td colspan="6">+57,+42,+36</td><td>合格</td></tr>
<tr><td rowspan="2">2</td><td rowspan="2">基床以下路堤顶面路基</td><td>压实宽度</td><td>≥设计值</td><td>3.5</td><td>3.7</td><td>3.5</td><td>3.7</td><td>3.6</td><td></td><td>合格</td></tr>
<tr><td>横坡</td><td>±0.3%</td><td>+0.1%</td><td>+0.2%</td><td>+0.2%</td><td>−0.1%</td><td>+0.1%</td><td></td><td>合格</td></tr>
<tr><td rowspan="3">3</td><td rowspan="3">反压护道顶面</td><td rowspan="3">高程</td><td rowspan="3">−50 mm</td><td>+18</td><td>+23</td><td>−25</td><td>−17</td><td>+31</td><td>+29</td><td rowspan="3">合格</td></tr>
<tr><td>+30</td><td>+26</td><td>+40</td><td>+18</td><td>+23</td><td>−25</td></tr>
<tr><td>+18</td><td>+23</td><td>−25</td><td>−17</td><td>+31</td><td>+29</td></tr>
</table>

续上表

施工质量验收标准的规定						施工单位检查评定记录						监理单位验收记录
一般项目	3	各部施工允许偏差	反压护道顶面	高程	−50 mm	+18	+23	−25	−17	+31	+29	合格
						+18	+23	−25	−17	+31	+29	
				宽度	≥设计值	2072	2070	2086	2072	2070	2086	合格
						2072	2070	2086	2072	2070	2086	
				横坡	±0.3%	+0.2%	+0.3%	−0.1%	+0.2%	+0.3%	−0.1%	合格
						+0.2%	+0.3%	−0.1%	+0.2%	+0.3%	−0.1%	
施工作业人员质量责任登记	(手写签名)											
施工单位检查评定结果	检查评定合格 专职质量检查员： 年 月 日 分项工程技术负责人： 年 月 日 分项工程负责人： 年 月 日											
监理单位验收结论	同意验收 监理工程师： 年 月 日											

表 4-5 路堑开挖检验批质量验收记录表

[路堑边坡] 01013101□□□□

单位工程名称	DIK239+190.28～DIK251+228.74 段路基工程路堑边坡											
分部工程名称	路堑开挖											
分项工程名称	路堑边坡				验收部位		DIK247+180～DIK247+380					
施 工 单 位	××公司××项目经理部				项目负责人		×××					
施工质量验收标准名称及编号	《高速铁路路基工程施工质量验收标准》(TB 10751—2010)											
施工质量验收标准的规定				施工单位检查评定记录								监理单位验收记录
主控项目	1	边坡坡面质量	第 8.0.8 条	开挖面完整平顺，无危石和坑，边坡破面平整，稳固无隐患，局部凹凸差小于 15 cm，边坡防护封闭无变形、开裂								符合要求
	2	爆破用药量控制	第 8.0.9 条	/								/
	3	边坡开挖坡率	不陡于设计值	/								/
	4	路堑边坡变坡里程	设计要求	1.76	1.78	1.76	1.75	1.76	1.75	1.77	1.76	合格
				1.77	1.78	1.76	1.75	1.76	1.75	1.77	1.76	
				1.76	1.75	1.77	1.76	1.76	1.78	1.76	1.75	
				1.76	1.75	1.77	1.76	1.77	1.78	1.76	1.75	
	5	地质情况	第 8.0.12 条	共抽取 4 点核查地基承载力，均大于 1.5 MPa，满足设计要求								合格

续上表

<table>
<tr><td colspan="5">施工质量验收标准的规定</td><td colspan="6">施工单位检查评定记录</td><td>监理单位验收记录</td></tr>
<tr><td rowspan="5">一般项目</td><td>1</td><td rowspan="5">施工边坡允许偏差</td><td>变坡点位置</td><td>±100 mm</td><td colspan="6">合格</td><td rowspan="5">合格</td></tr>
<tr><td>2</td><td rowspan="2">平台位置</td><td rowspan="2">±100 mm</td><td>−80</td><td>+95</td><td>+70</td><td>−58</td><td>+75</td><td>+88</td></tr>
<tr><td>3</td><td>−40</td><td>−30</td><td>+50</td><td>−40</td><td>−35</td><td>+50</td></tr>
<tr><td rowspan="2">4</td><td rowspan="2">平台宽度</td><td rowspan="2">±50 mm</td><td>+45</td><td>−20</td><td>+30</td><td>+45</td><td>−20</td><td>−25</td></tr>
<tr><td>+20</td><td>−15</td><td>−40</td><td>+20</td><td>+40</td><td>+35</td></tr>
<tr><td colspan="3">施工作业人员质量责任登记</td><td colspan="9">（手写签名）</td></tr>
<tr><td colspan="3">勘察设计单位确认地质情况</td><td colspan="9">现场负责人：　　年　月　日</td></tr>
<tr><td colspan="3">施工单位检查评定结果</td><td colspan="9">检查评定合格
专职质量检查员：　　年　月　日
分项工程技术负责人：　　年　月　日
分项工程负责人：　　年　月　日</td></tr>
<tr><td colspan="3">监理单位验收结论</td><td colspan="9">同意验收
监理工程师：　　年　月　日</td></tr>
</table>

三、分项工程质量验收

分项工程应由监理工程师组织施工单位分项工程技术负责人等进行验收，并应按表 4-6 填写记录。

表 4-6　观测装置安设分项工程质量验收记录

<table>
<tr><td colspan="2">单位工程名称</td><td colspan="3">路基工程</td></tr>
<tr><td colspan="2">分部工程名称</td><td>变形观测</td><td>检验批数</td><td>1</td></tr>
<tr><td colspan="2">施工单位</td><td>××公司××客运专线××段 TJ-1 标项目经理部</td><td>项目负责人</td><td>×××</td></tr>
<tr><td>序号</td><td>检验批部位</td><td colspan="2">施工单位检查评定结果</td><td>监理单位验收结论</td></tr>
<tr><td>1</td><td>DK492+436.1～DK493+415:1 个检验批</td><td colspan="2">符合要求</td><td>合格</td></tr>
<tr><td>2</td><td></td><td colspan="2"></td><td></td></tr>
<tr><td>3</td><td></td><td colspan="2"></td><td></td></tr>
<tr><td>4</td><td></td><td colspan="2"></td><td></td></tr>
<tr><td>5</td><td></td><td colspan="2"></td><td></td></tr>
<tr><td>6</td><td></td><td colspan="2"></td><td></td></tr>
</table>

续上表

<table>
<tr><td colspan="2">说明：</td></tr>
<tr><td>施工单位检查
评定结果</td><td>质量合格
分项工程技术负责人：　　年　月　日</td></tr>
<tr><td>监理单位
验收结论</td><td>同意验收
监理工程师：　　年　月　日</td></tr>
</table>

四、分部工程质量验收

分部工程应由监理工程师组织施工单位项目负责人和技术、质量负责人等进行验收，地基处理、沉降观测、路堑开挖及支挡结构基坑开挖等重要分部工程验收时，勘察设计单位项目负责人应参加，并应按表 4-7 填写记录。

表 4-7　变形观测分部工程质量验收记录

<table>
<tr><td colspan="2">单位工程名称</td><td colspan="4">路基工程</td></tr>
<tr><td colspan="2">施工单位</td><td colspan="4">×××标项目经理部</td></tr>
<tr><td colspan="2">项目负责人</td><td colspan="4">×××　|　项目技术负责人　×××　|　项目质量负责人　×××</td></tr>
<tr><td>序号</td><td colspan="2">分项工程名称</td><td>检验批数</td><td>施工单位检查评定结果</td><td>监理单位验收结论</td></tr>
<tr><td>1</td><td colspan="2">观测装置安设</td><td>1</td><td>符合要求</td><td>同意验收</td></tr>
<tr><td>2</td><td colspan="2">变形观测</td><td>1</td><td>符合要求</td><td>同意验收</td></tr>
<tr><td>3</td><td colspan="2">/</td><td>/</td><td>/</td><td>/</td></tr>
<tr><td>4</td><td colspan="2"></td><td></td><td></td><td></td></tr>
<tr><td colspan="4">质量控制资料</td><td>共×项。
符合要求</td><td>符合要求</td></tr>
<tr><td colspan="4">实体质量和主要功能检验(检测)报告</td><td>共×项。
结果合格</td><td>合格</td></tr>
<tr><td rowspan="3">验收单位</td><td>施工单位</td><td colspan="4">质量合格
项目负责人：　　年　月　日</td></tr>
<tr><td>勘察设计单位
(必要时)</td><td colspan="4">
项目负责人：　　年　月　日</td></tr>
<tr><td>监理单位</td><td colspan="4">同意验收
监理工程师：　　年　月　日</td></tr>
</table>

注：1. 勘察设计单位应参加含有地基处理、沉降观测、路堑开挖及支挡结构基坑开挖等分部工程的验收。
2. 质量控制资料核查、实体质量和主要功能核查项目应按《高速铁路路基工程施工质量验收标准》中表 15.1.1 和表 15.2.1 确定。

五、单位工程质量验收

单位工程完工后，施工单位应自行组织有关人员进行检查评定，并向建设单位提交工程验收报告。建设单位收到工程验收报告后，应由建设单位项目负责人组织施工、设计、监理单位项目负责人进行单位工程验收，并填写记录。单位工程验收包含综合质量验收的内容，综合质量验收应符合《高速铁路路基工程施工质量验收标准》第 15 章的有关规定。

(一)单位工程质量控制资料核查

单位工程质量控制资料应齐全完整，全面反映工程施工质量状况。

单位工程质量控制资料核查应由监理单位组织施工单位进行，并按表 4-8 填写记录。

表 4-8　单位工程质量控制资料核查记录

单位工程名称	路基 DK492＋436.10～DK493＋415.00、DK502＋303.00～DK502＋328.55			
施工单位	××公司××标项目经理部			
序号	资料名称	份数	核查意见	核查人
1	图纸会审、设计变更、洽商记录	4	符合要求	
2	工程定位测量、放线记录	665	符合要求	
3	原材料出厂合格证及进场抽样检验报告	252	符合要求	
4	成品及半成品出厂合格证或试验报告	142	符合要求	
5	复合地基承载力检测记录	3	符合要求	
6	桩基无损检测记录	3	符合要求	
7	路基检测、试验报告	523	符合要求	
8	沉降观测资料	3	符合要求	
9	施工记录	1 053	符合要求	
10	工程质量事故及事故调查处理资料	/	符合要求	
11	施工现场质量管理检查记录	1	符合要求	
12	分项、分部工程质量验收记录	126	符合要求	
13	新材料、新工艺施工记录	/	符合要求	
结论： 齐全完整 施工单位项目负责人：　　年　月　日　　总监理工程师：　　年　月　日				

注：核查人为监理单位人员。

(二)单位工程实体质量和主要功能核查

单位工程完成后，应由建设单位组织勘察设计、监理、施工单位对单位工程实体质量和主要功能进行核查，并按表 4-9 填写记录。

表 4-9　单位工程实体质量和主要功能核查记录

单位工程名称	路基 DK492+436.10～DK493+415.00、DK502+303.00～DK502+328.55			
施工单位	××公司××客运专线××段 TJ-1 标项目经理部			
序号	项　目	资料份数	核查意见	核查人
1	沉降观测	3	符合要求	
2	路基竣工高程、中线、宽度实测	3	符合要求	
3	边坡坡率实测	1	符合要求	
4	排水沟槽实测	30	符合要求	
5	支挡结构混凝土裂缝宽度检查	3	符合要求	
6	支挡结构钢筋的保护层厚度检查	0	符合要求	
7	支挡结构无损检测墙体厚度实测	36	符合要求	
8	支挡结构无损检测墙后回填密实度实测	8	符合要求	
结论： 符合要求 设计单位项目负责人：　年　月　日　施工单位项目负责人：　年　月　日　总监理工程师：　年　月　日　建设单位项目负责人：　年　月　日				

注：核查项目由验收组协商确定。

单位工程实体质量和主要功能核查方法和数量应符合下列规定：

(1)沉降观测采用核查观测点(或观察断面)方法，全部检查。

(2)路基竣工高程、中线、宽度实测，全部检查。

(3)边坡坡率实测，每 100 m 检测一次。

(4)排水沟槽位置、高程、尺寸实测，每 100 m 检查一个断面。

(5)支挡结构混凝土裂缝宽度，采用观察或刻度放大镜检查，全部检查。

(6)支挡结构钢筋的保护层厚度，采用满足精度要求的钢筋保护层厚度检测仪现场测定，每支挡结构不少于 3 处，每处不少于 10 个点。

(7)支挡结构无损检测墙体厚度实测，每 100 m 检查一次。

(8)支挡结构无损检测墙后回填密实度实测，每 100 m 检查一次。

结构实体质量和主要使用功能达不到设计要求的单位工程严禁验收。

(三)单位工程观感质量评定

观感质量评定应由建设单位组织设计、监理、施工单位共同进行现场评定，并按表 4-10 填写记录。

表 4-10　路基单位工程观感质量检查记录

单位工程名称	路基(DK492+436.10～DK493+415.00、DK502+303.00～DK502+328.55)			
施工单位	××段××标项目经理部			
序号	项目名称	质量状况	质量评定	
			合格	差
1	路基面	路肩线条平直、肩棱整齐、路拱线条清晰，路拱面平整，路拱横坡及路拱式清晰无明显凹凸；穿越路基面的管线部位回填规范无明显的凹凸，路基外观整洁	√	/

续上表

序号	项目名称	质量状况	质量评定	
			合格	差
2	路堤边坡	路堤边坡工程完整。坡脚、路肩线条清晰、顺直，边坡坡面平顺无较大凹凸，各种检查设备(检查梯、栏杆等)与路堤边坡协调	√	/
3	路堑边坡	路堑边坡工程完整。路堑边坡坡脚线条清晰，坡面平整、圆顺，坡面无悬凸、浮石，光面(预裂)炮孔痕迹清晰，高边坡平台清晰、平顺。各种检查设备(检查梯、栏杆等)线型基本顺直，与边坡协调	√	/
4	挡土墙	轮廓清晰、大面平整、色泽基本一致，无裂缝；安装构件间接缝紧密、大面平整、无明显错台。沉降缝(伸缩缝)缝宽一致、整齐顺直，泄水孔外观整齐	√	/
5	植物防护	边坡植草表面平整，植株均匀，长势较好，基本无露土现象	√	/
6	排水沟槽	排水沟、天沟、侧沟等沟沿、沟顶线条基本清晰、顺直，流水面平顺，无淤积现象。沟槽盖板基本无破损，安装牢固，无明显安装错台	√	/
7	防护栅栏	防护栅栏安装牢固，里面竖直、圆顺，与地形及路基排水系统协调	√	/
8	电缆沟槽、声屏障、接触网支柱基础、线路标志、检查设施等路基相关工程	电缆沟槽、声屏障、接触网支柱基础、线路标志、检查设施等线条基本清晰、顺直，与路基表面衔接平顺、无间隙，沟槽盖板基本无破损，安装牢固，无明显安装错台	√	/
检查结论： 合格 设计单位项目负责人：　　年　月　日　　施工单位项目负责人：　　年　月　日　　总监理工程师：　　年　月　日　　建设单位项目负责人：　　年　月　日				

观感质量检查项目评定达不到合格标准，应进行返修。

(1)路基面观感质量合格标准：路肩线条平直、肩棱整齐、路拱线条清晰，路拱面平整，路拱横坡及路拱形式清晰无明显凹凸；穿越路基面的管线部位回填规范无明显的凹凸，路基外观整洁。

(2)路堤边坡观感质量合格标准：坡脚、路肩线条清晰、顺直，边坡坡面平顺无较大凹凸，各种检查设备(检查梯、栏杆等)与路堤边坡协调。

(3)路堑边坡观感质量合格标准：路堑边坡坡脚线条清晰、坡面平整、圆顺，坡面无悬凸、浮石，光面(预裂)炮孔痕迹清晰，高边坡平台清晰、平顺。各种检查设备(检查梯、栏杆等)线型基本顺直，与边坡协调。

(4)挡土墙观感质量合格标准：轮廓清晰、大面平整、色泽基本一致，无蜂窝、麻面现象；安装构件间接缝紧密、大面平整、无明显错台。伸缩缝缝宽一致、整齐顺直，泄水孔外观整齐。

(5)植物防护观感质量合格标准：边坡植株均匀、长势较好，无局部漏植；边坡草皮表面平整、植株均匀、长势较好、基本无露土现象。

(6)排水沟槽观感质量合格标准：排水沟、天沟、侧沟等沟沿、沟顶线条基本清晰、顺直，流水面平顺、无淤积现象，砌体嵌缝紧密、大面平整、片石(砌块)间咬接良好。沟槽盖板基本无破损、安装牢固、无明显安装错台。

(7)防护栅栏观感质量合格标准：防护栅栏安装牢固、立面竖直、圆顺，与地形及路基排水系统协调，整个隔离栅栏系统色泽一致。

(8)电缆沟、接触网支柱基础、声屏障、线路标志、检查设施等路基相关工程观感质量合格标准：电缆槽、接触网支柱基础、声屏障、线路标志、检查设施等线条基本清晰、顺直，沟槽盖板基本无破损、安装牢固、无明显安装错台。

(四)单位工程质量验收记录填写见表 4-11。

表 4-11　单位工程质量验收记录

<table>
<tr><td colspan="2">单位工程名称</td><td colspan="6">路基工程</td></tr>
<tr><td colspan="2">施工单位</td><td colspan="2">××标项目经理部</td><td>项目负责人</td><td>×××</td><td>开工日期</td><td>×年×月</td></tr>
<tr><td colspan="2">项目技术负责人</td><td colspan="2">×××</td><td>项目质量负责人</td><td>×××</td><td>竣工日期</td><td>×年×月</td></tr>
<tr><td>序号</td><td colspan="2">项　目</td><td colspan="4">验收记录</td><td>验收结论</td></tr>
<tr><td rowspan="2">1</td><td colspan="2" rowspan="2">分部工程</td><td colspan="4">共　126　分部</td><td rowspan="2">同意验收</td></tr>
<tr><td colspan="4">经查，符合标准规定及设计要求　126　分部</td></tr>
<tr><td rowspan="3">2</td><td rowspan="9">综合质量验收</td><td rowspan="3">质量控制资料核查</td><td colspan="4">共　11　项</td><td rowspan="9">符合要求</td></tr>
<tr><td colspan="4">经查，符合要求　11　项</td></tr>
<tr><td colspan="4">不符合要求　0　项</td></tr>
<tr><td rowspan="3">3</td><td rowspan="3">实体质量和
主要功能核查</td><td colspan="4">共核查　8　项</td></tr>
<tr><td colspan="4">符合要求　8　项</td></tr>
<tr><td colspan="4">不符合要求　0　项</td></tr>
<tr><td rowspan="3">4</td><td rowspan="3">观感质量验收</td><td colspan="4">共检查　8　项</td></tr>
<tr><td colspan="4">评定为合格的　8　项</td></tr>
<tr><td colspan="4">评定为差的　0　项</td></tr>
<tr><td>5</td><td colspan="2">综合验收结论</td><td colspan="5">通过验收</td></tr>
<tr><td rowspan="2">参加验收单位</td><td colspan="2">施工单位</td><td colspan="2">监理单位</td><td colspan="2">勘察设计单位</td><td>建设单位</td></tr>
<tr><td colspan="2">(公章)
项目负责人：
年　月　日</td><td colspan="2">(公章)
总监理工程师：
年　月　日</td><td colspan="2">(公章)
项目负责人：
年　月　日</td><td>(公章)
项目负责人：
年　月　日</td></tr>
</table>

第三节　高速铁路路基工程中的施工原始用表

在高速铁路路基工程施工中，除施工质量验收资料外，还会用到开工报告及批复文件、变更设计通知单、会议纪要等相关文件、施工技术资料、工程测量资料、工程数量表、路基填筑压实各种试验检测报告、施工记录资料、工程竣工验收报告、竣工验收交接记录表。其中，施工技术资料包括施工图现场核对资料(检查路基基底、检查铺轨前路基完成情况、路基高度及宽度实测与设计对照表)、技术交底资料、施工技术总结等；路基填筑压实各种试验检测报告包括地基系数 K_{30}、压实系数 K、静态变形模量 E_{v2}、E_{vd}及孔隙率 n 等试验或检测资料(压实试验报告应按要求同时具备)，混凝土、砂浆试压报告单、石材试验报告单。本节仅重点介绍以下内容，其他查阅相关文件。

一、施工记录资料

施工记录资料包括工程施工小结、施工日志、施工记录表等。

(一)工程项目施工小结撰写

施工小结是对工程技术历史简要的记录,各施工单位在小结时应如实反映工程的施工概况,为今后运营中起到养护维修的参考作用和法律的凭证作用,它的内容要求包括以下八个方面内容(隧道有九条):

(1)工程概况(包括合同标段起止里程,工程基本情况及工程主要技术标准和主要数量)。

(2)开工和竣工日期。

(3)变更设计原因情况及次数。

(4)施工方法:主要包括工艺流程、新技术、新材料使用、施工组织和采用施工机具及安全质量措施。

(5)施工中遇到的重大问题处理情况和结果。

(6)采用材料及材质试验情况。

(7)工程质量评价和施工中存在的主要问题及今后养护维修注意事项。

(8)其他需要说明的问题。

(9)隧道漏水情况、压浆后的效果和净空测量情况。(如果是隧道则加上此条)。

写完后要填写单位名称、日期并盖上公章,最好还能填上撰写人、审批人名单,使其具备完整的法律手续。

(二)施工日志填写

施工日志是施工活动的原始记录,是编制施工文件、积累资料、总结施工经验的重要依据,由项目技术负责人具体负责。施工日志应以单位工程为记载对象。从工程开工起至工程竣工止,按专业指定专人负责逐日记载,并保证内容真实、连续和完整。

施工日志记录的内容包括基本内容、工作内容、检查内容、其他内容。

基本内容包括:日期、星期、气象、平局温度;施工部位,应将分部分项工程名称和部位写清楚;出勤人数、操作负责人。出勤人数一定要分工种记录,并记录工人的总人数。

工作内容包括:当日施工内容及实际工程进度或完成工程量的情况,以及劳动力、机械设备及材料情况;施工现场有关会议的主要内容;有关领导、主管部门或各级检查组对工程施工技术、质量、安全方面的检查意见和决定;建设单位、监理单位对工程施工提出的技术质量要求、意见及采纳实施情况。

检查内容包括:隐蔽工程检查情况,应写明隐蔽的内容、分项工程、验收人员、验收结论等;试块制作情况,应写明试块名称、部位、试块组数;材料进场、送检情况,应写明批号、数量、生产厂家以及进场材料的验收情况,以后补上送检后的检验结果;质量检查情况;参加施工的人员、施工方法、机具设备情况;安全检查情况及安全隐患处理情况;工程进度情况;测量昂扬情况;上级、监理、建设单位或地方政府在此的活动情况;其他检查情况如文明施工及场容场貌管理情况等。

其他内容包括:设计变更、技术核定通知及执行情况;施工任务交底、技术交底、安全技术交底情况;停电、停水、停工情况;施工机械故障及工程施工中存在的问题和处理情况;冬雨季施工准备及措施执行情况;施工中涉及的特殊措施和施工方法、新技术、新材料的推广使用情况。施工日志样式见表 4-12。

表 4-12 施工日志(示例:路基)

××年×月×日	记录人:××	天气:××	气温:××
施工技术、质量、安全、环保等有关工程情况: 1. 测量放线情况:对 DK101+100～DK101+400 段路基边坡进行放线,由×××统一观测,×××执尺,×××记录。 2. 技术交底情况:×××统一对×××施工队进行路基填筑口头技术交底,下发路基填筑技术交底书,作业队长×××接收。 3. 隐蔽工程及检验批验收情况:请监理工程师×××到现场对 101+400～DK101+600 段路基第三层填筑进行验收,验收合格,同意进入下一层施工。 4. 施工情况:DK101+400～DK101+600 段路基填筑、碾压。 5. 安全、质量、环保、水土保持等情况:现场标示牌填筑区段、平整区段、碾压区段均已放置,现场安全、质量状况良好。 6. 其他:针对×××质监站××月××日所检查出来的问题,开始整改,情况如下:在监理工程师×××见证下,对 DK 段路基进行整改			
工程进度或完成的工程量: 完成 DK101+400～DK101+600 段路基填筑第三层,土方量 1 800 m^3			
劳动力、机械设备及材料情况: 新进场 18 t 振动压路机一台,所有在场机械运行正常。现场施工人员 7 人,1 人指挥自卸汽车卸土,1 人操作推土机,1 人操作平地机,1 人操作压路机,2 人修整路基面,作业队长×××现场统一指挥。主要材料进场情况:土工隔栅 1 000 m			
存在问题:无			
各级管理人员指示:无			
月 日存在问题的处理结果:无			

技术负责人:(手写签字)

(三)施工记录表

施工记录表包括粉体喷射搅拌桩施工记录、浆体喷射搅拌桩施工记录、水泥粉煤灰碎石桩(CFG 桩)路基强夯施工记录,见表 4-13。

表 4-13 水泥粉煤灰碎石桩(CFG 桩)施工记录表

标段里程	××铁路××段 ××标					施工单位	××段 ××标项目经理部			单位工程		路基工程
里程及部位	DK492+436.1～DK492+575.0 段 CFG 桩					布桩形式	正方形布置			施工日期		2014.08.16
钻孔设备	CFG20-40 长螺旋钻机					设计桩径	0.4 m			混凝料配合比		水泥:沙:石:粉煤灰:外加剂:水=320:852:1033:48:2.94:145
桩号	设计地面高程(m)	设计桩长(m)	实测地面高程(m)	钻孔深度(m)	钻孔电流(A)	成孔起止时间	成孔作业人	成桩起止时间	成桩作业人	施工桩顶高程(m)	混合料灌注量(m^3)	地质情况简述
77-13	273.7	5	274.1	5.9	160	20:40～20:44	6	20:44～20:48	6	273.9	0.74	新黄土
77-11	273.7	5	274.1	5.9	158	20:48～20:52	6	20:52～20:56	6	273.9	0.73	新黄土
76-13	273.7	5	274.1	5.9	162	20:57～21:01	6	21:01～21:05	6	273.9	0.73	新黄土
75-11	272.7	5	272.9	5.5	161	21:06～21:10	6	21:10～21:14	6	272.8	0.72	新黄土
75-13	272.7	5	272.9	5.5	158	21:14～21:18	6	21:18～21:22	6	272.8	0.72	新黄土
记录人:			专职质量检查员:				施工技术负责人:					年 月 日

二、工程数量表

包括路基土石方数量总表,路基填、挖方工程数量表,路基地面排水工程数量表、改河改沟(渠)表、竣工数量表、路基加固及防护工程数量表、路基地面排水工程数量表。示例见表 4-14。

表 4-14　路基土石方工程数量表

施工单位：××工程有限公司
监理单位：××咨询监理公司

合同标段：第×合同段
第 1 页　共 2 页

桩　号	横断面面积（m^2）			平均面积（m^2）			距离（m）	挖方分类及数量（天然方）（m^3）									填方数量（m^3）（压实方）		清表面积（m^2）	清表平均面积（m^2）	清表数量（m^3）	备注
								总数量	土		石											
									Ⅲ		Ⅳ		Ⅴ		Ⅵ							
	挖	填		挖	填												土	石				
		土	石		土	石			%	数量	%	数量	%	数量	%	数量						
1	2	3	4	5	6	7	8	9	10	11	12	13	14	15	16	17	18	19	20	21	22	
K39+000	103.829	9.527																	5.009			
K39+020	41.395	44.112		72.6	26.8		20	1452	50	726	50	726		0		0	536		5.434	5.2	104	
K39+040	111.5	20.05		76.4	32.1		20	1528	50	764	50	764		0		0	642		4.445	4.9	98	
K39+055	193.91	41.05		152.7	30.6		15	2290.5	50	1145.3	50	1145.3		0		0	459		6.288	5.4	81	
K39+060	178.906	37.98		186.4	39.5		5	932	50	466	50	466		0		0	197.5		6.133	6.2	31	
K39+080	132.566	40.028		155.7	39		20	3114	50	1557	50	1557		0		0	780		6.29	6.2	124	
K39+085	128.022	21.214		130.3	30.6		5	651.5	50	325.8	50	325.8		0		0	153		6.258	6.3	31.5	
K39+100	46.736	3.11		87.4	12.2		15	1311	100	1311		0		0		0	183		4.115	5.2	78	
K39+120	11.109	89.787		28.9	46.4		20	578	100	578		0		0		0	928		4.929	4.5	90	
K39+140	0	144.813		5.6	117.3		20	112	100	112		0		0		0	2346		9.374	7.2	144	
K39+160	0	143.606		0	144.2		20	0	100	0		0		0		0	2884		11.179	10.3	206	
K39+170	0	339.644		0	241.6		10	0	100	0		0		0		0	2416		14.851	13	130	
K39+190	0	925.297		0	632.5		20	0	100	0		0		0		0	12650		16.294	15.6	312	
K39+200	0	930.683		0	928		10	0	100	0		0		0		0	9280		17.539	16.9	169	
K39+220	0	641.773		0	786.2		20	0	100	0		0		0		0	15724		17.751	17.6	352	
K39+240	0	130.942		0	386.4		20	0	100	0		0		0		0	7728		8.932	13.3	266	
K39+249.936	0	341.296		0	236.1		9.936	0	100	0		0		0		0	2345.9		12.816	10.9	108.3	
K39+259.5	30.392	3.968		15.2	172.6		9.564	145.4	100	145.4		0		0		0	1650.7		3.957	8.4	80.3	
K39+280	263.648	0		147	2		20.5	3013.5	10	301.4	40	1205.4	50	1506.8		0	41		0	2	41	

续上表

桩号	横断面面积（m^2）			平均面积（m^2）			距离（m）	挖方分类及数量（天然方）（m^3）									填方数量（m^3）（压实方）		清表面积（m^2）	清表平均面积（m^2）	清表数量（m^3）	备注
	挖	填		挖	填			总数量	土		石						土	石				
									Ⅲ		Ⅳ		Ⅴ		Ⅵ							
		土	石		土	石			%	数量	%	数量	%	数量	%	数量						
1	2	3	4	5	6	7	8	9	10	11	12	13	14	15	16	17	18	19	20	21	22	
K39+290.4	300	207		281.8	103.5		10.4	2930.7	10	293.1	40	1172.3	50	1456.4		0	1076.4		9.54	4.8	49.9	
K39+292.68	262	258		281	232.5		2.28	640.7	10	64.1	40	256.3	50	320.4		0	530.1		9.932	9.7	22.1	
K39+778.442	394	0																				
K39+780	487.751	0		440.9	0		1.558	686.9	10	68.7	40	274.8	30	206.1	20	137.4	0		13.54	6.8	10.6	
K39+790	659.102	0		573.4	0		10	5734	10	573.4	40	2293.6	30	1720.2	20	1146.8	0			6.8	68	
K39+800	734.268	0		696.7	0		10	6967	10	696.7	40	2786.8	30	2090.1	20	1393.4	0			0	0	
K39+810	730.2	0		732.2	0		10	7322	10	732.2	40	2928.8	30	2196.6	20	1464.4	0			0	0	
K39+830	494.214	0		612.2	0		20	12244	10	1224.4	40	4897.6	30	3673.2	20	2448.8	0			0	0	
K39+850	75.032	82.888		284.6	41.4		20	5692	100	5692		0		0		0	828		4.373	2.2	44	
K39+865	5.81	195.568		40.4	138.7		15	606	100	606		0		0		0	2080.5		10.434	7.4	111	
K39+882.5	0	244.748		2.9	219.7		17.5	50.8	100	50.8		0		0		0	3488.8		10.857	10.6	185.5	
页计								58002		17433.3		20799.7		13178.8		6590.8	69303.9			207.4	2937.2	

计算：　　　　复核：　　　　监理工程师：　　　　日期：

表 4-15 路基挖方工程数量表

承包单位:××公司 合同号:×× 桩号:K21+880~K21+980 右幅 第 1 页 共 1 页

桩号	横断面面积(m²)		距离(m)	至上期末累计计量(m²)	本期计量面积(m²)	剩余计量面积(m²)	本期计量数量(m²)			
	挖方	填方					总数量	挖土方		挖石方
								Ⅱ	Ⅲ	Ⅳ
1	2	3	4							
K21+840	1.41	11.13		0.00	0.00	1.41				
			20.00				0.00	0.00	0.00	0.00
K21+860	1.54	16.52		0.00	0.00	1.54				
			20.00				0.00	0.00	0.00	0.00
K21+880	0.78	13.35		0.00	0.00	0.78				
			20.00				0.00	0.00	0.00	0.00
K21+900	0.54	23.19		0.00	0.00	0.54				
			20.00				23.70	3.56	11.85	8.30
K21+920	2.37	12.26		0.00	2.37	0.00				
			20.00				43.36	6.50	21.68	15.18
K21+940	1.97	7.10		0.00	1.97	0.00				
			20.00				50.76	7.61	25.38	17.77
K21+960	3.11	4.80		0.00	3.11	0.00				
			20.00				38.10	5.72	19.05	13.34
K21+980	0.70	4.67		0.00	0.70	0.00				
			20.00				7.00	1.05	3.50	2.45
K22+000	1.83	4.39		0.00	0.00	1.83				
			20.00				0.00	0.00	0.00	0.00
K22+020	2.27	12.44		0.00	0.00	2.27				

三、工程测量资料

包括测量放样报验单、施工测量放样记录表、水准测量记录表等资料。示例见表 4-16 和表 4-17 以供参考。

表 4-16 测量放样报验单

工程项目名称:新建铁路××至××段 施工合同段:××标 编号:××

致:×××监理公司××××标监理站

根据合同要求,我单位已完成(DK492+436.16~DK493+415)路基段区间里程为(DK493+053.300~DK493+091.038)路涵过渡段路基填筑的施工测量放样工作,清单如下,请予以核验。

附件:测量资料。

1. 路基填筑施工测量放样记录

工程地点	放样内容	备 注
(DK493+053.300~DK493+091.038)路涵过渡段	路基填筑(第一层)	徕卡 TCR1201+

施工单位(章):

测 量 人:

审 核 人:

技术负责人:

日 期: 年 月 日

续上表

审核结论： 检验合格 □ 纠正偏差后合格 □ 纠正偏差后再报 □ 专业监理工程师： 日 期： 年 月 日

表 4-17 施工测量放样记录表

工程名称：新建铁路××至×× 施工合同段：××标 编号：××

标段名称	新建铁路××至××××标段			施工单位	××段××标项目经理部		
单位工程	(DK492+436.16～DK493+415)路基			工程部位	(DK493+053.300～DK493+091.038)路涵过渡段(第一层)		
测量内容及结果	设站点	JM07	X=464×××.0198		Y=52×××.7014		Z=28×.9342
	定向点	CP3981	X=464×××.9314		Y=52×××.0010		/
	检查点	设计坐标(m)			实测坐标(m)		
		X	Y	Z	X	Y	Z
	JM02	464×××.4174	52×××.5810	297.2481	464×××.424	52×××.587	29×.239
	检查方位角		056°56′51″		检查点距离(m)		462.769
	测量放样结果						
	点号	里程	设计坐标(m)		实测坐标(m)		
			X	Y	X	Y	Z
	1	DK493+079.738	464×××.763	52×××.377	464×××.755	52×××.373	278.462
	2	DK493+079.738	464×××.379	52×××.127	464×××.371	52×××.121	278.576
	3	DK493+079.738	464×××.994	52×××.877	464×××.989	52×××.870	278.469
	施工放样示意图：						
施工单位	测量：×× 日期：××年×月×日 复核：××× 日期：××年×月×日						
监理单位	测量监理工程师：××× 日期：××年×月×日						
备 注							

第四节 路基工程检验批填写示例

本节内容以某工程路基工程水泥粉煤灰碎石桩(CFG 桩)为例说明检验批表格的填写方法。

一、背景材料

路基工程水泥粉煤灰碎石桩(CFG 桩)施工技术交底见表 4-18。

表 4-18　××工程路基工程水泥粉煤灰碎石桩(CFG 桩)施工技术交底

交底单位		交底时间	年　　月	交底人	
接收单位		交底项目		审核人	
接收人员：					

一、技术要求

1. 原材料要求：

水泥细度：采用 P·O32.5 水泥，比表面积大于 300 m^2/kg，80 μm 方孔筛筛余不超过 10%。安定性：用沸煮法检验合格。

粉煤灰采用三级灰，并满足规范要求。

砂采用中砂，并满足规范要求。

碎石采用 5～31.5 mm 碎石并并满足规范要求。

2. 混合料的坍落度为 30～50 mm，和易性要好，混合料加水搅拌的时间不少于 2 min，水泥粉煤灰碎石混凝土的 28 天抗压强度 f_{ou28}≥8 MPa。

3. 桩垂直度偏差小于 1%，定位误差小于 15 cm。桩长 12，桩底、桩顶标高误差小于 10 cm。桩径 500 mm，误差小于 5 mm。

4. 预制台座区桩顶标高＋4.3 m，龙门吊轨道区、横移区桩顶标高＋3.05 m。

二、CFG 桩施工工艺流程图

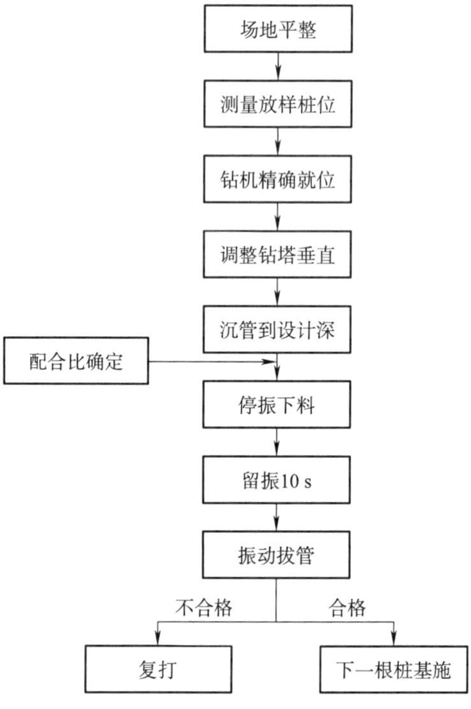

三、CFG 桩主要施工方法

1. 预制场地 CFG 桩布置

CFG 桩基布置在预制台座区、龙门吊轨道区、梁段横移区。预制台座区顺轨道方向(列方向)1.8 m 间距，垂直轨道方向

续上表

(排方向)1.5 m 排距。龙门吊轨道区、梁段横移区在长方向(顺轨道、横移方向)上 1.8 m 间距,垂直长方向 1.3 间距。具体桩位布置图见图 1。

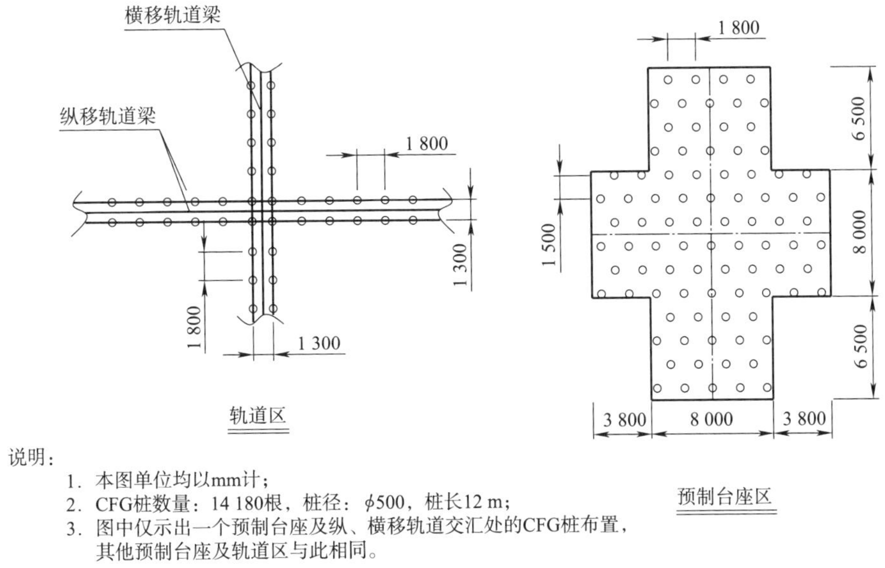

图 1

2. 预制场地 CFG 桩施工顺序

CFG 桩在预制区、横移区、轨道梁区按顺序采用隔桩、隔排跳打,防止新打入桩基被其周围受振动土体扰动断裂。

首先施工 2 号生产线,在预制台座区等间距布置三钻机;在 3、4、5 号线各布置两台钻。2～6 号线总共桩基 7869 根。

3. 主要的施工方法:

(1)移动桩机及导向架,使桩管垂直,桩尖对准桩位。此时桩机就位必须平整、稳固,调整垂直度,其垂直度偏差不大于 1%。

(2)启动振动锤,使带活瓣桩尖的导管下沉至设计标高。

(3)导管下沉到设计标高后停止振动,此时将水泥、粉煤灰、砂和碎石的拌制混合料灌注到导管内。直至混合料与钢管上部投料口齐平。如果料量不够,可在拔管的过程中继续投料,以保证成桩标高、密实度要求。

(4)投料结束后,沉管在原地留振 10 s 左右,及可边振动边拔管,拔管的速度控制在 1.2～1.5 m/min 左右,每升 1.5～2.0 m,留振 20 s。桩管拔出地面确认成桩符合设计要求,

(5)如果采用 426 mm 管径的导管成桩,必须进行第二次复打,重复(2)～(4)的步骤。保证成桩的质量。如采用 600 mm 管径的导管成桩则不必进行复打。

四、CFG 桩的施工质量控制

(1)原材料的质量控制:所用的材料必须符合规范的要求。碎石粒径为 5～31.5 mm,砂采用中砂,粉煤灰选用三级灰,水泥选用 P·O32.5 的水泥。

(2)对混合料的要求:混合料的坍落度为 30～50 mm,和易性要好,混合料加水搅拌的时间不少于 2min。其抗压强度必须满足设计的要求。

(3)桩位必须与设计相符,桩顶位移不大于 150 mm。

(4)经常检查灌入量,采用浮标法或锤击法测量,桩管每提升 1.5～2 m 测量一次,桩的充盈系数要达到 1.3 以上。

(5)施工桩顶标高应高出设计标高不少于 0.5 m。

二、验标的相关内容

4.14 水泥粉煤灰碎石桩(CFG 桩)

一 般 规 定

4.14.1 施工前应进行成桩工艺性试验(不少于 3 根),确定各项施工工艺参数后,报监理单位确认后,进行单桩或复合地基承载力试验,以确认设计参数。监理单位、勘察设计单位应参加工艺性试桩,并确认试验结论后,方可进行施工。

4.14.2 施工前宜对场地进行预处理,采用有桩帽的 CFG 桩,宜先进行桩帽厚度范围的场坪换填处理,换填填料和压实质量应满足设计桩间土回填质量要求。

4.14.3 切割桩头应采用截桩机等专用设备,截除桩头不应影响桩的完整性。清土、开挖基槽、截桩和浇注桩帽或桩顶筏板时,不得造成桩顶标高以下的桩身断裂或者扰动桩间土。

主 控 项 目

4.14.4 CFG 桩所用的水泥、粉煤灰、粗细骨料的品种、规格及质量应符合设计要求。

检验数量:同一产地、品种、规格且连续进场的水泥,袋装水泥 200 t 为一批、散装水泥 500 t 为一批,当袋装水泥不足 200 t 或散装水泥不足 500 t 时也按一批计。同一产地、品种、规格且连续进场的粉煤灰,每 200 t 为一批,当不足 200 t 时也按一批计。同一产地、品种、规格且连续进场的粗、细骨料,400 m^3 为一批,当不足 400 m^3 时也按一批计。同一产地、品种、规格且连续进场的减水剂,200 t 为一批,当不足 200 t 时也按一批计。各种原材料施工单位每批抽样检验 1 组。监理单位按施工单位抽样数量的 10%见证检验,且不少于 1 组。

检验方法:查验产品质量证明文件。在材料库抽样检验水泥强度、安定性、凝结时间,粉煤灰的细度、烧失量、需水量比、三氧化硫,在料场抽样检验粗细骨料含泥量、松散密度、杂质含量、筛分试验检验其颗粒级配。

4.14.5 CFG 桩混合料坍落度应按工艺性试验确定并经监理工程师批准的参数进行控制。

检验数量:施工单位每台班抽样检验 3 次。监理单位按施工单位抽样数量的 20%见证检验。

检验方法:现场坍落度试验。

4.14.6 CFG 桩混合料强度应符合设计要求。

检验数量:施工单位每台班做一组(3 块)试件。监理单位按施工单位抽样数量的 10%平行检验。

检验方法:每台班制作混合料试块,进行 28 d 标准养护试件抗压强度检验。

4.14.7 CFG 桩的数量、布桩形式应符合设计要求。

检验数量:施工单位、监理单位全部检验。

检验方法:观察、现场清点。

4.14.8 CFG 桩施工过程中,应记录施工设备贯入地层的反应,核查地质资料,桩底应置于设计桩底地层中。

检验数量:施工单位每根桩记录。监理单位按施工单位检验数量的 20%平行检验。

检验方法:设备灌入地层过程中,记录电流表或其他能记录贯入阻力的仪表读数和对应地层标高,每贯入 1 m 及仪表突然变化时记录。

4.14.9　每根桩的投料量不得少于设计灌注量。

检验数量:施工单位每根桩检验。监理单位按施工单位检验数量的20%平行检验。

检验方法:料斗现场计量或混凝土泵自动记录。

4.14.10　CFG桩顶端浮浆应清除干净,直至露出新鲜混凝土面。清除浮浆后桩的有效长度应满足设计要求。

检验数量:施工单位每根桩检验。监理单位按施工单位检验数量的20%见证检验。

检验方法:施工前测量钻杆或沉管长度,施工中检查是否达到设计深度标志,施工后检查并清理浮浆,计算出桩的有效长度。

4.14.11　CFG桩的桩身完整性应满足设计要求。

检验数量:施工单位按总桩数的10%抽样检验,且不少于3根。监理单位全部见证检验。

检验方法:低应变检测。有疑问时采用钻孔取芯检验。

4.14.12　CFG桩处理后的单桩或复合地基承载力应满足设计要求。

检验数量:检测机构抽样检验总桩数的2‰,且每工点不少于3根。监理单位全部见证检验。

检验方法:平板载荷试验。

一般项目

4.14.13　CFG桩原材料每盘称量的偏差、检验数量及检验方法应符合表4-19的规定。

表4-19　原材料每盘称量的允许偏差、检验数量及检验方法

序号	材料名称	允许偏差	检验数量	检验方法
1	水泥、粉煤灰等干燥状态的掺合料	±2%	施工单位每工作班各抽样检验不少于1次	复称
2	粗、细骨料	±3%		
3	水、外加剂	±2%		

注:1　各种衡器应定期检定,每次使用前应进行零点校核,保证计量准确;
　　2　含水率有显著变化时,应增加含水率检测次数,并及时调整水和骨料的用量。

4.14.14　CFG桩施工的允许偏差、检验数量及检验方法应符合表4-20的规定。

表4-20　CFG桩施工的允许偏差、检验数量及检验方法

序号	检验项目	允许偏差	施工单位检验数量	检验方法
1	桩位(纵横向)	50 mm	按成桩总数的10%抽样检验,且每检验批不少于5根	测量
2	桩体垂直度	1%		经测量仪器或吊线测钻杆倾斜度
3	桩体有效直径	不小于设计值		开挖50～100 cm深后,钢卷尺测量周长,计算桩体直径
4	桩顶高程	±50 mm		仪器测量

三、检验批表格的填写

现以××路基工程水泥粉煤灰碎石桩(CFG桩)施工技术交底的背景和表4-21、表4-22、表4-23作为工程参考内容,检验批表格的填写示例见表4-24制桩检验批质量验收记录表和表4-25成桩检验批质量验收记录表。

表 4-21　工程报验申请表

工程项目名称：××工程　　施工合同段：CJQ-2　　编号：××

致 ×××监理项目部（项目监理机构）：

根据施工承包合同和设计文件的要求，我单位已完成DK××+××～DK××+××段路基水泥粉煤灰碎石桩（CFG桩）工程并自检合格，报请检查。

附件：

1. 施工现场 CFG 桩记录表
2. 工程检查证
3. 小应变检验报告
4. CFG 桩检验批质量验收记录表

承包单位（章）：×××工程项目经理部
质量检查工程师（签字）：
日　　期：

监理工程师意见：

同意报验

项目监理机构：
总/专业监理工程师（签字）：
日　　期：

注：本表一式 4 份，承包单位 2 份，监理单位、建设单位各 1 份。

表 4-22　施工现场 CFG 桩记录表

工程名称：××工程　　施工单位：××工程项目经理部　　施工部位：DK××+××～DK××+××

桩机型号：×××　　混合料强度：10 MPa　　桩直径：500 mm　　桩顶设计标高：1.6 m

序号	施工日期	施工里程	桩区	桩号	钻进深度（m）	地面高程（m）	孔底高程（m）	施工配合比（kg）					施工时间		坍落度（mm）		拔管速度	沉桩垂直度
								水泥	粗骨料	细骨料	粉煤灰	水	开始时间	结束时间	1	2		
1	6.1	DK2+000	A	6	20	1.6	−18.4	100	215	157	60	45	10:01	11:10	50	60	1.2	0.5

现场技术员：×××　　现场负责人：×××　　时间：　　年　　月

表 4-23　工程检查证

检查CFG桩
工程名称：××工程　　施工单位：××工程项目经理部 工程地点：DK××+××～DK××+××　　检查日期：___年___月_日
里程：自DK××+××～DK××+××至DK××+××～DK××+×× 加固方法：CFG桩 1. 该段设计单位地质勘察文件已提供□/未提供□：P_s=×××MPa或[б]=×××MPa已□/未□进行地质补充勘探，勘探结果：P_s=×××MPa或[б]=×××MPa 2. 施工前场地清理情况场地清理无草根、垃圾等杂物，经平整后满足桩机施工条件 3. 钻机(桩机)型号×××规格(配合比)×××试验报告号××× 外掺剂类型×××掺入量××× 桩轴线纵横向最大偏值　15　mm，钻杆最大倾斜度　0.5　% 桩长(桩深)最大偏差+　45　mm，单桩喷粉量最大偏差　1　% 4. 桩体无侧限抗压强度： 设计要求　10　MPa，无侧限强度最小值　15　MPa 经检查认为：被检工程　满足设计要求□　经整改后满足设计要求☑ 决定：准予隐蔽☑　准进入下道工序 附件 主管工程师：×××　　施工负责人：××× 质检工程师：×××　　监理工程师：××× 无附件☑

表 4-24　制桩检验批质量验收记录表

[水泥粉煤灰碎石桩(CFG桩)]　　01011801□□□□

单位工程名称		路基工程			
分部工程名称		地基处理			
分项工程名称		水泥粉煤灰碎石桩(CFG桩)		验收部位	DK××+××～DK××+××
施工单位		××项目经理部		项目负责人	×××
施工质量验收标准名称及编号		《高速铁路路基工程施工质量验收标准》(TB 10751—2010)			
施工质量验收标准的规定				施工单位检查评定记录	监理单位验收记录
主控项目	1	水泥、粗细骨料的品种、规格、质量	第4.14.4条	合格见SN2-200603007、FN2-2006020001、CC2-2006020004	符合要求
	2	混合料的坍落度	第4.14.5条	110 mm	符合要求
	3	混合料的强度	设计要求	符合设计要求	符合要求
	4	桩的数量、布桩形式	设计要求	梅花形布置，数量符合设计要求	符合要求
	5	贯入地层反应、地质情况、对应地层标高	第4.14.8条	经核查地质资料，桩底置于桩底地层中，与设计相符	符合要求
	6	单桩投料量	设计要求	满足设计灌注量	符合要求
	7	桩顶处理及有效桩长	第4.14.10条	符合设计要求	符合要求

续上表

施工质量验收标准的规定					施工单位检查评定记录					监理单位验收记录
一般项目	1	允许偏差	原材料称量	第 4.14.13 条	+1%	+1%	−1%	−1%	−1%	合格
					+1%	+1%	−1%	−1%	−1%	
	2		桩位(mm)	50	23	19	35	11	31	
					19	28	33	29	30	
					35	23	27	26	22	
					16	32	34	31	30	
			桩身垂直度	1%	0.5	0.4	0.2	0.1	0.2	
					0.3	0.6	0.4	0.5	0.1	
					0.2	0.3	0.3	0.5	0.2	
					0.4	0.3	0.2	0.2	0.3	
			桩体有效直径	不小于设计值	51	50	51	52	50	
					51	51	52	52	53	
					50	51	53	50	51	
					52	53	54	51	50	
			桩顶高程(mm)	±50	+20	+25	+27	+29	+30	
					+26	+33	+34	+26	+30	
施工作业人员质量责任登记	(手写签名)									
施工单位检查评定结果	检查评定合格 现场负责人：　年　月　日									
监理单位验收结论	检查评定合格 专职质量检查员：　年　月　日 分项工程技术负责人：　年　月　日 分项工程负责人：　年　月　日									

表 4-25　成桩检验批质量验收记录表

[水泥粉煤灰碎石桩(CFG 桩)]　　01011802□□□□

单位工程名称	路基工程				
分部工程名称	地基处理				
分项工程名称	水泥粉煤灰碎石桩(CFG 桩)		验收部位	DK×+×～DK×+×	
施工单位	××工程项目经理部		项目负责人	×××	
施工质量验收标准名称及编号	《高速铁路路基工程施工质量验收标准》(TB 10751—2010)				
施工质量验收标准的规定				施工单位检查评定记录	监理单位验收记录
主控项目	1	桩身完整性	第 4.14.11 条	满足设计要求	符合要求
	2	地基承载力	设计要求	满足设计要求	合格

续上表

施工作业人员质量责任登记	（手写签名）
施工单位检查评定结果	**检查评定合格** 现场负责人： 年 月 日
监理单位验收结论	**检查合格** 专职质量检查员： 年 月 日 分项工程技术负责人： 年 月 日 分项工程负责人： 年 月 日

第五章　桥涵工程内业表格编制

第一节　高速铁路桥涵工程验收单元的划分

一、说　　明

高速铁路桥涵工程施工质量验收单元划分为单位工程、分项工程、分项工程和检验批。

单位工程按一个完整工程或一个相当规模的施工范围划分，并按下列原则确定：每座特大桥、大桥、中桥为一个单位工程；对于特别长大的桥梁，一个施工单位担负的桥梁施工范围为一个单位工程；小桥不超过 5 座为一个单位工程；涵洞不超过 10 座为一个单位工程。

分部工程应按一个完整部位或主要结构及施工阶段划分。分项工程按工种、工序、材料、施工工艺等划分。

检验批可根据施工及质量控制和验收需要按施工段或部位等划分。

桥涵工程的地基处理应执行《高速铁路路基工程施工质量验收标准》（TB 10751—2010）的有关规定。

声屏障基础对应的分部工程、分项工程、检验批的验收，应执行《铁路声屏障工程施工质量验收标准》（TB 10428—2012）的有关规定。当其由桥梁工程施工单位一并施工时，可纳入桥梁单位工程进行验收。当其由声屏障工程施工单位施工时，需要纳入声屏障单位工程进行验收。注意不需要重复验收。

二、桥梁分部工程、分项工程、检验批划分及编号

桥梁分部工程、分项工程、检验批划分及编号见表 5-1。

表 5-1　桥梁分部工程、分项工程、检验批划分及编号

（桥梁单位工程编号 0201）

分部工程		分项工程	检验批规模	检验批编号
类别	名称			
地基及基础	01 明挖基础	01～60 地基处理具体分项工程的名称与“路基工程”中地基处理各分项工程的名称一致	同“路基工程”检验批规模一致	前六位为 020101，第 7、8 位是“路基工程”中地基处理各分项工程的序列号
		61 基坑及支护	每个基坑	02010161□□□□
		62 模板及支架	每个安装段	02010162□□□□
		63 钢筋	每个安装段	02010163□□□□
		64 混凝土	每个浇筑段	02010164□□□□
		65 基坑回填	每个基坑	02010165□□□□
	02 沉入桩	沉桩	每个基坑	02010201□□□□

续上表

分部工程 类别	分部工程 名称	分项工程		检验批规模	检验批编号
地基及基础	03 钻(挖)孔桩	01 钻孔		每根桩	02010301□□□□
		02 挖孔		每根桩	02010302□□□□
		03 钢筋		每根桩	02010303□□□□
		04 混凝土		每根桩	02010304□□□□
	04 承台	01 钢围堰		每个承台	02010401□□□□
		02 模板及支架		每个承台	02010402□□□□
		03 钢筋		每个承台	02010403□□□□
		04 混凝土		每个承台	02010404□□□□
		05 基坑回填		每个承台	02010405□□□□
	05 就地制作沉井	01 模板支架		每节沉井	02010501□□□□
		02 钢筋		每节沉井	02010502□□□□
		03 混凝土		每节沉井	02010503□□□□
		04 下沉		每座沉井	02010504□□□□
		05 清基、封底及填充		每座沉井	02010505□□□□
墩台	06 墩台	01 模板及支架		每个安装段	02010601□□□□
		02 钢筋		每个安装段	02010602□□□□
		03 混凝土		每个浇筑段	02010603□□□□
		04 防水层		每个桥台	02010604□□□□
	07 锥体及排水设施	01 锥体填筑		每个桥台	02010701□□□□
		02 护坡及基础		每个桥台	02010702□□□□
		排水设施	03 模板及支架	每个桥台	02010703□□□□
			04 钢筋	每个桥台	02010704□□□□
			05 混凝土	每个桥台	02010705□□□□
			06 砌体	每个桥台	02010706□□□□
预应力混凝土简支箱梁	08 后张法预应力混凝土简支箱梁预制	01 模板及支架		每孔(件)梁	02010801□□□□
		02 钢筋		每孔(件)梁	02010802□□□□
		03 混凝土		每孔(件)梁	02010803□□□□
		04 预应力		每孔(件)梁	02010804□□□□
		05 防水层		每孔(件)梁	02010805□□□□
	09 先张法预应力混凝土简支箱梁预制	01 模板及支架		每孔(件)梁	02010901□□□□
		02 钢筋		每孔(件)梁	02010902□□□□
		03 混凝土		每孔(件)梁	02010903□□□□
		04 预应力		每孔(件)梁	02010904□□□□
		05 防水层		每孔(件)梁	02010905□□□□

续上表

<table>
<tr><th colspan="2">分部工程</th><th colspan="2" rowspan="2">分项工程</th><th rowspan="2">检验批规模</th><th rowspan="2">检验批编号</th></tr>
<tr><th>类别</th><th>名称</th></tr>
<tr><td rowspan="26">预应力混凝土简支箱梁</td><td rowspan="7">10 架桥机架设预应力混凝土简支箱梁</td><td colspan="2">01 架梁</td><td>每孔梁</td><td>02011001□□□□</td></tr>
<tr><td colspan="2">02 支座</td><td>每孔梁</td><td>02011002□□□□</td></tr>
<tr><td rowspan="5">组合箱梁横向连接</td><td>03 模板及支架</td><td>每孔梁</td><td>02011003□□□□</td></tr>
<tr><td>04 钢筋</td><td>每孔梁</td><td>02011004□□□□</td></tr>
<tr><td>05 混凝土</td><td>每孔梁</td><td>02011005□□□□</td></tr>
<tr><td>06 预应力</td><td>每孔梁</td><td>02011006□□□□</td></tr>
<tr><td>07 防水层</td><td>每孔梁</td><td>02011007□□□□</td></tr>
<tr><td rowspan="6">11 支架法现浇预应力混凝土简支箱梁</td><td colspan="2">01 模板及支架</td><td>每孔(件)梁</td><td>02011101□□□□</td></tr>
<tr><td colspan="2">02 钢筋</td><td>每孔(件)梁</td><td>02011102□□□□</td></tr>
<tr><td colspan="2">03 混凝土</td><td>每孔(件)梁</td><td>02011103□□□□</td></tr>
<tr><td colspan="2">04 预应力</td><td>每孔(件)梁</td><td>02011104□□□□</td></tr>
<tr><td colspan="2">05 支座</td><td>每孔(件)梁</td><td>02011105□□□□</td></tr>
<tr><td colspan="2">06 防水层</td><td>每孔(件)梁</td><td>02011106□□□□</td></tr>
<tr><td rowspan="6">12 移动模架现浇预应力混凝土简支箱梁</td><td colspan="2">01 模板及支架</td><td>每孔(件)梁</td><td>02011201□□□□</td></tr>
<tr><td colspan="2">02 钢筋</td><td>每孔(件)梁</td><td>02011202□□□□</td></tr>
<tr><td colspan="2">03 混凝土</td><td>每孔(件)梁</td><td>02011203□□□□</td></tr>
<tr><td colspan="2">04 预应力</td><td>每孔(件)梁</td><td>02011204□□□□</td></tr>
<tr><td colspan="2">05 支座</td><td>每孔(件)梁</td><td>02011205□□□□</td></tr>
<tr><td colspan="2">06 防水层</td><td>每孔(件)梁</td><td>02011206□□□□</td></tr>
<tr><td rowspan="7">13 移动支架拼装预应力混凝土简支箱梁</td><td colspan="2">01 模板及支架</td><td>每个安装段</td><td>02011301□□□□</td></tr>
<tr><td colspan="2">02 钢筋</td><td>每个安装段</td><td>02011302□□□□</td></tr>
<tr><td colspan="2">03 混凝土</td><td>每个浇筑段</td><td>02011303□□□□</td></tr>
<tr><td colspan="2">04 预应力</td><td>每个施工段</td><td>02011304□□□□</td></tr>
<tr><td colspan="2">05 梁段组拼</td><td>每孔(件)梁</td><td>02011305□□□□</td></tr>
<tr><td colspan="2">06 支座</td><td>每孔(件)梁</td><td>02011306□□□□</td></tr>
<tr><td colspan="2">07 防水层</td><td>每孔(件)梁</td><td>02011307□□□□</td></tr>
<tr><td rowspan="12">预应力混凝土简支T梁</td><td rowspan="5">14 预应力混凝土简支 T 梁预制</td><td colspan="2">01 模板及支架</td><td>每片梁</td><td>02011401□□□□</td></tr>
<tr><td colspan="2">02 钢筋</td><td>每片梁</td><td>02011402□□□□</td></tr>
<tr><td colspan="2">03 混凝土</td><td>每片梁</td><td>02011403□□□□</td></tr>
<tr><td colspan="2">04 预应力</td><td>每片梁</td><td>02011404□□□□</td></tr>
<tr><td colspan="2">05 防水层</td><td>每片梁</td><td>02011405□□□□</td></tr>
<tr><td rowspan="7">15 预应力混凝土简支 T 梁架设</td><td colspan="2">01 架梁</td><td>每孔梁</td><td>02011501□□□□</td></tr>
<tr><td colspan="2">02 支座</td><td>每孔梁</td><td>02011502□□□□</td></tr>
<tr><td rowspan="4">梁体横向连接</td><td>03 模板及支架</td><td>每孔梁</td><td>02011503□□□□</td></tr>
<tr><td>04 钢筋</td><td>每孔梁</td><td>02011504□□□□</td></tr>
<tr><td>05 混凝土</td><td>每孔梁</td><td>02011505□□□□</td></tr>
<tr><td>06 预应力</td><td>每孔梁</td><td>02011506□□□□</td></tr>
<tr><td colspan="2">07 防水层</td><td>每孔梁</td><td>02011507□□□□</td></tr>
</table>

续上表

分部工程		分项工程	检验批规模	检验批编号
类别	名称			
混凝土连续梁、连续刚构	16 悬臂浇筑预应力混凝土连续梁、连续刚构	01 模板及支架	每个安装段	02011601□□□□
		02 钢筋	每个安装段	02011602□□□□
		03 混凝土	每个浇筑段	02011603□□□□
		04 预应力	每个施工段	02011604□□□□
		05 支座	每孔(联)梁	02011605□□□□
		06 防水层	每联梁	02011606□□□□
	17 悬臂拼装预应力混凝土连续梁、连续刚构	01 模板及支架	每个安装段	02011701□□□□
		02 钢筋	每个安装段	02011702□□□□
		03 混凝土	每个浇筑段	02011703□□□□
		04 预应力	每个施工段	02011704□□□□
		05 梁段拼装	每拼装段	02011705□□□□
		06 支座	每孔(联)梁	02011706□□□□
		07 防水层	每联梁	02011707□□□□
	18 顶推法制架预应力混凝土连续梁	01 模板支架	每个安装段	02011801□□□□
		02 钢筋	每个安装段	02011802□□□□
		03 混凝土	每个浇筑段	02011803□□□□
		04 预应力	每个施工段	02011804□□□□
		05 顶推架设	每孔(联)梁	02011805□□□□
		06 支座	每孔(联)梁	02011806□□□□
		07 防水层	每联梁	02011807□□□□
	19 转体法制架预应力混凝土连续梁、连续刚构	01 模板及支架	每个安装段	02011901□□□□
		02 钢筋	每个安装段	02011902□□□□
		03 混凝土	每个浇筑段	02011903□□□□
		04 预应力	每个施工段	02011904□□□□
		05 转体施工	每孔(联)梁	02011905□□□□
		06 支座	每孔(联)梁	02011906□□□□
		07 防水层	每联梁	02011908□□□□
	20 支架法现浇预应力混凝土连续梁	01 模板及支架	每个安装段	02012001□□□□
		02 钢筋	每个安装段	02012002□□□□
		03 混凝土	每个浇筑段	02012003□□□□
		04 预应力	每个施工段	02012004□□□□
		05 支座	每孔(联)梁	02012005□□□□
		06 防水层	每联梁	02012006□□□□
	21 钢筋混凝土连续刚架桥	01 模板及支架	每个安装段	02012101□□□□
		02 钢筋	每个安装段	02012102□□□□
		03 混凝土	每个浇筑段	02012103□□□□
		04 防水层	每联梁	02012104□□□□

续上表

分部工程		分项工程		检验批规模	检验批编号
类别	名称				
拱桥	22 钢管混凝土拱	01 钢管拱肋制作		每个安装段	02012201□□□□
		02 钢管公肋拼装架设		每个安装段	02012202□□□□
		03 钢管内混凝土		每个浇筑段	02012203□□□□
		04 涂装		每孔梁	02012204□□□□
		05 吊杆及系杆		每孔梁	02012205□□□□
		06～10 梁部		每孔梁	02012206□□□□～02012210□□□□
		11 支座		每孔梁	03012211□□□□
		12 防水层		每孔梁	03012212□□□□
	23 钢拱	01 杆件预拼		每个施工段	02012301□□□□
		02 拼装架设		每个施工段梁	02012302□□□□
		03 涂装		每孔梁	02012303□□□□
		04～09 桥面板		每个施工段	02012304□□□□～02012309□□□□
		10 支座		每孔梁	03012310□□□□
		011 防水层		每孔梁	03012311□□□□
钢桁梁	24 钢桁梁	01 杆件预拼		每个施工段	02012401□□□□
		02 拼装架设		每个施工段梁	02012402□□□□
		03 涂装		每孔梁	02012403□□□□
		04～09 桥面板		每个施工段	02012404□□□□～02012409□□□□
		10 支座		每孔梁	02012410□□□□
		11 防水层		每孔梁	02012411□□□□
结合梁	25 结合梁	钢架	01 拼装架设	每个施工段	02012501□□□□
			02 涂装	每孔梁	02012502□□□□
			03 支座	每孔梁	02012503□□□□
		混凝土桥面板	04 模板及支架	每个安装段	02012504□□□□
			05 钢筋	每个安装段	02012505□□□□
			06 混凝土	每个浇筑段	02012506□□□□
			07 预应力	每个施工段	02012507□□□□
			08 桥面板安装	每孔(联)梁	02012508□□□□
			09 防水层	每联梁	02012509□□□□
斜拉桥	26 混凝土索塔	01 模板及支架		每个安装段	02012601□□□□
		02 钢筋		每个安装段	02012602□□□□
		03 混凝土		每个浇筑段	02012603□□□□
		04 预应力		每个施工段	02012604□□□□
		05 索塔锚固区		每座索塔模板	02012605□□□□
	27 混凝土主梁	01 模板支架		每个安装段	02012701□□□□
		02 钢筋		每个安装段	02012702□□□□

续上表

分部工程		分项工程		检验批规模	检验批编号
类别	名称				
斜拉桥	27 混凝土主梁	03 混凝土		每个浇筑段	02012703□□□□
		04 预应力		每个施工段	02012704□□□□
		05 支座		每孔梁	02012705□□□□
		06 防水层		每联梁	02012706□□□□
	28 钢主梁	01 拼装架设		每个施工段	02012801□□□□
		02 涂装		每孔梁	02012802□□□□
		03～08 桥面板		每孔梁	02012803□□□□～02012808□□□□
		09 支座		每孔梁	02012804□□□□
		10 防水层		每联梁	02012805□□□□
	29 斜拉索	斜拉索		每个安装段	02012901□□□□
桥面附属设施	30 桥面附属设施	防护墙、电缆槽竖墙、接触网支柱基础	01 模板及支架	每座桥，3km 以上特大桥每 3km	02013001□□□□
			02 钢筋	每座桥，3km 以上特大桥每 3km	02013002□□□□
			03 混凝土	每座桥，3km 以上特大桥每 3km	02013003□□□□
		遮板、栏杆（挡板）、电缆槽盖板	04 模板	每座桥，3km 以上特大桥每 3km	02013004□□□□
			05 钢筋	每座桥，3km 以上特大桥每 3km	02013005□□□□
			06 混凝土及纤维增强砂浆	每座桥，3km 以上特大桥每 3km	02013006□□□□
			07 安装	每座桥，3km 以上特大桥每 3km	02013007□□□□
		08～15 桥梁声屏障基础		见第十三章	02013008□□□□～02013015□□□□
		16 桥梁伸缩装置、防落梁挡块		每座桥	02013016□□□□
		17 桥面排水设施		每座桥	02013017□□□□
		18 围栏、吊栏		每座桥	02013018□□□□
		19 上墩救援疏散设施		每处	02013019□□□□
沉降变形观测	31 沉降变形观测	沉降变形观测		每座桥	02013101□□□□

三、涵洞分部工程、分项工程、检验批划分及编号

涵洞分部工程、分项工程、检验批划分及编号见表 5-2。

表 5-2 涵洞分部工程、分项工程、检验批划分及编号

（涵洞单位工程编号 0202）

<table>
<tr><th>分部工程</th><th colspan="2">分项工程</th><th>检验批规模</th><th>检验批编号</th></tr>
<tr><td rowspan="6">01 地基及基础</td><td colspan="2">01～60 地基处理具体分项工程的名称与“路基工程”中地基处理各分项工程的名称一致</td><td>同“路基工程”检验批规模一致</td><td>前六位为 020201，第 7、8 位是“路基工程”中地基处理各分项工程的序列号</td></tr>
<tr><td colspan="2">61 基坑及支护</td><td>每个基坑</td><td>02020161□□□□</td></tr>
<tr><td colspan="2">62 模板及支架</td><td>每个安装段</td><td>02020162□□□□</td></tr>
<tr><td colspan="2">63 钢筋</td><td>每个安装段</td><td>02020163□□□□</td></tr>
<tr><td colspan="2">64 混凝土</td><td>每个浇筑段</td><td>02020164□□□□</td></tr>
<tr><td colspan="2">65 基坑回填</td><td>每个基坑</td><td>02020165□□□□</td></tr>
<tr><td rowspan="5">02 涵身及端翼墙</td><td colspan="2">01 模板及支架</td><td>每个安装段</td><td>02020201□□□□</td></tr>
<tr><td colspan="2">02 钢筋</td><td>每个安装段</td><td>02020202□□□□</td></tr>
<tr><td colspan="2">03 混凝土</td><td>每个浇注段</td><td>02020203□□□□</td></tr>
<tr><td colspan="2">04 沉降缝</td><td>每座涵</td><td>02020204□□□□</td></tr>
<tr><td colspan="2">05 防水层</td><td>每座涵</td><td>02020205□□□□</td></tr>
<tr><td rowspan="4">03 渡槽</td><td colspan="2">01 模板支架</td><td>每个安装段</td><td>02020301□□□□</td></tr>
<tr><td colspan="2">02 钢筋</td><td>每个安装段</td><td>02020302□□□□</td></tr>
<tr><td colspan="2">03 混凝土</td><td>每个浇注段</td><td>02020303□□□□</td></tr>
<tr><td colspan="2">04 防水层</td><td>每个渡槽</td><td>02020304□□□□</td></tr>
<tr><td rowspan="8">04 墩台</td><td rowspan="8">锥体、铺砌及排水设施</td><td>01 模板及支架</td><td>每座涵</td><td>02020401□□□□</td></tr>
<tr><td>02 钢筋</td><td>每座涵</td><td>02020402□□□□</td></tr>
<tr><td>03 混凝土</td><td>每座涵</td><td>02020403□□□□</td></tr>
<tr><td>04 砌体</td><td>每座涵</td><td>02020404□□□□</td></tr>
<tr><td>05 模板</td><td>每座涵</td><td>02020405□□□□</td></tr>
<tr><td>06 钢筋</td><td>每座涵</td><td>02020406□□□□</td></tr>
<tr><td>07 混凝土及纤维增强砂浆</td><td>每座涵</td><td>02020407□□□□</td></tr>
<tr><td>08 安装</td><td>每座涵</td><td>02020408□□□□</td></tr>
<tr><td>05 沉降变形观测</td><td colspan="2">01 沉降变形观测</td><td>每座涵</td><td>02020501□□□□</td></tr>
</table>

第二节 高速铁路桥涵工程施工质量验收

为加强高速铁路工程施工质量管理，统一高速铁路桥涵工程施工质量的验收标准，保证工程质量，制定《高速铁路桥涵工程施工质量验收标准》（TB 10752—2010）。该标准根据铁道部

《关于印发2009年铁路工程建设标准编制计划的通知》(铁建设函〔2009〕34号)的要求,在《客运专线铁路桥涵工程施工质量验收暂行标准》(铁建设〔2005〕160号)的基础上,充分吸纳京津、武广、郑西、合宁、合武、石太、东南沿海、沪宁等高速铁路的建设、运营经验编制而成的,紧紧把握高速铁路总体技术路线,坚持高起点、高标准,通过原始创新、集成创新和引进消化吸收再创新,具有自主知识产权。

该标准适用于新建时速250~350 km高速铁路桥涵工程施工质量的验收。时速250 km以下客运专线、城际铁路桥涵工程施工质量的验收应参照执行。共分19章,主要内容包括:总则,术语,基本规定,明挖基础,桩基础,沉井基础,墩台,预应力混凝土简支箱梁,预应力混凝土简支T梁,混凝土连续梁、连续刚构,拱桥,钢桁梁,结合梁,斜拉桥,支座,桥面附属设施,涵洞,沉降变形观测,桥涵单位工程综合质量评定。

一、重点的验收要求

验标的主要内容如下:

(1)落实“六位一体”建设管理要求,对质量、安全、工期、投资控制、环境保护和技术创新提出了针对性管理措施。

(2)反映建设项目标准化管理内涵,为管理制度、人员配备、现场管理、过程控制标准化提供了配套性标准规定。

(3)强调现代化施工管理手段应用,从积极推广机械化、工厂化、专业化、信息化施工角度,明确了指导性原则要求。

(4)体现全方位全过程质量控制理念,在源头控制、过程控制、细节控制方面明确了建设各方的关键性工作内容。

(5)突出工程结构安全性、可靠性、耐久性和系统使用功能等方面的质量目标要求,保证高速铁路安全平稳运营。

(6)贯彻工程质量终身负责制,增加了工序操作责任人的记录要求,体现对管理层、技术层、作业层人员的质量责任追溯。

(7)优化了工程施工质量验收的单元划分、组织程序、实施方法和工作内容。

(8)调整了检验项目、质量指标和检验方法,质量检测工作更趋科学、合理。

(9)梳理分析了桥涵工程施工中的易发质量通病,制定了针对性控制措施。

(10)提出了对特殊环境条件及结构复杂桥梁工程实施风险管理的规定。

(11)规定了模板和支撑体系应进行施工设计的要求,确保其强度、刚度、稳定性和连接可靠性。

(12)完善了桩头处理质量控制要求,规定了桩头的凿除方法、凿除时的混凝土强度等级、凿除后顶面质量以及桩身与承台连接处的钢筋安装质量等。

(13)统一了混凝土连续梁(刚构)纵向、竖向、横向预应力筋的张拉顺序。

(14)纳入了钢管混凝土拱桥、钢拱桥、斜拉桥等的施工质量验收内容。

(15)细化了防水层铺设、小型构件预制和安装、桥面排水设施施工等的技术要求。

(16)明确了桥台、涵洞排水设施系统性、完整性、功能性的核查确认要求。

(17)完善了桥涵工程沉降变形观测的有关要求。

(18)统一了同类工程或同类项目的验收标准要求。包括统一了桥涵和路基工程地基处理验收标准，桥涵参照路基验收，不再单独制定标准；统一了《桥涵验标》、《混凝土验标》中对后张法预留孔道、先张法中的预应力筋中心位置偏差标准：后张法预留孔道位置允许偏差 4 mm；先张法预应力筋中心位置偏差跨中 5 m 范围内应不大于 1 mm，其余部位应不大于 3 mm；统一了各种梁体混凝土外观质量检验标准，均同 8.2.11 条标准；统一了箱梁、T 梁、连续梁钢筋安装允许偏差，均同 8.2.7 条标准；统一了梁场预制、移动模架现浇、支架现浇简支箱梁的验收标准(模板、钢筋、混凝土、预应力)；统一了移动支架拼装、悬臂拼装、顶推施工的预制梁段外形尺寸验收标准；统一了悬臂浇筑、支架现浇、转体施工连续梁外形尺寸验收标准。

(19)调整优化了检验批数量和检验频次。包括桥涵混凝土工程主要在《混凝土验标》中体现；如：部分"监理作见证检验或平行检验"项目根据检验项目情况改为只见证检验或只平行检验；部分委外检验而又难以进行见证检验或平行检验的项目改为检查质量证明文件和试验报告；部分"监理抽检次数按 20%"的改为 10%等；扩大部分零小工程检验批数量，主要是第 16 章"桥面附属设施"部分。

二、验收记录表示例

检验批应由施工单位自检合格后报监理单位，由监理工程师组织施工单位专职质量检查员等进行验收。施工单位应对全部主控项目和一般项目进行检查。监理单位应对全部主控项目进行检查，对一般项目的检查内容和数量可根据具体情况确定。检验批质量验收记录应按表填写。对于主控项目，施工单位检查评定记录及监理单位验收记录的内容应填写详细具体；对于一般项目可填写概括性结论。

混凝土(养护和强度)检验批质量验收记录表(Ⅰ)见表 5-3。

表 5-3　混凝土(养护和强度)检验批质量验收记录表(Ⅰ)

[涵身及端翼墙]　　02020203□□□□

单位工程名称		DK493+053.3 1-4 m 钢筋混凝土框架箱涵			
分部工程名称		涵身及端翼墙			
分项工程名称		混凝土		验收部位	进口端翼
施 工 单 位		××标项目经理部		项目负责人	××
施工质量验收标准名称及编号		[A]:《高速铁路桥涵工程施工质量验收标准》(TB 10752—2010) [B]:《铁路混凝土工程施工质量验收标准》(TB 10424—2010)			
施工质量验收标准的规定				施工单位检查评定记录	监理单位验收记录
主控项目	1	混凝土原材料质量	[B]第 6.2.1～6.2.8 条	混凝土用原材料质量合格。符合设计及验标要求	符合要求
	2	混凝土配合比	[B]第 6.3.1～6.3.5 条	混凝土配合比编号：××，符合设计及验标要求	符合要求
	3	原材料称量允许偏差	[B]第 6.4.1 条	原材料称量偏差符合设计及验标要求	符合要求
	4	砂、石含水率测试	[B]第 6.4.2 条	砂、石含水率测试符合设计要求及验标要求	符合要求
	5	拌和物坍落度	[B]第 6.4.3 条	拌和物坍落度为：××，符合设计及验标要求	符合要求

续上表

<table>
<tr><td colspan="4">施工质量验收标准的规定</td><td>施工单位检查评定记录</td><td>监理单位验收记录</td></tr>
<tr><td rowspan="7">主控项目</td><td>6</td><td>混凝土浇筑顺序</td><td>[A]第 17.3.6 条</td><td>入模含气量为:××,符合设计及验标要求</td><td>符合要求</td></tr>
<tr><td>7</td><td>入模含气量</td><td>[B]第 6.4.4 条</td><td>入模温度:××,符合设计及验标要求</td><td>符合要求</td></tr>
<tr><td>8</td><td>入模温度</td><td>[B]第 6.4.5 条</td><td>与邻接介质温度及其温度为××,符合设计及验标要求</td><td>符合要求</td></tr>
<tr><td>9</td><td>与邻接介质温差及其温度</td><td>[B]第 6.4.6 条</td><td>施工缝位置和链接形式符合设计及验标要求</td><td>符合要求</td></tr>
<tr><td>10</td><td>施工缝位置和连接形式</td><td>[B]第 6.4.7 条</td><td>施工缝表面无积水,浇筑前进行凿毛处理并充分湿润,符合设计及验标要求</td><td>符合要求</td></tr>
<tr><td>11</td><td>施工缝处理</td><td>[B]第 6.4.8 条</td><td>标准养护强度试件取样、留置 1 组,编号××</td><td>符合要求</td></tr>
<tr><td>12</td><td>标准养护强度试件取样、留置</td><td>[B]第 6.4.11 条</td><td>标准养护弹性模量试件取样、留置 1 组,编号××</td><td>符合要求</td></tr>
<tr><td colspan="2">施工作业人员质量责任登记</td><td colspan="4">(手写签名)</td></tr>
<tr><td colspan="2">施工单位检查评定结果</td><td colspan="4">检查评定合格
专职质量检查员: 年 月 日
分项工程技术负责人: 年 月 日
分项工程负责人: 年 月 日</td></tr>
<tr><td colspan="2">监理单位验收结论</td><td colspan="4">同意验收
监理工程师:
年 月 日</td></tr>
</table>

三、分项工程质量验收

分项工程应由监理工程师组织施工单位分项工程技术负责人等进行验收,并应按表 5-4 填写记录。

表 5-4 桥梁桩基钻孔分项工程质量验收记录

单位工程名称	××大桥(DK38+679.955)		
分部工程名称	××桩基钻孔	检验批数	560
施工单位	项目经理部	项目负责人	×××

序号	检验批部位	施工单位检查评定结果	监理单位验收结论
1	××大桥 0# 桥台桩基钻孔:1 个检验批	符合要求	符合要求,同意验收
2	××大桥 1# 桥台桩基钻孔:1 个检验批	符合要求	符合要求,同意验收
3	××大桥 2# 桥台桩基钻孔:1 个检验批	符合要求	符合要求,同意验收
4	××大桥 3# 桥台桩基钻孔:1 个检验批	符合要求	符合要求,同意验收
5	××大桥 4# 桥台桩基钻孔:1 个检验批	符合要求	符合要求,同意验收
6	××大桥 5# 桥台桩基钻孔:1 个检验批	符合要求	符合要求,同意验收

续上表

序号	检验批部位	施工单位检查评定结果	监理单位验收结论
7	××大桥 6# 桥台桩基钻孔：1 个检验批	符合要求	符合要求，同意验收
8	××大桥 7# 桥台桩基钻孔：1 个检验批	符合要求	符合要求，同意验收
9	××大桥 8# 桥台桩基钻孔：1 个检验批	符合要求	符合要求，同意验收
10	××大桥 9# 桥台桩基钻孔：1 个检验批	符合要求	符合要求，同意验收
11	××大桥 10# 桥台桩基钻孔：1 个检验批	符合要求	符合要求，同意验收
说明：无。			
施工单位 检查评定结果	符合施工质量验收规范要求	分项工程技术负责人： 年 月 日	
监理单位 验收结论	同意验收	监理工程师： 年 月 日	

注：施工控制网应根据具体情况及参加验收单位参照本表填写验收记录。

四、分部工程质量验收

分部工程应由监理工程师组织施工单位项目负责人和技术、质量负责人等进行验收，桥梁的地基与基础分部工程进行验收时，勘察设计单位项目负责人应参加，并应按表 5-5 填写记录。

表 5-5 钻孔桩分部工程质量验收记录

单位工程名称	×××大桥(DK38+679.955)				
施工单位	×××标项目经理部				
项目负责人	×××	项目技术负责人	×××	项目质量负责人	×××
序号	分项工程名称	检验批数	施工单位检查评定结果	监理单位验收结论	
1	钻孔	560	符合要求	符合要求	
2	钢筋	560	符合要求	符合要求	
3	××图	560	符合要求	符合要求	
4					
5					
6					
7					
8					
9					
10					
质量控制资料			共×× 项。 符合要求。	同意验收	
实体质量和主要功能检验(检测)报告			桩基承载力试验报告共 560 份桩基无损检测报告共 560 份共项。结果合格	合格	

续上表

验收单位	施工单位	质量合格	项目负责人:×××　年　月　日
	勘察设计单位	地质条件与设计相符	项目负责人:×××　年　月　日
	监理单位	验收合格	监理工程师:×××　年　月　日

注:1. 勘察设计单位应根据有关标准要求参加相关分部工程的验收;
2. 质量控制资料核查、实体质量和主要功能核查项目应按验标第 19 章确定;
3. 施工控制网应根据具体情况及参加验收单位参照本表填写验收记录。

五、单位工程质量验收

单位工程完工后,施工单位应自行组织有关人员进行检查评定,并向建设单位提交工程验收报告。建设单位收到工程验收报告后,应由建设单位项目负责人组织施工、设计、监理单位项目负责人进行单位工程验收,并按表填写记录。单位工程验收包含综合质量验收的内容,综合质量验收应符合验收标准第 15 章的有关规定。

(一)单位工程质量控制资料核查

单位工程质量控制资料应齐全完整,全面反映工程施工质量状况,单位工程质量控制资料核查应由监理单位组织施工单位进行,并按表 5-6 填写记录。

表 5-6　单位工程质量控制资料核查记录

单位工程名称	×××大桥(全长×××m)			
施工单位	×××标项目经理部			
序号	资料名称	份数	核查意见	核查人
1	图纸会审、设计变更、洽商记录	3	符合要求	×××
2	工程定位测量、放线记录	74	符合要求	×××
3	原材料出厂合格证及进场抽样检验报告	334	符合要求	×××
4	施工试验报告	185	符合要求	×××
5	成品及半成品出厂合格证或试验报告	10	符合要求	×××
6	施工记录	509	符合要求	×××
7	工程质量事故及事故调查处理资料	/	/	
8	施工现场质量管理检查记录	1	符合要求	×××
9	分项、分部工程质量验收记录	36	符合要求	×××
10	新材料、新工艺施工记录	/	/	
结论: 齐全完整 施工单位项目负责人: 年　月　日		总监理工程师: 年　月　日		

注:核查人为监理单位人员。

(二)单位工程实体质量和主要功能核查

单位工程完成后,应由建设单位组织勘察设计、监理、施工单位对单位工程实体质量和主要功能进行核查,并按表 5-7 填写记录。

表 5-7 单位工程实体质量和主要功能核查记录

单位工程名称	×××大桥(全长×××m)			
施工单位	×××标项目经理部			
序号	项 目	资料份数	核查意见	核查人
1	地(桩)基承载力试验	/	/	××
2	基桩完整性检测	1	符合要求	××
3	混凝土表面裂缝检查	6	符合要求	××
4	钢筋的混凝土保护层厚度检查	6	符合要求	××
5	桥台、涵洞排水功能检查	1	符合要求	××
6	桥上救援疏散设施功能检查	/	/	××
7				
8				
结论:符合要求。 施工单位项目负责人: 年 月 日　总监理工程师: 年 月 日　设计单位项目负责人: 年 月 日　建设单位项目负责人: 年 月 日				

注:检查项目由验收组协商确定。

单位工程实体质量和主要功能核查方法和数量应符合下列规定:

(1)混凝土表面裂缝采用观察或刻度放大镜检查,全部检查。

(2)钢筋的混凝土保护层厚度采用满足精度要求的钢筋保护层厚度检测仪现场测定,每孔梁不少于 3 处,每个墩台不少于 3 处,每座涵洞不少于 3 处,每处不少于 10 个点。90%测点的实测厚度不得小于设计值。

(3)桥台、涵洞排水功能采用对照设计文件检查和现场观察,全部检查。

结构实体质量和主要使用功能达不到设计要求的单位工程严禁验收。

(三)单位工程观感质量评定

观感质量评定应由建设单位组织设计、监理、施工单位共同进行现场评定,并按表 5-8 填写记录。

表 5-8 单位工程观感质量检查记录

单位工程名称	×××大桥(全长×××m)			
施工单位	×××标项目经理部			
序号	项目名称	质量状况	质量评定	
			合格	差
1	墩、台	墩台身混凝土表面平整,色泽均匀。外形整体轮廓清晰,线角顺直。预埋件和预留孔位置正确	√	/
2	混凝土梁	梁体表面平整,色泽均匀,无明显表面缺陷。泄水管排水畅通。全桥整理体平顺,梁缝基本均匀	√	/
3	钢梁涂装	/	/	/
4	桥面及附属设施	表面无明显损伤。遮板外观色泽均匀,安装牢固。栏杆配件齐全,安装牢固,基本顺直,涂装符合要求	√	/

续上表

<table>
<tr><td rowspan="2">序号</td><td rowspan="2">项目名称</td><td rowspan="2">质量状况</td><td colspan="2">质量评定</td></tr>
<tr><td>合格</td><td>差</td></tr>
<tr><td>5</td><td>检查设施</td><td>配件齐全,联结牢固,涂装符合要求</td><td>√</td><td>/</td></tr>
<tr><td>6</td><td>锥体及排水设施</td><td>坡度顺直,勾缝无明显缺陷,泄水孔排水流畅。排水沟槽线条清晰、顺直,流水面平顺、无淤积现象。排水系统完善,通畅</td><td>√</td><td>/</td></tr>
<tr><td colspan="5">检查结论:
合格

施工单位项目负责人:　　总监理工程师:　　设计单位项目负责人:　　建设单位项目负责人:
年　月　日　　年　月　日　　年　月　日　　年　月　日</td></tr>
</table>

观感质量检查项目评定达不到合格标准应进行返修。

1. 桥梁

墩台观感质量合格标准:墩台身混凝土表面平整,色泽均匀,接茬处无较大错台、跑模现象。局部蜂窝麻面已修补,外形整体轮廓清晰,线角基本顺直。拉筋处理符合要求。墩、台帽与墩、台身衔接基本平顺,表面轮廓比较清晰,排水流畅,基本不积水,支承垫石方正平整,不空鼓,预埋件和预留孔位置正确。

混凝土梁和预应力混凝土梁观感质量合格标准:表面平整、色泽均匀,阴阳角线条顺直,无明显的表面缺陷。泄水管排水通畅。全桥整体基本平顺,梁缝基本均匀。

钢梁涂装观感质量合格标准:涂装表面平整、颜色均匀,无明显的涂层漏涂、剥落、起泡、划伤以及流挂等现象。

桥面及附属设施观感质量合格标准:表面无明显损伤,布设符合规定,接缝基本严密。遮板外观色泽均匀,安装牢固。电缆槽盖板平整、无损伤,排列均匀,铺装平稳,嵌缝基本密实。栏杆配件齐全,栏杆、扶手无缺陷,安装牢固,扶手基本顺直。涂装符合合格标准。

检查设施观感质量合格标准:配件齐全、联结牢固,涂装符合合格标准,救援通道、检查爬梯符合设计要求,检查车走行灵活。

桥台锥体及排水设施观感质量合格标准:坡度基本顺直,勾缝无明显缺陷,泄水孔排水流畅。排水沟槽线条基本清晰、顺直,流水面平顺、无淤积现象,沟槽盖板基本无破损、安装牢固。锥体、墩台施工开挖边坡防护完整并符合设计要求。排水系统完善,通畅。

2. 涵洞

涵身及端翼墙观感质量合格标准:混凝土大面平整,色泽均匀,接茬处无较大错台、跑模现象。砌体选料得当,组砌整体均匀,砌面基本平整,砌缝符合规定,勾缝无明显缺陷。各涵节间相接基本顺直,排水通畅。

沉降缝观感质量合格标准:缝身竖直、缝宽基本均匀,环向贯通,填塞密实。无漏水。锥体、铺砌及排水设施观感质量合格标准:砌体选料得当,砌面基本平整,砌缝符合规定,勾缝无明显缺陷。出入口铺砌与上下游河床、排水设施连接平顺、稳固。排水设施完整,排水通畅。

栏杆观感质量合格标准:配件齐全,栏杆、扶手无明显缺陷,预制组装构件表面平整,安装牢固,线条顺直,涂装符合合格标准。

（四）单位工程质量验收记录填写

单位工程质量验收记录见表 5-9。

表 5-9　单位工程质量验收记录

<table>
<tr><td colspan="2">单位工程名称</td><td colspan="6">×××大桥(DK×××+×××)</td></tr>
<tr><td colspan="2">开工日期</td><td colspan="2">年　月　日</td><td colspan="2">竣工日期</td><td colspan="2">年　月　日</td></tr>
<tr><td colspan="2">施工单位</td><td colspan="6">×××工程指挥部</td></tr>
<tr><td colspan="2">项目负责人</td><td>×××</td><td>项目技术负责人</td><td>×××</td><td>项目质量负责人</td><td colspan="2">×××</td></tr>
<tr><td>序号</td><td colspan="2">项目</td><td colspan="3">验收记录</td><td colspan="2">验收结论</td></tr>
<tr><td>1</td><td colspan="2">分部工程</td><td colspan="3">共 5 分部，经查符合标准规定及设计要求 5 分部</td><td colspan="2">同意验收</td></tr>
<tr><td>2</td><td rowspan="3">综合质量验收</td><td>质量控制资料核查</td><td colspan="3">共　9 项
经查，符合要求　9 项
不符合要求 0 项</td><td colspan="2">齐全完整</td></tr>
<tr><td>3</td><td>实体质量和主要功能核查</td><td colspan="3">共核查、抽查 4 项
符合要求　4 项
不符合要求 0 项</td><td colspan="2">符合要求</td></tr>
<tr><td>4</td><td>观感质量验收</td><td colspan="3">共检查　5 项
评定为合格的 5 项
评定为差的 0 项</td><td colspan="2">合格</td></tr>
<tr><td>5</td><td colspan="2">综合验收结论</td><td colspan="5">通过验收</td></tr>
<tr><td rowspan="2">验收单位</td><td colspan="2">施工单位</td><td>监理单位</td><td colspan="2">勘察设计单位</td><td colspan="2">建设单位</td></tr>
<tr><td colspan="2">（公章）
项目负责人：
年　月　日</td><td>（公章）
总监理工程师：
年　月　日</td><td colspan="2">（公章）
项目负责人：
年　月　日</td><td colspan="2">（公章）
项目负责人：
年　月　日</td></tr>
</table>

第三节　高速铁路桥涵工程中的施工原始用表

在高速铁路桥涵工程施工中，除施工质量验收资料外，还会用到开工报告及批复文件、变更设计通知单、会议纪要等相关文件、施工检查资料、技术交底资料、施工技术总结、工程测量资料、桥梁工程竣工数量汇总表、试验检测资料、施工记录资料、工程竣工验收报告、竣工验收交接记录表、各种检查证、合格证、桥梁沉降变形观测记录与评估报告等。其中，试验检测报告包括混凝土抗压强度、弹性模量、砂浆抗压强度试压报告及混凝土耐久性指标检验情况报告，各种原材料出厂合格证或复试报告，工程用水水质化验情况。

本节仅重点介绍以下内容，其他查阅相关文件。

一、桥梁有关关键工序和重点部位施工记录

主要包括钻（挖）孔记录表、钻孔桩水下混凝土灌注记录表、混凝土灌注记录表、混凝土养护记录表、大体积混凝土养护记录表、桥涵综合接地工程检查记录表、桩基承台基坑施工记录表、底模检查记录表、模板检查记录表、梁体预埋件接口检查记录表、拌和及浇筑过程控制记录

表、混凝土养护记录表、混凝土(蒸养)测温养护记录表、后张法预制箱梁张拉记录表、梁体孔道压浆记录表、箱梁封锚混凝土检查表、预应力管道定位网坐标检查记录表、表观缺陷修补鉴定记录等。表 5-10 为大体积混凝土养护记录表;表 5-11 为模板检查记录表;表 5-12 为梁体孔道压浆记录表。

表 5-10 大体积混凝土养护记录表

施工单位:××标项目经理部　　　　编　号:

单位工程名称	×××大桥梁工程(DK492+×××~DK502+×××)		工程部位	$5^{\#}$墩台
养护期	开始	××年×月××日	共计(d)	28
	结束	20××年×月××日		
养护方法	保温法	覆盖保温材料		
	保湿法	覆盖浇水		
温度测量方式	加强测温管理,严格控制内外温差,采用简易测温法,在大体积混凝土内埋设钢管。			
对代表性结构的定时温度监控结果	芯部最高温度	表层最高温度	环境最高温度	
	65℃	37℃	18℃	

序号	测温时间	13:40			15:10			19:00			22:30		
	测温日期	环境温度(℃)	芯部温度(℃)	混凝土表面温度(℃)	环境温度(℃)	芯部温度(℃)	混凝土表面温度(℃)	环境温度(℃)	芯部温度(℃)	混凝土表面温度(℃)	环境温度(℃)	芯部温度(℃)	混凝土表面温度(℃)
1	4.29	18	60.6	43.3	18	58.6	39.3	18	53.6	39.8	18	60.6	43.3
2	5.1	17	59.6	41.3	17	53.6	37.3	17	53.6	39.8	17	59.6	41.3
3	5.4	18	58.6	39.3	18	55.6	39.3	18	60.6	43.3	18	58.6	39.3
4	5.7	18	53.6	37.3	18	53.6	39.8	18	59.6	41.3	18	53.6	37.3

记录人:　　　　分项工程技术负责人:　　　　专职质量检查员:

表 5-11 模板检查记录表

[后张法预应力混凝土简支箱梁制造]

单位工程:×××特大桥　图号:××　梁号:××　日期:　年　月　日　台位号:×××									
序号	部位	项目		允许偏差(mm)	实测偏差值(mm)				
1	内模和侧模	模板总长	上 □	±10	左	中	右		
					8	5	4		
			下 □	±10	左	中	右		
					−8	−5	−4		
2		桥面板中心线与设计位置		≤10	后	1/4	中	3/4	前
					3	4	5	6	7
3		腹板中心线与设计位置		≤10	后	1/4	中	3/4	前
					3	4	5	6	7

续上表

序号	部位	项目	允许偏差(mm)	实测偏差值(mm)				
4	内模和侧模	腹板厚度	+10、0	后	1/4	中	3/4	前
				3	4	5	6	7
5		底板厚度	+10、0	后	1/4	中	3/4	前
				3	4	5	6	7
6		顶板厚度	+10、0	后	1/4	中	3/4	前
				3	4	5	6	7
7		桥面板宽	±10	后	1/4	中	3/4	前
				3	4	5	6	7
8		模板倾斜度偏差	≤3‰	后	1/4	中	3/4	前
				1‰	1‰	1‰	1‰	1‰
9	端模	高度	+10,0	后	1/4	中	3/4	前
				3	4	5	6	7
10		宽度	0,−2	上		下		
				1		1		
11		与底板中心位置偏差	≤2	上		下		
				1		1		
12		预应力孔道位置偏差	≤3	第1排	1	1	1	1
				第2排	1	1	1	1
				第3排	1	1	1	1
				第4排	1	1	1	1
				第5排	1	1	1	1
模板接缝			2 mm					
施工负责人		王×		质检负责人		胡×		

表 5-12 梁体孔道压浆记录表

[后张法预应力混凝土简支箱梁制造]

单位工程		×××大桥			梁号		14#箱梁	
孔道编号		第(二)次压浆					压浆日期	××年×月×日
		起止时间	进浆方向	进浆压力	持压压力	持压时间	水泥	品种	通用硅酸盐水泥
								强度等级	525#
		时分	兰方、乌方	MPa	MPa	min	外加剂	品种	掺量
左侧	1	8:15～8:27	兰向乌	0.3	0.65	2		UNF高效早强减水剂	水泥 0.8%
	2	8:28～8:40	兰向乌	0.3	0.7	3		UEA膨胀剂	水泥 10%
	3	8:45～8:57	兰向乌	0.3	0.60	4			

续上表

孔道编号		第(二)次压浆					压浆日期	20××年×月×日	
		起止时间	进浆方向	进浆压力	持压压力	持压时间	水泥	品种	通用硅酸盐水泥
								强度等级	525#
		时分	兰方、乌方	MPa	MPa	min	外加剂	品种	掺量
左侧	4	9:15～9:27	兰向乌	0.3	0.61	3	水胶比	0.33	
	5	9:28～9:40	兰向乌	0.3	0.62	2	流动度	24 s	
	6	9:45～9:57	兰向乌	0.3	0.65	3	真空度	－0.07 MPa	
	7	10:15～10:27	兰向乌	0.3	0.67	4	配合比:0.45 水泥:525#　灌浆剂:CG-W-20 水:305 地下饮用水　其他:		
	8	10:28～10:40	兰向乌	0.3	0.68	3			
							压浆前检查:(孔道冲洗、串孔堵孔、密实度)		
其他情况									
右侧	1	8:15～8:27	兰向乌	0.3	0.65	2	试块留置情况及编号:无		
	2	8:28～8:40	兰向乌	0.3	0.7	3			
	3	8:45～8:57	兰向乌	0.3	0.60	4			
	4	9:15～9:27	兰向乌	0.3	0.61	3			
	5	9:28～9:40	兰向乌	0.3	0.62	2			
	6	9:45～9:57	兰向乌	0.3	0.65	3			
	7	10:15～10:27	兰向乌	0.3	0.67	4			
	8	10:28～10:40	兰向乌	0.3	0.68	3	试验员:×××		
其他情况									
检验意见		符合设计及规范要求							
记录人			拌浆人				压浆人		
压浆负责人			质检负责人				监理		

二、施工检查资料

施工检查资料包括检查桩基检测情况表、桥梁墩台中线、水平、跨度情况、检查钢筋混凝土桥梁架设前墩台顶帽及梁部尺寸情况、检查桥梁架设情况、检查钢筋布置、检查建筑物防水层及泄水设备、混凝土实体质量核查情况、四电、综合维修接口检查记录等。表 5-13 为检查钢筋布置。

表 5-13　工程检查证

工程项目名称：改建铁路××至××　　　施工合同段：×××

<table>
<tr><td colspan="4">检查钢筋布置情况</td></tr>
<tr><td>铁路线别</td><td>××铁路增建二线</td><td>预算号</td><td></td></tr>
<tr><td>工程名称</td><td>××大桥
(DxhR313＋436)</td><td>施工单位</td><td>××公司</td></tr>
<tr><td>工程地点</td><td>DxhX313＋570.81</td><td>检查日期</td><td>2010 年 1 月 16 日</td></tr>
<tr><td>结构名称</td><td>防护桩</td><td>钢筋部位</td><td></td></tr>
<tr><td colspan="4">1. 钢筋的数量、直径、弯折情况26 根 N1Φ16，5 根 N2Φ16，弯折情况符合设计及规范要求
2. 钢筋的布置符号设计及规范要求
3. 钢筋与钢筋的连接主筋与加强箍筋全部点焊，与箍筋采用交错点焊及铅丝绑扎
4. 钢箍的布置加强箍筋底部 3 cm，每 2 m 布设一道，加密箍筋 40 cm 等距布置 21 道
5. 活动支座处的钢筋布置
6. 固定支座处的钢筋布置
7. 灌注混凝土时钢筋不致移动的保证底部 2.0 m 起每 2.0 m 设周边等距 4 个耳筋
8. 钢筋的除锈调直机调直，钢刷除锈
9. 铅丝的规格22＃
10. 模板、垫块的情况
11. 钢筋搭接及焊接情况双面搭接焊，搭接长度不小于 5 d，焊缝饱满密实，焊渣清除干净
12. 钢筋实验情况试验报告 3 份，编号：GJ2010-027，GJ2010-021，GJ2010-016
13. 其他情况
决定：</td></tr>
<tr><td>主管工程师</td><td></td><td>施工负责人</td><td></td></tr>
<tr><td>检查工程师</td><td></td><td>监理工程师</td><td></td></tr>
</table>

第四节　桥涵工程检验批填写示例

本节内容以某桥梁工程钻孔桩施工中钻孔检验批质量验收为例说明检验批表格的填写方法。

一、背景材料

钻孔灌注桩施工技术交底见表 5-14。

表 5-14　钻孔灌注桩施工技术交底

<table>
<tr><td>交底单位</td><td></td><td>交底时间</td><td>年　　月</td><td>交底人</td><td></td></tr>
<tr><td>接收单位</td><td></td><td>交底项目</td><td>×××桥梁工程钻孔桩施工</td><td>审核人</td><td></td></tr>
<tr><td colspan="6">接收人员：</td></tr>
<tr><td colspan="6">一、施工准备
1. 施工前做好各种管线标识及防护，地上、地下的电缆、管线、旧建筑物、设备基础等障碍物均已排除处理完毕。各项</td></tr>
</table>

续上表

临时设施,如照明、动力、通风、安全设施准备就绪。

2. 平整场地

在桩基施工前,将施工场地用建筑垃圾等硬化,把桩基位置垫平,用装载机找平,夯填密实,使机械顺利进场,并保证在施工中钻机的稳定。钻孔场地在陡坡时,应挖成平坡。如有困难,可用排架或枕木搭设工作平台。

3. 桩位放样

进行施工放样,作业队配合测量组按设计图纸定出孔位和护桩。经检查无误后,由施工队埋设十字护桩,十字护桩必须用砂浆或混凝土进行加固保护,以备开挖过程中对桩位进行检验。

4. 选定合适位置挖好泥浆池,一般 2 个墩位共用一个泥浆池。

二、施工工艺

施工工艺见钻孔灌注桩工艺流程图。

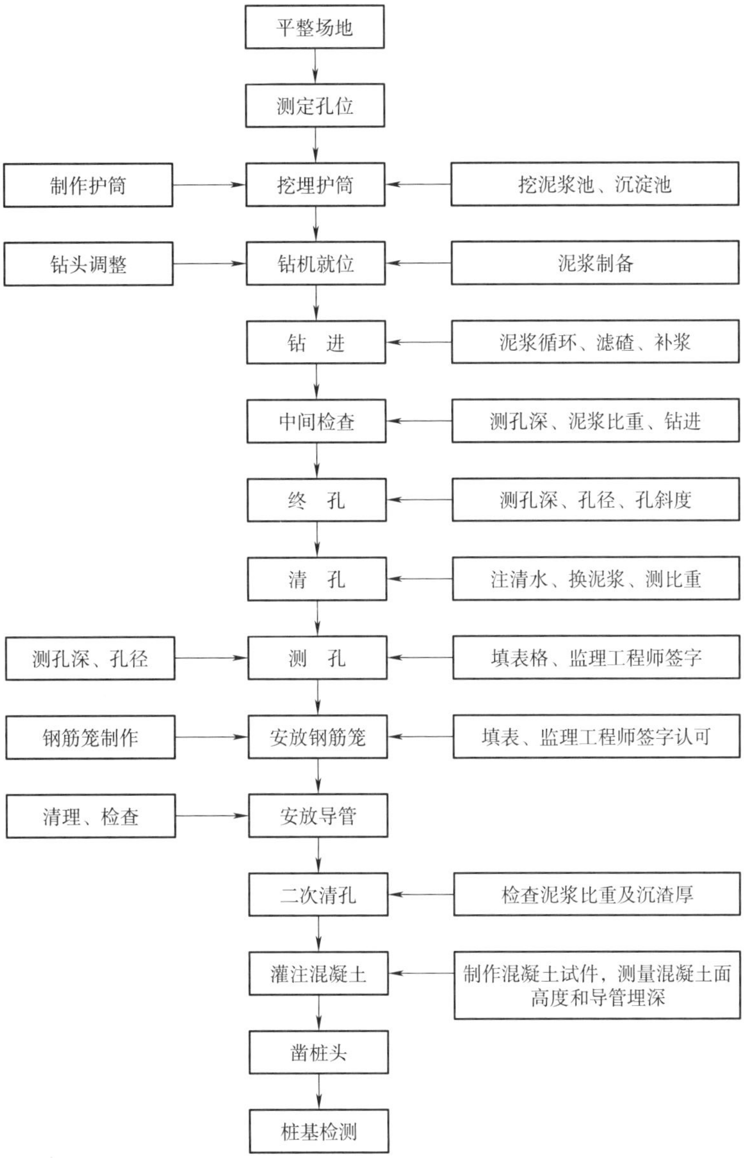

1. 埋设护筒

护筒采用 10 mm 厚 A3 钢板制作,并在顶部焊加强筋和吊耳,钻机桩的护筒内径应比钻头直径大 20 cm,内径比桩径

续上表

大 20～30 cm，长度至少为 2.5 m 一节，采用机械开挖埋设护筒，护筒底部与土层相接处用黏土夯实，护筒外面也用黏土填满、夯实，严防地表水顺该处渗入。护筒顶部高出施工水位或地下水位 2 m，并高出施工地面 50 cm，其高度尚应满足孔内泥浆面高度的要求，在暗滩上护筒埋置深度：黏性土、粉土不应小于 1 m，砂类土不宜小于 2 m，护筒顶面中心与设计桩位允许偏差不得大于 5 cm，护筒竖向的倾斜度不得大于 1%。钻进过程中要经常检查护筒是否发生偏移和下沉，发现问题及时处理。

2. 钻机就位

根据技术人员用全站仪放出的中心桩位，经监理工程师复查确认无误后安装钻机。钻机就位前要先检查钻机上方及周边有无电线及障碍物，确认无误后方可进入下道工序施工。

钻机就位前，对钻孔前的各项准备工作进行检查，包括主要机具设备的检查和维修。底座和顶端应平稳，不得产生位移或沉陷。钻头中心与钻孔中心位置偏差控制在 2 厘米范围内。

3. 泥浆制备

采用静态泥浆护壁钻斗取土，泥浆采用膨润土、火碱以及纤维素混合而制，在泥浆池中用搅浆机将泥浆搅拌好后，泵入孔内，旋挖钻均匀缓慢钻进，这样既钻进又起到泥浆护壁的作用。钻进时掌握好进尺速度，随时注意观察孔内情况，及时补加泥浆保持液面高度。泥浆制备应注意两个方面：一是泥浆的指标，其比重一般应控制在 1.1～1.3 之间，黏度控制在 16～22 s，砂率控制在 4%以内。常用的泥浆材料，一般使用优质膨润土加烧碱、聚丙稀酰胺或纤维素等配置；二是补浆的速度，泥浆补充一般采用泵送方式，其速度以保证液面始终在护筒面以上为标准，否则可能造成塌孔，影响成孔质量。

泥浆性能指标及检验方法如下：

泥浆比重：控制在 1.1～1.3 之间(黏土层：1.05～1.10；砂层：1.07～1.15；有承压水的粉、细砂层：1.10～1.20)，采用泥浆比重计检验；

粘　度：控制在 16～22 s，采用 50 000/70 000 漏斗法检验；

含砂率：新制泥浆不大于 4%，用量杯法检验；

桩孔混凝土灌注时，孔内溢出的泥浆引流至泥浆池内，下一桩基可以继续利用。

4. 钻孔

(1)钻孔前，按施工设计所提供的地质、水文资料绘制地质剖面图，挂在钻台上。针对不同地质层选用不同的钻头、钻进压力、钻进速度及适当的泥浆比重。

(2)钻孔前先用水准仪确定护筒标高，并以此作为基点，按设计要求的孔底标高计算孔深，实际施工及时用测绳测量孔深，防止超钻。

(3)钻孔作业应分班连续进行，及时捞取渣样和填写钻孔施工记录，交接班时应交待钻进情况及下一班应注意事项。应经常对钻孔泥浆及钻机对位进行检测，不符合要求时，应及时改正。应经常注意地层变化，及时捞取样渣保存并核对地质情况。

(4)钻孔过程中应观察钻机所在地面和支脚支承地面处的变化情况，发现沉降现象及时停机处理。因故停机时间较长时，应将套管口保险钩挂牢。

(5)钻进过程中，操作人员随时观察钻杆是否垂直，并通过深度计数器(测绳)控制钻孔深度。开始钻进时采用低速钻进，主卷扬机钢丝绳承担不低于钻杆、钻具重量之和的 20%，以保证孔位不产生偏差。钻进护筒以下 3 m 可以采用高速钻进，钻进速度与压力有关，采用钻头与钻杆自重摩擦加压，150 MPa 压力下，进尺速度为 20 cm/min；200 MPa 压力下，进尺速度为 30 cm/min；260 MPa 压力下，进尺速度为 50 cm/min。

(6)开孔的孔位必须准确，应使初成孔壁竖直、圆顺、坚实。钻孔时，起、落钻头速度宜均匀，不得过猛或骤然变速。在泥浆池中用搅浆机将泥浆搅拌好后(首次搅拌好的泥浆需静养 2～3 天方可使用)，泵入孔内，钻机均匀缓慢钻进，这样既钻进又起到泥浆护壁的作用。钻进时掌握好进尺速度，随时注意观察孔内情况，及时补加泥浆保持液面高度。泥浆补充一般采用泵送方式，应随着钻进及时补浆，其速度以保证液面始终在护筒底面以上为标准，否则有可能造成塌孔，影响成孔质量。

为加快施工进度，采用多机同时作业，选择孔位时，应在相应 5 m 以内的任何临桩孔完成混凝土灌注施工 24 h 后方可开始钻孔，以避免干扰临桩混凝土的凝固。

钻孔作业应连续进行。钻孔过程中应经常检查及记录土层变化情况。

续上表

钻孔桩钻孔允许偏差见表1。

表1　钻孔桩钻孔允许偏差

序号	项　目		允许偏差(mm)
1	孔径		不小于设计孔径
2	孔深	摩擦桩	不小于设计孔深
3	孔位中心偏心	群桩	≤50
4	倾斜度		≤1%
5	浇筑混凝土前桩底沉渣厚度	摩擦桩	≤200

(7)当钻孔深度达到设计要求时,对孔深、孔径、孔位和孔形等进行自检,确认满足设计要求后,立即填写终孔检查证,并经驻地监理工程师认可,方可进行孔底清理的准备工作。

5. 一次清孔

钻孔达到要求深度后采用灌注桩孔径检测系统进行检查,各项指标符合要求后立即进行清孔。采用换浆法施工,抽渣或吸泥时,应保持孔内水位,即向孔内注入经过泥浆处理器处理过的泥浆,换出孔底沉渣及浓度较大的泥浆。孔内排出的泥浆手摸无2～3 mm颗粒,泥浆比重不大于1.1,含砂率小于2%,黏度17～20 s。浇筑水下混凝土前孔底沉渣厚度不得大于5 cm,严禁采用加深钻孔深度的方法代替清孔。

清孔排渣时注意保持孔内水头,防止坍塌。浇筑水下混凝土前,检查沉渣厚度,沉渣厚度不符合要求时应进行二次清孔。

二、验标的相关内容

5.3　钻孔桩和挖孔桩

1　钻　孔

主控项目

5.3.1　钻孔达到设计深度后必须核实地质情况。

检验数量:施工单位、监理单位全部检查;勘察设计单位对代表性的桩进行现场确认。

检验方法:检查施工记录、观察。

5.3.2　孔径、孔深不得小于设计值,孔型应符合设计要求。

检验数量:施工单位、监理单位全部检查。

检验方法:测量检查和用检孔器或成孔检测仪器检查。

5.3.3　钻孔桩护筒应坚实不漏水,护筒埋深应符合施工设计要求。

检验数量:施工单位、监理单位全部检查。

检验方法:观察和测量检查。

5.3.4　泥浆指标应根据钻孔机具、地质条件确定。对制备的泥浆应试验全部性能指标,钻进时应随时检查泥浆比重和含砂率。

检验数量:施工单位、监理单位全部检查。

检验方法:施工单位进行泥浆比重和含砂率试验;监理单位见证检验。

5.3.5　浇筑水下混凝土前应清底,孔底沉渣厚度应符合设计要求。当设计无具体要求时,对于柱桩不应大于50 mm,摩擦桩不应大于200 mm。

检验数量：施工单位、监理单位全部检查。

检验方法：测量。

一般项目

5.3.6　钻孔桩钻孔允许偏差和检验方法应符合表5-15的规定。

表5-15　钻孔桩钻孔允许偏差和检验方法

序号	项　　目		允许偏差	检验方法
1	护筒	顶面位置	50 mm	测量检查
		倾斜度	1%	
2	孔位中心		50 mm	
3	倾斜度		1%	测量或超声波检查

检验数量：施工单位全部检查。

三、检验批表格的填写

根据验标，对工程进行验收，填写表格。示例见表5-16桥梁桩基地质核查对照表，表5-17钻孔桩钻进记录，表5-18钻孔桩钻孔及清孔记录，表5-19钻孔检验批质量验收记录表[钻孔桩]。

表5-16　桥梁桩基地质核查对照表

单位工程名称：×××大桥(DK492+×××)

墩台号及里程	2#墩 (DK492+335.51)	桩号	1
护筒标高 (深度计算0点)	263.57	设计桩底高程	238.427
设计桩顶标高	260.427	设计桩长	22 m

设计钻孔地质柱状图

层次	岩层说明	岩层剖面 1∶150	层深	层厚	层底标高
护筒顶标高：263.57					
1	细圆砾土 σ_0=300 kPa	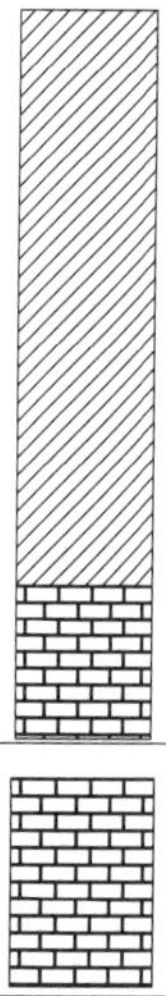	4.4	4.4	259.17
2	粗圆砾土 σ_0=500 kPa		9	4.6	254.57
3	凝灰质砂岩 σ_0=250 kPa		13	4	250.57
4	凝灰质砂岩 σ_0=400 kPa		23	10	240.57
5	凝灰质砂岩 σ_0=800 kPa		26	2.6	237.97

施工钻孔地质柱状图

层次	岩层说明	岩层剖面 (1∶150)	层深	层厚	层底标高
地面标高：263.57					
1	细圆砾土 σ_0=300 kPa	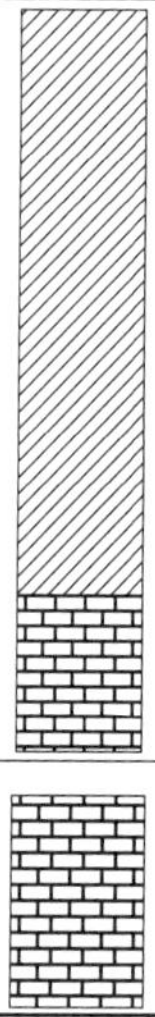	4.4	4.4	259.17
2	粗圆砾土 σ_0=500 kPa		9.8	5.4	253.77
3	凝灰质砂岩 σ_0=250 kPa		11.7	1.9	251.87
4	凝灰质砂岩 σ_0=400 kPa		22.2	11	241.37
5	凝灰质砂岩 σ_0=800 kPa		25.14	2.9	238.43

续上表

<table>
<tr><td colspan="2">附件：1. 施工记录复印件
2. 渣样照片
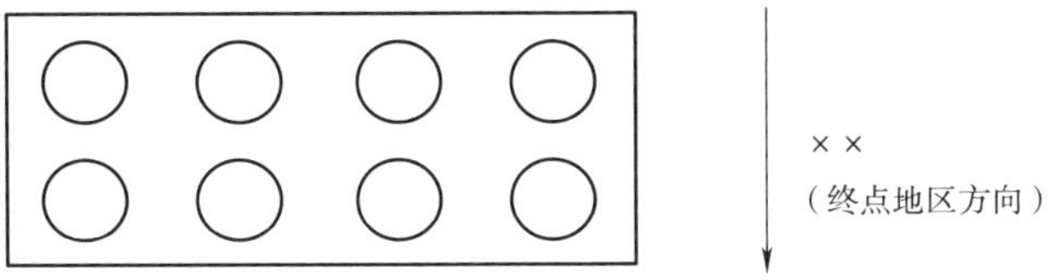
</td></tr>
</table>

<table>
<tr><td>制图</td><td></td><td>复核</td><td></td></tr>
<tr><td>施工单位</td><td colspan="3"></td></tr>
<tr><td>监理单位</td><td colspan="3"></td></tr>
<tr><td>设计单位</td><td colspan="3"></td></tr>
</table>

表 5-17　钻孔桩钻进记录

施工单位：×××项目经理部

<table>
<tr><td colspan="2">工程名称</td><td colspan="5">×××大桥</td><td>墩(台)号</td><td colspan="2">2</td><td>桩号编号</td><td>1</td></tr>
<tr><td colspan="2">地面标高(m)</td><td>263.266 1</td><td colspan="2">孔内水位标高(m)</td><td>263.2</td><td>护筒顶标高(m)</td><td>263.566 1</td><td>护筒底标高(m)</td><td>261.566 1</td><td>护筒埋深(m)</td><td>1.7</td></tr>
<tr><td colspan="3">钻机类型及编号</td><td colspan="2">反螺旋钻机(×××××)</td><td>钻头类型及标号</td><td colspan="2">反螺旋</td><td>桩径(m)</td><td>1</td><td>桩尖设计标高(m)</td><td>238.427</td></tr>
<tr><td colspan="6">时间</td><td rowspan="3">工作内容</td><td colspan="2">钻进深度(m)</td><td rowspan="3">孔底标高(m)</td><td rowspan="3">地质类型</td><td rowspan="3">其他</td></tr>
<tr><td rowspan="2">年月日</td><td colspan="2">起</td><td colspan="2">止</td><td rowspan="2">共计(h)</td><td rowspan="2">本次进尺</td><td rowspan="2">累计进尺</td></tr>
<tr><td>h</td><td>min</td><td>h</td><td>min</td></tr>
<tr><td>2016.07.17</td><td>7</td><td>30</td><td>11</td><td>30</td><td>4</td><td>钻孔</td><td>6.8</td><td>6.8</td><td>256.766 1</td><td>粗圆砾土</td><td></td></tr>
<tr><td>2016.07.17</td><td>9</td><td>00</td><td>13</td><td>00</td><td>4</td><td>钻孔</td><td>5.7</td><td>12.5</td><td>251.066 1</td><td>凝灰质砂岩</td><td></td></tr>
<tr><td>2016.07.17</td><td>9</td><td>15</td><td>13</td><td>15</td><td>4</td><td>钻孔</td><td>4.2</td><td>16.7</td><td>246.866 1</td><td>凝灰质砂岩</td><td></td></tr>
<tr><td>2016.07.17</td><td>10</td><td>45</td><td>14</td><td>45</td><td>4</td><td>钻孔</td><td>3.6</td><td>20.3</td><td>243.266 1</td><td>凝灰质砂岩</td><td></td></tr>
<tr><td>2016.07.18</td><td>11</td><td>00</td><td>15</td><td>00</td><td>4</td><td>钻孔</td><td>2.5</td><td>22.8</td><td>240.766 1</td><td>凝灰质砂岩</td><td></td></tr>
<tr><td>2016.07.18</td><td>9</td><td>00</td><td>13</td><td>00</td><td>4</td><td>钻孔</td><td>1.5</td><td>24.3</td><td>239.266 1</td><td>凝灰质砂岩</td><td></td></tr>
<tr><td>2016.07.18</td><td>9</td><td>15</td><td>13</td><td>15</td><td>4</td><td>钻孔</td><td>1.3</td><td>25.6</td><td>237.966 1</td><td>凝灰质砂岩</td><td></td></tr>
<tr><td colspan="5">钻孔中出现的问题及处理方法</td><td colspan="7">在钻孔过程中未发现有异常情况。</td></tr>
</table>

施工项目技术负责人：×××　　　　质检员：×××

监理：×××　　　　××年××月××日

表 5-18 钻孔桩钻孔及清孔记录

编号：

工程(标段)名称	××段 TJ-1 标		施工单位	×××公司		钻机类型及编号	反循环
单位工程	×××大桥钻孔桩		钻孔起讫时间	2017.7.17(6:00)-2017.7.18(10:00)		钻头类型及直径	十字锤头/1 m
部位	钻孔桩	桩号	2#-1	设计桩顶高程	260.427	转盘顶高程(m)	/
设计桩径(m)	1	设计孔深(m)	25.14	设计孔底高程	238.427	护筒顶高程(m)	263.566 1
清孔记录 记录人：××× 日期：2017.7.18							
开始清孔时间		清孔结束时间		清孔方式	换浆法	作业人：	
注入泥浆比重		清孔结束泥浆比重		清孔后孔径	≥1		
清孔前孔底高程	237.966 1	清孔后孔底高程	237.996 1	清孔后沉渣厚度	3 cm		
专职质量检查员：(手写签名) 施工技术负责人：(手写签名) 监理工程师：(手写签名) 年 月 日							

表 5-19 钻孔检验批质量验收记录表

[钻孔桩] 02010303□□□□

单位工程名称	×××大桥				
分部工程名称	钻孔桩				
分项工程名称	钻孔			验收部位	2#-1 桩
施工单位	中国路桥××客运专线××段 TJ-1 标项目经理部			项目负责人	范冰清
施工质量验收标准名称及编号	《高速铁路桥涵工程施工质量验收标准》(TB10752—2010)				
施工质量验收标准的规定				施工单位检查评定记录	监理单位验收记录
主控项目	1	地质条件	第 5.3.1 条	地质条件与设计相符，钻孔记录 1 份，符合设计要求。	符合要求
主控项目	2	孔径、孔深、孔型	第 5.3.2 条	孔深 25.6 m，孔径 1 m，孔深采用测绳检查，孔径及孔型采用直径 1 m、长 6.2 m 的检孔器检查，检孔器能垂直下到孔底并能顺利取出。符合设计要求。	符合要求
主控项目	3	护筒质量及安装	第 5.3.3 条	坚实不漏水，埋深 1.7 m，符合验标要求。	符合要求
主控项目	4	泥浆指标	第 5.3.4 条	比重 1.07，含砂率 1.8%，稠度 18.4 s	符合要求
主控项目	5	孔底沉渣厚度	第 5.3.5 条	已经清孔，经测量孔底沉渣厚度为 3 cm，符合设计要求(设计值 5 cm)	符合要求

续上表

<table>
<tr><td colspan="6">施工质量验收标准的规定</td><td colspan="5">施工单位检查评定记录</td><td>监理单位
验收记录</td></tr>
<tr><td rowspan="4">一般项目</td><td rowspan="2">1</td><td rowspan="4">允许偏差</td><td rowspan="2">护筒</td><td>顶面高程</td><td>50 mm</td><td>42</td><td>27</td><td>／</td><td>／</td><td>／</td><td rowspan="4">合格</td></tr>
<tr><td>倾斜度</td><td>1%</td><td>0.7</td><td>0.4</td><td>／</td><td>／</td><td>／</td></tr>
<tr><td>2</td><td colspan="2">孔位中心</td><td>50 mm</td><td colspan="5">36</td></tr>
<tr><td>3</td><td colspan="2">倾斜度</td><td>1%</td><td colspan="5">0.8%</td></tr>
<tr><td colspan="5">施工作业人员
质量责任登记</td><td colspan="7">（手写签名）</td></tr>
<tr><td colspan="5">勘察设计单位
确认地质情况</td><td colspan="7">地质情况与设计相符　　现场负责人：　　年　月　日</td></tr>
<tr><td colspan="5">施工单位检查
评定结果</td><td colspan="7">检查评定合格　　专职质量检查员：　　年　月　日
分项工程技术负责人：　　年　月　日
分项工程负责人：　　年　月　日</td></tr>
<tr><td colspan="5">监理单位
验收结论</td><td colspan="7">验收合格　　监理工程师：　　年　月　日</td></tr>
</table>

第六章　隧道工程内业表格编制

第一节　高速铁路隧道工程验收单元的划分

一、说　　明

高速铁路隧道工程施工质量验收划分为单位工程、分部工程、分项工程和检验批。

单位工程应按一个完整工程或一个相当规模的施工范围划分，并按下列原则确定：一座隧道宜作为一个单位工程；长隧道和特长隧道可按施工标段划分为若干个单位工程；斜井、平行导坑、竖井或独立明洞（或棚洞）可作为一个单位工程。

分部工程应按一个完整部位或主要结构及施工阶段划分；

分项工程应按工种、工序、材料、施工工艺等划分；

检验批应根据质量控制和施工段需要划分，其检验项目分为主控项目和一般项目。

二、隧道分部工程、分项工程、检验批划分及编号

隧道分部工程、分项工程、检验批划分及编号见表 6-1。

表 6-1　隧道分部工程、分项工程、检验批划分及编号

（隧道单位工程编号 0301）

分部工程	分项工程	检验批规模	检验批编号
01 加固处理	01 地表注浆加固	≤20 m	03010101□□□□
	02 井点降水	≤20 m	03010102□□□□
	03 旋喷桩	≤20 m	03010103□□□□
	04 灰土挤密桩	≤20 m	03010104□□□□
	05 洞内预注浆	每个循环	03010105□□□□
02 洞口及缓冲结构工程	01 开挖	每个洞口	03010201□□□□
	02 模板	每个洞口	03010202□□□□
	03 钢筋	每个洞口	03010203□□□□
	04 混凝土	每个洞口	03010204□□□□
	05 洞口防护	每个洞口	03010205□□□□
03 洞身开挖	01 超前地质预报	每次	03010301□□□□
	02 洞身开挖	≤24 m	03010302□□□□
	03 隧底开挖	≤24 m	03010303□□□□
	04 弃渣场防护	每处	03010304□□□□

续上表

分部工程	分项工程	检验批规模	检验批编号
04 支护	01 监控量测	每个断面处	03010401□□□□
	02 喷射混凝土	≤24 m	03010402□□□□
	03 锚杆	≤24 m	03010403□□□□
	04 钢筋网	≤24 m	03010404□□□□
	05 钢架	≤24 m	03010405□□□□
	06 管棚	每环	03010406□□□□
	07 超前小导管	≤24 m	03010407□□□□
	08 初期支护结构	≤24 m	03010408□□□□
05 衬砌	01 模板	每 2 个安装段	03010501□□□□
	02 钢筋	每 2 个安装段	03010502□□□□
	03 混凝土	每 2 个衬砌循环	03010503□□□□
	04 回填注浆	每 2 个衬砌循环	03010504□□□□
	05 综合接地	每 2 个衬砌循环	03010505□□□□
	06 沉降观测与评估	每个单位工程	03010506□□□□
08 辅助坑道及附属洞室	01 开挖	≤50 m	03010801□□□□
	02 喷射混凝土	≤24 m	03010802□□□□
	03 锚杆	≤24 m	03010803□□□□
	04 钢筋网	≤24 m	03010804□□□□
	05 钢架	≤24 m	03010805□□□□
	06 管棚	每环	03010806□□□□
	07 超前小导管	≤24 m	03010807□□□□
	08 模板	每 2 个安装段	03010808□□□□
	09 钢筋	每 2 个安装段	03010809□□□□
	10 混凝土	每 2 个衬砌循环	03010810□□□□
	11 坑道口及其封闭	每个坑道口	03010811□□□□
09 明洞工程	01 明洞开挖	每处且≤50 m	03010901□□□□
	02 模板	每 2 个浇筑段	03010902□□□□
	03 钢筋	每 2 个浇筑段	03010903□□□□
	04 混凝土	每 2 个浇注段	03010904□□□□
	05 回填	≤24 m	03010905□□□□
10 防水和排水	01 洞口防排水	每个洞口	03011001□□□□
	02 洞内排水沟(槽)	每 200 m	03011002□□□□
	03 检查井	每 4 处	03011003□□□□
	04 结构下纵向保温排水盲沟	每 200 m	03011004□□□□
	05 施工缝防水	每 2 个浇筑段	03011005□□□□
	06 变形缝防水	每处	03011006□□□□

续上表

分部工程	分项工程	检验批规模	检验批编号
10 防水和排水	07 涂料防水层防水	每 2 个浇筑段	03011007□□□□
	08 卷材防水层防水	每 2 个浇筑段	03011008□□□□
	09 防水板防水	每 2 个浇筑段	03011009□□□□
	10 径向注浆	每个注浆作业段	03011010□□□□
	11 盲管	每 2 个浇筑段	03011011□□□□
11 附属设施	01 运营通风土建工程	每 2 处	03011101□□□□
	02 救援通道与救援站	每 200 m	03011102□□□□
	03 紧急出口	每处	03011103□□□□
	04 电缆槽	每 200 m	03011104□□□□
	05 洞内附属构筑物	每处	03011105□□□□

注：本表根据《高速铁路隧道工程施工质量验收标准》(TB 10753—2010)

第二节　高速铁路隧道工程施工质量验收

为加强高速铁路隧道工程施工质量管理，统一高速铁路隧道工程施工质量的验收标准，保证隧道工程质量。编制了《高速铁路隧道工程施工质量验收标准》(TB10753-2010)，为政府部门和专门质量机构、建设和施工及监理单位对工程质量的监督、管理、控制、验收提供统一的质量标准和检验、验收方法，作为规范工程建设各方主体质量行为的主要依据，以确保高速铁路隧道工程的施工质量。

该标准共分 15 章，主要内容包括：总则、术语、基本规定、加固处理、洞口及缓冲结构工程、洞身开挖、支护、衬砌、辅助坑道及附属洞室、明洞工程、防水和排水、附属设施、盾构、TBM 掘进机、隧道单位工程观感质量评定等。

一、重点的验收要求

验标的主要内容如下：

(1)认真总结了我国高速铁路隧道施工的经验和教训，以钻爆法为主，同时涵盖盾构、TBM 法验收内容。

(2)反映建设项目标准化管理内涵，为管理制度、人员配备、现场管理、过程控制标准化提供了配套性标准规定。

(3)突出防止质量通病，围绕施工工艺流程，有针对性地调整检验项目、质量指标、检验方法、检验数量，使质检工作更趋科学、合理、有效。

(4)强化建设各方的质量职责，充分调动施工单位的主动性，增强设计单位在结构安全上的检验，促使监理单位和施工单位工作重心由内业向外业转变，并对施工质量追溯到最小验收单元和个人。

(5)体现全方位全过程质量控制理念，在源头控制、过程控制、细节控制方面明确了建设各方的工作内容。

(6)强调现代化施工管理手段应用,从积极推广机械化、工厂化、专业化、信息化施工角度明确了指导性原则要求。

二、验收记录表示例

检验批质量验收内容包括实物检查和资料检查两部分,在检验批质量验收记录表中要登记填写施工作业人员姓名,实现可追溯性。检验批由监理工程师组织施工单位专职质量检查员等进行验收,监理单位应对全部主控项目进行检查,对一般项目的检查内容和数量可根据具体情况确定。一般项目可填写概况性结论。表 6-2 为钢筋检验批质量验收记录表,表 6-3 为洞身开挖检验批质量验收记录表。

表 6-2　钢筋检验批质量验收记录表

[衬砌]　　03010502□□□□

单位工程名称			××隧道							
分部工程名称			衬砌							
分项工程名称			钢筋		验收部位		DK916+273.0～262.5(二次衬砌)			
施工单位			××分部		项目负责人		××			
施工质量验收标准名称及编号				《高速铁路隧道工程施工质量验收标准》(TB10753-2010)						
施工质量验收标准的规定					施工单位检查评定记录					监理单位验收记录
主控项目	1	钢筋材质		第 8.3.1 条	合格证 3 份,编号:110080103(Φ22)、115134(Φ14)、11003692(ϕ8)、;试验报告 3 份,编号:HCX2-T3J4-GJ-20101108-1、HCX2 -T3J0-GJ-20101028-6、HCX2-T3J4-GJ-20101125-2,合格。					符合要求
	2	钢筋品种、级别、规格、数量		第 8.3.2 条	ϕ22、ϕ14、ϕ8,符合设计要求。					符合要求
	3	钢筋接头位置、连接方式		第 8.3.3 条	机械连接(套筒连接)。					符合要求
	4	钢筋机械连接头配件的材料、品种、规格、质量		第 8.3.4 条	试验报告 1 份,编号:HCX2-T3J4-JXJT-20101214-1,合格。					符合要求
	5	钢筋接头质量		第 8.3.5 条	符合设计及验标要求。					符合要求
	6	钢筋弯钩、弯起质量		第 8.3.6 条	符合设计要求					符合要求
	7	直螺纹连接丝头加工质量		第 8.3.7 条	符合规范规定					符合要求
	8	直螺纹连接接头拧紧力矩		第 8.3.8 条	符合规范规定					符合要求
	9	保护层垫块材质、数量和位置		第 8.3.9 条	不低于结构本体混凝土标准,符合设计要求					符合要求
	10	钢筋接头布置及"同一连接区段"内接头钢筋面积百分率		第 8.3.10 条	符合验收要求					符合要求
一般项目	1	允许偏差(mm)钢筋加工及安装	受力钢筋全长	±10	+4	−4	+4	−4	+4	合格
					+5	+6	+2	−1	+2	
			弯起筋弯折位置	20	5	6	7	8	9	
					9	8	6	3	2	
			箍筋内净尺寸	±3	+2	−1	+2	0	+1	
					+2	−1	+2	−1	0	

续上表

<table>
<tr><td rowspan="12">一般项目</td><td rowspan="11">2</td><td rowspan="11">允许偏差(mm)钢筋加工及安装</td><td rowspan="2">钢筋排间距</td><td rowspan="2">±5</td><td>+4</td><td>−4</td><td>+4</td><td>−4</td><td>+4</td><td rowspan="11">合格</td></tr>
<tr><td>+4</td><td>−4</td><td>+4</td><td>−4</td><td>+4</td></tr>
<tr><td rowspan="4">同排中钢筋间距</td><td rowspan="2">拱部:±10</td><td>+4</td><td>−4</td><td>+4</td><td>−4</td><td>+4</td></tr>
<tr><td>+5</td><td>+6</td><td>+2</td><td>−1</td><td>+2</td></tr>
<tr><td rowspan="2">边墙:±20</td><td>+4</td><td>−4</td><td>+4</td><td>−4</td><td>+4</td></tr>
<tr><td>+5</td><td>+6</td><td>+2</td><td>−1</td><td>+2</td></tr>
<tr><td rowspan="2">分布钢筋、箍筋间距</td><td rowspan="2">±20</td><td>+4</td><td>−4</td><td>+4</td><td>−4</td><td>+4</td></tr>
<tr><td>+5</td><td>+6</td><td>+2</td><td>−1</td><td>+2</td></tr>
<tr><td rowspan="2">钢筋保护层厚度</td><td rowspan="2">+10
−5</td><td>+4</td><td>−4</td><td>+4</td><td>−4</td><td>+4</td></tr>
<tr><td>+5</td><td>+6</td><td>+2</td><td>−1</td><td>+2</td></tr>
<tr><td></td><td></td><td></td><td></td><td></td></tr>
<tr><td>3</td><td colspan="2">钢筋外观质量</td><td>第 8.3.13 条</td><td colspan="5">平直、无损伤、表面无裂纹油污</td><td></td></tr>
<tr><td colspan="3">施工作业人员质量责任登记</td><td colspan="8">(手写签名)</td></tr>
<tr><td colspan="3">施工单位检查评定结果</td><td colspan="8">检查评定合格　　专职质量检查员：　年　月　日
分项工程技术负责人：　年　月　日
分项工程负责人：　年　月　日</td></tr>
<tr><td colspan="3">监理单位验收结论</td><td colspan="8">验收合格　　监理工程师：
年　月　日</td></tr>
</table>

表 6-3　洞身开挖检验批质量验收记录表

[洞身开挖]　　　　03010302□□□□

<table>
<tr><td colspan="3">单位工程名称</td><td colspan="4">×××隧道(DK916+×××～+×××)</td></tr>
<tr><td colspan="3">分部工程名称</td><td colspan="4">洞身开挖</td></tr>
<tr><td colspan="3">分项工程名称</td><td>洞身开挖</td><td>验收部位</td><td colspan="2">DK916+273.0～DK916+271.8(1 部)</td></tr>
<tr><td colspan="3">施工单位</td><td>×××项目部</td><td>项目负责人</td><td colspan="2">×××</td></tr>
<tr><td colspan="3">施工质量验收标准名称及编号</td><td colspan="4">《高速铁路隧道工程施工质量验收标准》(TB 10753—2010)</td></tr>
<tr><td colspan="5">施工质量验收标准的规定</td><td>施工单位检查评定记录</td><td>监理单位验收记录</td></tr>
<tr><td rowspan="7">主控项目</td><td>1</td><td colspan="2">开挖断面中线和高程</td><td>第 6.3.1 条</td><td>符合设计及验标要求</td><td>符合要求</td></tr>
<tr><td>2</td><td colspan="2">开挖断面净空及超欠挖控制</td><td>第 6.3.2 条</td><td>超挖 6 cm,超挖 4 cm,超挖 5 cm,超挖 3 cm,超挖 3 cm</td><td>符合要求</td></tr>
<tr><td rowspan="5">3</td><td colspan="2">钻爆设计</td><td>第 6.3.3 条</td><td>/</td><td>/</td></tr>
<tr><td rowspan="2">掏槽眼</td><td>眼口间距</td><td>50 mm</td><td>/</td><td>/</td></tr>
<tr><td>深度</td><td>50 mm</td><td>/</td><td>/</td></tr>
<tr><td rowspan="2">辅助眼</td><td>眼口</td><td>100 mm</td><td>/</td><td>/</td></tr>
<tr><td>眼底深度</td><td>100 mm</td><td>/</td><td>/</td></tr>
</table>

续上表

施工质量验收标准的规定					施工单位检查评定记录	监理单位验收记录
主控项目	3	周边眼	间距	50 mm	/	/
			外斜率	不应大于孔深3%～5%	/	/
			眼底深度	不超过开挖轮廓线100 mm	/	/
	4	开挖进尺		第6.3.4条	/	/
一般项目	1	爆眼装药结构		第6.3.5条	/	/
		装药量			/	
		堵塞方式			/	
		周边眼堵塞长度		不宜小于200 mm	/	
	2	炮眼痕迹保存率	硬岩	80%	/	
			中硬岩	60%	/	
施工作业人员质量责任登记	(手写签名)					
施工单位检查评定结果	检查评定合格				专职质量检查员： 分项工程技术负责人： 分项工程负责人：	年 月 日 年 月 日 年 月 日
监理单位验收结论	验收合格				监理工程师：	年 月 日

三、分项工程质量验收

分项工程质量验收是对其所含检验批质量的统计汇总。分项工程由监理工程师组织施工单位分项工程技术负责人等进行验收。涉及环保的分项工程，降水、地表注浆加固、洞内注浆、弃渣场防护验收时，勘察设计单位现场负责人应参加，见表6-4。

表6-4 沉降观测与评估分项工程质量验收记录

单位工程名称	×××隧道		
分部工程名称	衬砌	检验批数	1
施工单位	×××项目经理部	项目负责人	×××

序号	检验批部位	施工单位检查评定结果	监理单位验收结论
1	DK493+415-DK502+303:1个检验批	符合要求	合格
2			
3			
4			
5			

续上表

说明：	
施工单位检查评定结果	符合要求 分项工程技术负责人：　　年　月　日
设计单位检查评定结果	现场负责人：　　年　月　日
监理单位验收结论	合格 监理工程师：　　年　月　日

四、分部工程质量验收

分部工程质量验收包括以下三个方面的内容：第一是分部工程所含分项工程的质量均应验收合格；第二是质量控制资料应完整；第三是隧道衬砌内轮廓、衬砌厚度和强度、衬砌背后回填及防水等涉及结构安全和使用功能的检验和抽样检测结果符合设计要求及有关标准规定。分部工程由监理工程师组织施工单位项目负责人和技术、质量负责人等进行验收；隧道衬砌、防水分部工程进行验收时，勘察设计单位项目负责人应参加，见表 6-5。

表 6-5　附属设施工程分部工程质量验收记录

单位工程名称	×××隧道工程				
施工单位	×××项目经理部				
项目负责人	×××	项目技术负责人	×××	项目质量负责人	×××
序号	分项工程名称	检验批数	施工单位检查评定结果	监理单位验收结论	
1	电缆槽	40	符合要求	同意验收	
2	/	/	/	/	
3					
4					
5					
6					
质量控制资料			共 50 项。 符合要求	符合要求	
实体质量和主要功能检验(检测)报告			共 30 项。 结果合格	合格	

续上表

验收单位	施工单位	质量合格	项目负责人：×××	年　月　日
	勘察设计单位（必要时）		项目负责人：×××	年　月　日
	监理单位	同意验收	监理工程师：×××	年　月　日

五、单位工程质量验收

单位工程质量的验收是建设活动各方对施工质量控制的最后一关。包括分部工程质量验收、质量控制资料核查、实体质量和使用功能核查、观感质量评定 4 个方面内容。单位工程完工后，施工单位应首先依据质量标准、设计文件等组织有关人员进行自检并对检查结果进行评定。单位工程由建设单位项目负责人组织施工、设计、监理单位负责人进行单位工程验收。

1. 单位工程质量控制资料应齐全完整，全面反映工程施工质量状况。单位工程质量控制资料检查应由监理单位组织施工单位进行，并按表 6-6 填写：

表 6-6　单位工程质量控制资料核查记录

单位工程名称	×××隧道			
施工单位	×××项目经理部			
序号	资料名称	份数	核查意见	核查人
1	图纸会审、设计变更、洽商记录			
2	工程定位测量放线记录			
3	原材料出厂合格证及进场检验报告			
4	施工试验报告			
5	成品及半成品出厂合格证或试验报告			
6	施工记录			
7	工程质量事故及事故处理记录			
8	施工现场质量管理检查记录			
9	分项分部工程质量验收记录			
10	新材料、新工艺施工记录			
11	监测量控资料			
12	超前地质预报资料			
结论： 施工单位项目负责人： 年　月　日			总监理工程师： 年　月　日	

注：检查人为监理单位人员。

2. 单位工程完成后，应由建设单位组织勘察设计、监理、施工单位对单位工程实体质量和主要功能进行核查，并按照表 6-7 填写记录。

表 6-7 单位工程实体质量和主要功能进行核查记录

工程名称				
施工单位				
序号	项目	份数	核查意见	核查人
1	衬砌混凝土强度检测			
2	钢筋混凝土中钢筋位置和保护层监测			
3	衬砌结构混凝土厚度检测			
4	衬砌背后回填密实度检测记录			
5	衬砌渗水情况检查			
6	隧道衬砌内轮廓检测			
7	衬砌表面裂缝检查			
结论： 施工单位项目负责人： 年 月 日	总监理工程师： 年 月 日	设计单位项目负责人： 年 月 日	建设单位项目负责人： 年 月 日	

注：检查项目由验收组协商确定

单位工程实体质量和主要功能核查方法和数量应符合下列规定：

(1)衬砌混凝土强度检测采用无损检测，每 100 m 检测一次。

(2)衬砌混凝土厚度、背后回填密实度检测采用无损检测，拱顶设置一条测线、左右拱腰、边墙各设置一条测线，隧底二条测线，全隧检测。

(3)钢筋混凝土中钢筋位置和保护层检测采用满足精度要求的钢筋保护层厚度检测仪现场测定混凝土保护层的实际厚度；每 100 m 检查一次，每次 10 个点。保护层 90%测点的实测厚度不得小于设计值。

(4)衬砌渗水情况检查采用观察，全部检查。

(5)衬砌表面裂缝检查采用观察或刻度放大镜检查，全部检查。

(6)隧道衬砌内轮廓检测采用断面仪测量，每 100 m 检查一次。

(7)瓦斯隧道必须对全隧道进行瓦斯检查。在内拱顶以下 0.25 m 处的空气中瓦斯浓度不得大于 0.5%。有运营通风条件下，通风后应达到以下标准。

(8)结构实体质量和主要使用功能达不到设计要求的单位工程严禁验收。

3. 单位工程观感质量评定

单位工程观感质量评定由建设单位组织设计、监理、施工单位共同进行现场评定，并按表 6-8 填写记录。单位工程观感质量检查项目评定达不到合格标准者应进行返修。观感质量验收前，施工单位应将衬砌、道床、电缆沟槽、水沟、避车洞、设备洞室处的垃圾和粉尘清理干净，建设单位应组织施工单位、监理单位进行初检，初检不合格的工程不得进行观感质量验收。

表 6-8　单位工程观感质量检查记录

<table>
<tr><td colspan="3">单位工程名称</td><td colspan="3"></td></tr>
<tr><td colspan="3">施工单位</td><td colspan="3"></td></tr>
<tr><td rowspan="2">序号</td><td colspan="2" rowspan="2">项目名称</td><td rowspan="2">质量状况</td><td colspan="2">质量评定</td></tr>
<tr><td>合格</td><td>差</td></tr>
<tr><td rowspan="4">1</td><td rowspan="4">洞门</td><td>边仰坡防护</td><td></td><td></td><td></td></tr>
<tr><td>混凝土结构</td><td></td><td></td><td></td></tr>
<tr><td>名牌、号标</td><td></td><td></td><td></td></tr>
<tr><td>附属设施</td><td></td><td></td><td></td></tr>
<tr><td rowspan="2">2</td><td rowspan="2">洞身</td><td>混凝土结构</td><td></td><td></td><td></td></tr>
<tr><td>电缆沟槽</td><td></td><td></td><td></td></tr>
<tr><td rowspan="2">3</td><td rowspan="2">防排水</td><td>混凝土结构</td><td></td><td></td><td></td></tr>
<tr><td>洞内外水沟槽</td><td></td><td></td><td></td></tr>
<tr><td>4</td><td colspan="2">弃渣防护工程</td><td></td><td></td><td></td></tr>
<tr><td colspan="6">结论：

施工单位项目负责人：　　总监理工程师：　　设计单位项目负责人：　　建设单位项目负责人
年　月　日　　年　月　日　　年　月　日　　年　月　日</td></tr>
</table>

需要强调的是：

(1)洞门观感质量合格标准：

混凝土帽檐、斜切明洞和边、仰坡、挡土墙表面平整，色泽均匀，接茬处无明显错台、跑模现象。局部蜂窝麻面已修补，外形整体轮廓清晰，线角基本顺直。

边、仰坡开挖面无裸露，地表植被恢复及水土保持良好，无冲刷痕迹。

洞边排水设施排水流畅，无淤积。洞口防护设施和警示标志齐全。

变形缝缝身竖直、缝宽基本均匀，填塞密实无漏水。

检查梯及隧道名牌、号标的设置美观大方。

(2)洞身观感质量合格标准：

拱部、边墙及隧底衬砌表面色泽均匀、曲线圆顺，整体轮廓清晰。

混凝土接茬处无较大错台、跑模现象。无蜂窝麻面或局部蜂窝麻面已修补。

洞内沟槽线条顺直美观。沟槽盖板无破损，安装牢固、平顺。

(3)防排水观感质量合格标准：

正洞和设备洞室衬砌不渗水，道床无积水，设备安装孔眼不渗水。洞身范围内无湿渍。

洞内外水沟流水坡面平顺，水流畅通，不积淤堵塞。泄水孔排水通畅。

(4)弃渣工程观感质量合格标准：

弃渣挡墙平顺，墙体表面砂浆饱满、砌缝整齐，表面勾缝美观大方，沉降缝垂直、上下贯通。弃渣堆表面平整，已按要求完成绿化或造田。弃渣场排水设施齐全，与周围环境排水沟渠连接良好，排水顺畅。

第三节　高速铁路隧道工程中的施工原始用表

在高速铁路隧道工程施工中除了上节详细讲述的施工质量验收资料外，施工时用到的有施工技术资料(施工图现场核对资料、技术交底资料、施工技术总结等)，物资设备管理资料(质量证明文件、进场验收记录等)、工程测量资料(施工测量实施方案资料、施工控制测量资料、施工测量放样资料等)、工程试验资料、施工记录资料(施工记录、施工日志、施工小结等)。本节仅重点介绍以下内容，其他查阅相关文件。

一、隧道工程试验资料

表 6-9　粗骨料试验报告

标准代号：Q/CR 9205-2015

委托单位：×××项目经理部　　G17051010-03

工程名称：新建铁路××至××铁路路客运专线××段　　G17051010-03

施工部位：×××无砟轨道自密实混凝土层　　G17051010-03

样品产地：×××碎石场　　5～16 mm

代表数量：368 m^3　　2017.05.19

试验项目	标准规定值			试验结果		
	<C30	C30～C45	≥C50	5～10 mm	10～16 mm	16～31.5 mm
表观密度 ρ(kg/m^3)	≥2 600			2 700		
堆积密度 ρ_L(kg/m^3)	应大于 1 470			—		
堆积空隙率 ρ_L(%)	—			—		
紧密密度 ρ_C(kg/m^3)	应大于 1 470			1 650		
紧密空隙率 v_c(%)	宜小于 40			39		
含泥量 ω_c(%)	≤1.0	≤1.0	≤0.5	0.4	0.3	—
泥块含量 ω_c,1(%)	≤0.2			0	0	—
针、片状颗粒含量(%)	≤10	≤8	≤5	3		
坚固性指标 δ_j(%)	≤8(混凝土结构)	≤5(预应力混凝土结构)		—		
含水率 ω_{wc}(%)	—			—		
吸水率 ω_{wa}(%)	<2(普通环境)	<1(干湿交替或冻融环境)		—		
三氧化硫含量 ω_{SO_3}(%)	≤0.5			—		
有机物含量判定	浅于标准色			—		
压碎指标值 δ_a(%)　碎石	≤16(<C30)	≤10(≥C30)		6		
压碎指标值 δ_a(%)　卵石	≤16(<C30)	≤12(≥C30)		—		
岩石抗压强度 f(MPa)	—			—		

续上表

颗粒级配												
筛孔尺寸(mm)	90	75.0	63.0	53.0	37.5	31.5	26.5	19.0	16.0	9.50	4.75	2.36
规定累计筛余(%)	—	—	—	—	—	—	—	0	0～10	30～60	85～100	95～100
实际累计筛余(%)	—	—	—	—	—	—	—	0	0	56	94	99
符合公称粒级	符合 5 ～ 16 mm 连续级配					最大粒径(mm)				19.0		
检测评定依据：《建设用卵石、碎石》(GB/T 14685—2011) 《铁路混凝土工程施工质量验收标准》(TB 10424—2010) 《高速铁路 CRTSⅢ型板式无砟轨道自密实混凝土暂行技术条件》(TJ/G W112—2013) 《铁路混凝土》(TB/T 3275—2011)						试验结论： 该批粗骨料所检项目均符合《铁路混凝土工程施工质量验收标准》(TB 10424—2010)、《高速铁路 CRTS Ⅲ型板式无砟轨道自密实混凝土暂行技术条件》(TJ/G W112—2013)、《铁路混凝土》(TB/T 3275—2011)的标准要求。						

检验：　　　　复核：　　　　单位(章)：　　　　日期：

二、隧道工程测量记录

1. 洞外控制测量：首先要建立洞外平面和高程控制网，每一开挖口附近都应设立平面控制点和高程控制点，作为施工放样的依据。

2. 洞外、洞内的联系测量：根据洞外控制测量的结果，测算洞口控制点的坐标和高程，同时按设计要求计算洞内待定点的设计坐标和高程，并放样出洞门内的待定点点位，这就是洞外和洞内的联系测量(也称进洞测量)。进洞测量将洞外的坐标、方向和高程引测到隧道内，使洞内和洞外建立了统一坐标和高程系统。

3. 洞内控制测量：包括洞内平面控制测量和洞内高程控制测量。

4. 隧道洞内的施工测量 包括：洞门的施工放样、洞内中线测量、腰线的测设、掘进方向的测设、开挖断面及结构物的施工放样。

5. 隧道施工中的位移观测：主要解决的是围岩和结构建筑物内部位移变化和应变发展规律，以及洞壁各点间的相对位移变化。

(1)浅埋隧道地表下沉量的测定：浅埋隧道通常位于软弱破碎岩层，稳定性较差，在Ⅴ～Ⅵ级围岩中，当隧道覆盖层厚度对于单线隧道小于 20 m，双线隧道小于 40 m 时，施工中往往出现拱部围岩受拉区连通，这种拉裂破坏情况成为洞体稳定的主要威胁。必须进行地表沉降监控测量，预测可能发生的危险。现场一般埋设标志点采用精密水准仪观测。

(2)新奥法施工变形观测：隧道变形观测是为确定围岩稳定、掌握支护效果而进行的；是对预先设计支护参数的确认或修正依据；是对施工方法验证和改进的依据；要贯穿于整个施工过程的工作。现场一般采取埋设星形观测点，采用收敛仪观测。

6. 竣工测量包括：隧道断面净空测量，中线、高程的测量及控制中线基桩和永久水准点测设。

竣工测量后一般要求提供下列图表：隧道长度表、净空表、隧道回填断面图、水准点表、中桩表、断链表、坡度表。表 6-10 为施工测量放样报验单；表 6-11 为施工放样现场记录表；表 6-12 为隧道现场周边收敛；

表 6-10　施工测量放样报验单

工程项目名称：新建铁路××段　　施工合同段：××段　　编号：××

致：×××监理公司××客运专线××段××标监理站

根据合同要求，我单位已完成 ××隧道(DK493+×××～DK502+×××)区间里程为(DK495+697～DK495+709)仰拱模板 的施工测量放样工作，清单如下，请予以核验。

附件：测量资料。

1. 仰拱模板施工测量放样记录

工程地点	放样内容	备注
DK495+697～DK495+709	仰拱模板定位	徕卡 TCR1201+

施工单位(章)：
测量人：
审核人：
技术负责人：
日期：

表 6-11　施工放样现场记录表

工程名称：×××铁路工程			施工标段：综合标段		编　号：	
天气：晴/多云/阴天/雨/雪	仪器型号：		Trimble5800(根据实际填写)		仪器编号：4811147507(根据实际填写)	
桩号	设计坐标		实测坐标		坐标差值(mm)	
	X	*Y*	*X*	*Y*	Δ*X*	Δ*Y*
A	3166628.640	481770.477	3166628.635	481770.472	−5	−5
B	3166624.883	481768.600	3166624.880	481768.604	−3	4
C	3166621.126	481766.723	3166621.121	481766.720	−5	−3
D	3166617.547	481764.936	3166617.542	481764.930	−5	−6
E	3166613.790	481763.058	3166613.794	481763.060	4	2
F	3166610.033	481761.181	3166610.035	481761.184	2	3
G	3166606.826	481759.469	3166606.828	481759.474	2	5
H	3166602.361	481757.623	3166602.359	481757.620	−2	−3

续上表

桩位编号说明：					
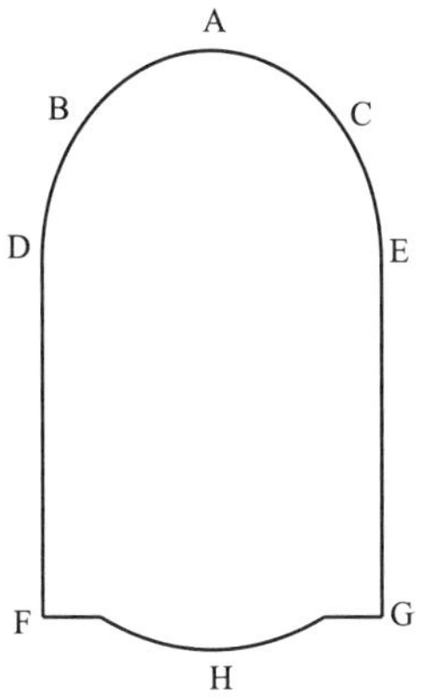 					
说明：桩位编号为从左线到右线，从小里程到大里程依次排序。					
测量	复核		监理工程师		日期

表 6-12　隧道现场周边收敛

×××隧道进口

施工单位：×××公司					监理单位：×××工程建设监理有限公司					
观测日期：2016/2/24 9:38:42					仪器名称：Leica-TS09-plus					
测点编号	测点里程	初始读数（m）	上次读数（m）	本次读数（m）	本次收敛值（mm）	时间间隔（d）	收敛速率（mm/d）	累计收敛量（mm）	初测时间	备注
DK494＋620-SL01-02	DK494＋620	10.376 9	10.3672	10.366 0	－1.2	2.1	－0.6	－10.9	2016/1/4 15:58:37	
DK494＋630-SL01-02	DK494＋630	10.606 0	10.598 5	10.597 7	－0.8	2.1	－0.4	－8.3	2016/1/9 11:37:50	
DK494＋640-SL01-02	DK494＋640	9.158 8	9.150 8	9.149 4	－1.4	2.1	－0.7	－9.4	2016/1/10 10:51:04	
DK494＋650-SL01-02	DK494＋650	8.814 9	8.809 9	8.809 4	－0.5	2.1	－0.2	－5.5	2016/1/25 12:43:31	
DK494＋660-SL01-02	DK494＋660	10.220 8	10.211 6	10.210 2	－1.4	2.1	－0.7	－10.6	2016/1/20 12:56:17	
DK494＋670-SL01-02	DK494＋670	8.961 7	8.957 8	8.956 6	－1.2	2.1	－0.6	－5.1	2016/1/25 12:50:08	
DK494＋680-SL01-02	DK494＋680	0.000 0	0.000 0	9.789 9	0.0	0.0	0.0	0.0	2016/2/24 16:22:26	
项目工况：	—									
数据分析结论：	数据正常									
施工建议：	可正常施工									
说明：	累计变化量："—"为下沉，"＋"为上升"									
测读者：		计算者：			复核者：			监理者：		

三、隧道工程施工记录

在铁路隧道的施工过程中需要填写的施工记录包括混凝土蒸养测温记录表、隧道管棚钻孔记录表、隧道开挖断面及地质检测记录表、喷锚支护施工记录表、水平净空变化量测记录表、顶拱下沉量测记录表、仰拱及填充检查记录表、衬砌厚度断面测量记录表、隧道注浆记录表、接地电阻测试表、隧道衬砌质量无损检测资料、瓦斯等特殊隧道处理记录、重大塌方等工程质量事故处理记录等。表 6-13 为隧道注浆施工记录表；表 6-14 为地质素描记录表；表 6-15 为洞身开挖施工检查记录表；表 6-16 为锚杆施工记录表；表 6-17 为隧道钢架安装记录表；表 6-18 为钢筋网施工检查记录表；表 6-19 为喷射混凝土施工记录表；表 6-20 为喷锚支护施工记录表；表 6-21 为隧道初期支护厚度检查记录表；表 6-22 为小导管施工记录表。

表 6-13 隧道注浆施工记录表

施工单位(标段)：×××项目经理部　　　　监理单位(标段)：××监理站

工程名称	××段××标			施工日期	××年×月×日		
桩号及部位	DK495+010-012			施工图号	××控先施隧参 04-23		
孔口管设计参数	单孔注浆量(m^3)	单根长度(m)	孔口管数量	注浆压力(MPa)	沿拱环向间距(cm)	注浆液名称	
	0.364	1	16 或 17	1～1.5	200	水泥浆	
孔位编号	注浆开始时间	注浆结束时间	注浆管长度(m)	沿拱环向间距(cm)	水灰比	压力(MPa)	注浆量(m^3)
1#	13:00	13:06	1	199	1∶1	1.4	0.392
17#	13:01	13:01	1	199	1∶1	1.5	0.345
3#	13:07	13:13	1	200	1∶1	1.5	0.393
15#	13:07	13:13	1	200	1∶1	1.5	0.401
5#	13:12	13:20	1	200	1∶1	1.5	0.398
13#	13:13	13:19	1	199	1∶1	1.5	0.405
7#	13:21	13:21	1	199	1∶1	1.5	0.346
11#	13:19	13:25	1	199	1∶1	1.5	0.406
9#	13:28	13:35	1	200	1∶1	1.5	0.342
2#	13:25	13:31	1	200	1∶1	1.4	0.401
16#	13:35	13:41	1	200	1∶1	1.4	0.402
4#	13:31	13:37	1	200	1∶1	1.4	0.405
注浆顺序：同一环，由下自上隔孔注浆，1-3-5……，两台注浆泵两侧同时注浆							
记录员：×××　专职质量检查员：×××　施工技术负责人：×××　____年____月____日							
施工负责人：×××　____年____月____日　现场监理：×××　____年____月____日							

表 6-14　地质素描记录表

施工单位(标段):×××公司×××标　　合同号:CFSG-3 标

监理单位(标段):×××公司×××标　　编　　号:×××

序号	地质素描部位(示意图)					备注
1	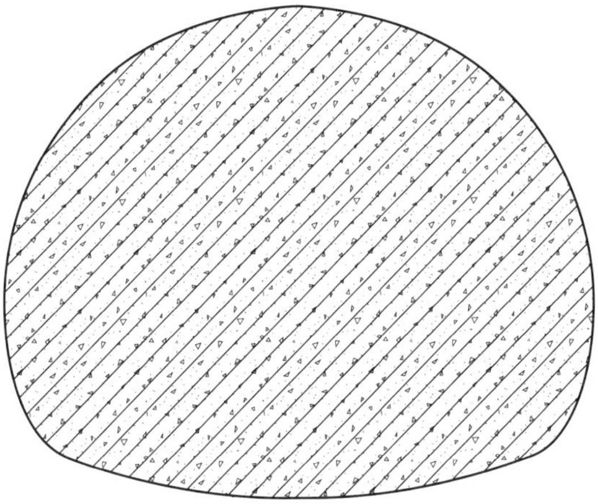 工程名称:××隧道 里　　程:DK40+693.8～DK40+695.8					
2	地质情况描述:凝灰岩、强风化、呈角砾碎石状松散结构。					
3	围岩级别					
	Ⅰ( )	Ⅱ( )	Ⅲ( )	Ⅳ(√)	Ⅴ( )	Ⅵ( )
记录员:	专职质量检查员:		施工技术负责人:		年　月　日	
施工负责人:		年　月　日	现场监理:		年　月　日	

表 6-15　洞身开挖施工检查记录表

施工单位(标段):×××公司×××标　　合同号:CFSG-3 标

监理单位(标段):×××公司×××标　　编　号:×××

隧道名称		××隧道	工序名称	洞身开挖		里程桩号		DK40+693.8～DK40+695.8						
施工部位		上台阶	施工日期	2017 年 9 月 11 日										
检查部位及项目		设计	允许偏差	检查情况										备注
拱顶/底板高程(m)			0,+25 cm	+16 cm										
开挖中线	距左(m)	0	0,+10 cm	+5										
	距右(m)	0	0,+10 cm	+2										
掏槽眼	眼口间距(cm)	80 m	5 cm	1	3	2	3	3	2	2				
	深度(m)	1.4 m	5 cm	3	1	2	2	4	3	2				
周边眼	眼口间距(cm)	50 cm	5 cm	1	1	3	1	4	3	1	2	1		
	眼底深度(m)	1.2 m	15 cm	3	2	1	3	2	4	4	5	3		

续上表

检查部位及项目		设计	允许偏差	检查情况	备注
欠挖			无欠挖	无	
炮眼痕迹保存率	硬岩		≥80%		
	中硬岩		≥60%	70%	
施工方法情况及设备	施工方法：钻爆法 施工设备：YT28 风枪、空压机				
记录员：		专职质量检查员：		施工技术负责人：	年　月　日
施工负责人：		年　月　日		现场监理：	年　月　日

表 6-16　锚杆施工记录表

施工单位(标段)：×××公司×××标　　合同号：××标

监理单位(标段)：×××公司×××标　　编　号：×××

工程名称	××隧道		施工时间	2017 年 9 月 11 日	
桩号及部位	DK40＋693.8～DK40＋695.8		施工图号	××隧参 05～16	
锚杆类型	系统锚杆		锚杆布置形式	1.2 m×1.2 m 梅花形布置	
锚杆单根长(m)	3.5	锚杆数量(根)	13	锚杆直径(mm)	ϕ22
注浆材料	水泥浆液		注浆液配比	1∶1	

编号	孔位间距(cm)	孔深(cm)	外露长度(cm)	注浆压力(MPa)	注浆量(m³)
1	120	411	8	0.87	0.0886
2	120	412	6	0.87	0.0887
3	120	411	6	0.87	0.0885
4	120	412	8	0.87	0.0886
5	120	411	6	0.87	0.0887
6	120	412	8	0.87	0.0886
7	120	411	6	0.87	0.0886
8	120	411	6	0.87	0.0887
9	120	412	8	0.87	0.0886
10	120	411	6	0.87	0.0885
11	120	411	8	0.87	0.0887
12	120	412	6	0.87	0.0886
13	120	412	5	0.87	0.0888

续上表

布置草图	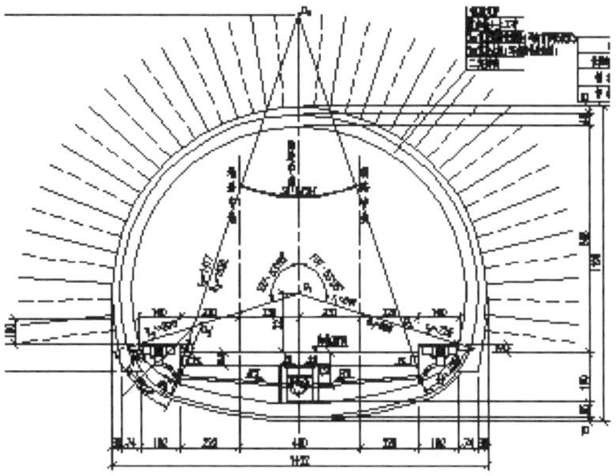			
记录员：	专职质量检查员：	施工技术负责人：	年　月　日	
施工负责人：	年　月　日	现场监理：	年　月　日	

表 6-17　隧道钢架安装记录表

施工单位(标段)：×××公司×××标　　　　合同号：××标

监理单位(标段)：×××公司×××标　　　　编　号：×××

工程名称		××隧道						施工日期	2017年9月11日	
序号	里程	部位	施工时间	钢架横向偏差(mm)	钢架间距偏差(mm)	钢架高程偏差(mm)	钢架垂直度(°)	钢架筋连接情况	保护层(cm)	连接筋直径(mm)
1	DK40+695.8～DK40+694.8	上台阶	17:48～18:52	+2	+3	+1	+3	1×1 m,内外交错布置	4 cm	22
2	DK40+694.8～DK40+693.8			+1	+3	+1	+2	1×1 m,内外交错布置	4 cm	22
3										
4										
5										
6										
钢架安装示意图		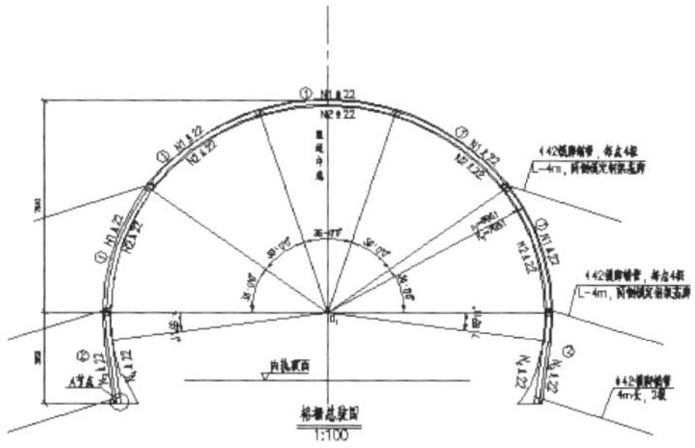								
记录人：		专职质量检查员：				施工技术负责人：			年　月　日	
施工负责人：		年　月　日				现场监理：			年　月　日	

表 6-18　钢筋网施工检查记录表

施工单位(标段)：×××公司×××标　　合同号：××标

监理单位(标段)：×××公司×××标　　编　号：×××

隧道名称	××隧道	工序名称	上台阶支护	施工桩号	DK40＋693.8～DK40＋695.8
检查部位及项目		设计值	检查情况		备注
上台阶	检查日期	2017 年 9 月 11 日			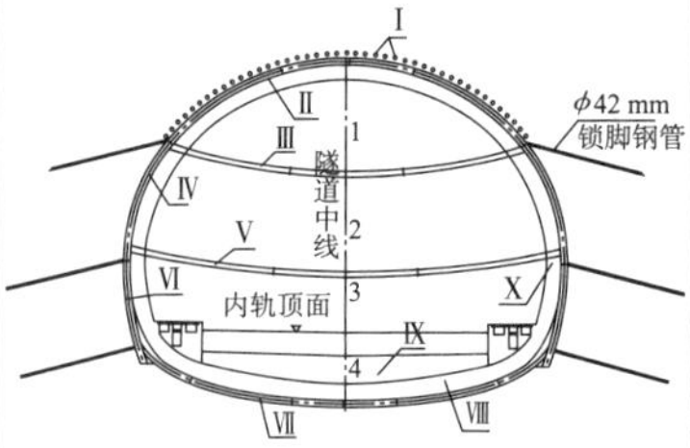
	钢筋直径	φ8	8 mm		
	网格间距	20 cm×20 cm	20 cm×20 cm		
	搭接长度	20 cm	＞20 cm		
	保护层厚度	4	4		
中台阶	检查日期				
	钢筋直径				
	网格间距				
	搭接长度				
	保护层厚度				
下台阶	检查日期				
	钢筋直径				
	网格间距				
	搭接长度				
	保护层厚度				
记录员：	专职质量检查员：		施工技术负责人：		年　月　日
施工负责人：	年　月　日		现场监理：		年　月　日

表 6-19　喷射混凝土施工记录表

施工单位(标段)：×××公司×××标　　合同号：××标

监理单位(标段)：×××公司×××标　　编　号：×××

工程名称	××隧道			施工时间	2017 年 9 月 11 日		
桩号及部位	DK40＋693.8～DK40＋695.8 上台阶			混凝土标号	C25 喷射混凝土		
材料名称	水泥	砂		碎石	外加剂		水
材料规格	P·O42.5	中砂		0.5～1.0	JDY-12 速凝剂		井水
生产厂家名称	×××	×××		×××	×××		×××
配合比	理论配合比	1∶2.01∶1.72∶0.01∶0.04∶0.38					
	施工配合比	1∶2.09∶1.72∶0.01∶0.04∶0.30					
搅拌盘数	水泥(kg)	砂(kg)	石(kg)	水(kg)	速凝剂(kg)	减水剂(kg)	外掺料(kg)
1	900	1 924	1 628	246	36	9.0	
2	900	1 924	1 628	246	36	9.0	

续上表

搅拌盘数	水泥(kg)	砂(kg)	石(kg)	水(kg)	速凝剂(kg)	减水剂(kg)	外掺料(kg)
3	450	962	814	123	18	4.5	
记录员：		专职质量检查员：		施工技术负责人：		年　月　日	
施工负责人：		年　月　日		现场监理：		年　月　日	

表 6-20　喷锚支护施工记录表

施工单位(标段)：×××公司×××标　　合同号：××标

监理单位(标段)：×××公司×××标　　编　号：×××

工程名称		×××隧道	工程部位		上台阶
围岩级别		1 级	里程		DK40＋693.8～DK40＋695.8
记录人		×××	记录时间		2017 年 9 月 11 日
原材料、配合比	材料名称	型号、产地	试验报告编号和结论		
	砂	×××	CFSG3-S201703-004		
	石	×××	CFSG3-G201703-004		
	水泥	P·O42.5 ×××	CFSG3-C201703-004		
	速凝剂	×××	CFSG3-SNJ201612-002		
	水	井水	BGZ-2017T-0526		
	钢筋	×××	CFSG3-GJ201710-064		
	喷射混凝土配合比(水泥:砂:石)	1∶2.09∶1.72∶0.01∶0.04∶0.30	锚杆注浆配合比(水泥∶砂)	1∶1	
	速凝剂掺量	4%	水灰比	1∶1	
施工时间	喷锚部位开挖	9 月 11 日 15:09 时			
	喷射混凝土施作	9 月 11 日 21:37 时起至 9 月 11 日 23:34 时止			
	锚杆施作	9 月 11 日 19:01 时起至 9 月 11 日 20:13 时止			
其他	无				
记录员：	专职质量检查员：		施工技术负责人：		年　月　日
施工负责人：	年　月　日		现场监理：		年　月　日

表 6-21　隧道初期支护厚度检查记录表

施工单位(标段):×××公司×××标　　　　合同号:××标

监理单位(标段):×××公司×××标　　　　编　号:×××

工程名称		×××隧道					检验时间					2017 年 9 月 11 日											
桩号及部位		拱部 DK40＋693.8-DK40＋695.8																					
序号	里程	实测厚度(cm)																					
		1	2	3	4	5	6	7	8	9	10	11	12	13	14	15	16	17	18	19	20	21	22
	DK40＋693.8-DK40＋695.8	27	28	28	29	/	/	/	/	27	28	28											
厚度测点示意图	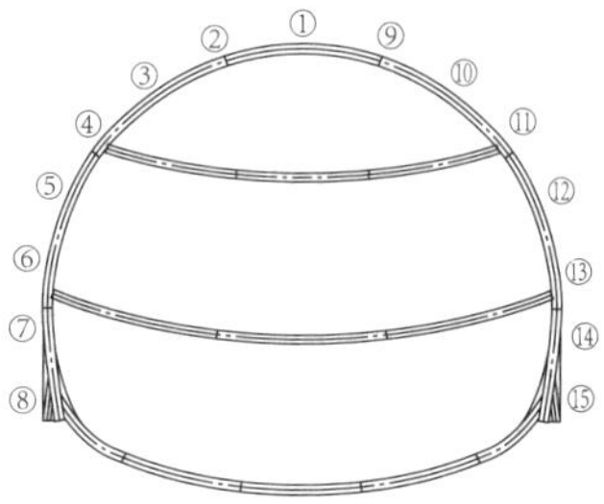																						
记录人:				专职质量检查员:								施工技术负责人:								年　月　日			
施工负责人:				年　月　日								现场监理:								年　月　日			

表 6-22　小导管施工记录表

施工单位(标段):×××公司×××标　　　　合同号:××标

监理单位(标段):×××公司×××标　　　　编　号:×××

工程名称	××隧道		施工日期	2017 年 9 月 11 日		
桩号及部位	DK40＋693.8～DK40＋695.8		施工图号	××隧参 10		
小导管设计参数	直径(mm)	单根长度(m)	小导管数量	注浆压力(MPa)	沿拱环向间距(cm)	注浆液名称
	42	3.5	47	0.5～1.0	40	水泥浆液
孔位编号	长度(m)	直径(mm)	沿拱环向间距(cm)	注浆液配比	压力(MPa)	注浆量(m^3)
1	3.5	42	40	1∶1	0.8	0.93
2	3.5	42	40	1∶1	0.8	0.83
3	3.5	42	40	1∶1	0.8	0.94
4	3.5	42	40	1∶1	0.7	0.86
5	3.5	42	40	1∶1	0.8	0.85
6	3.5	42	40	1∶1	0.7	0.92

续上表

孔位编号	长度(m)	直径(mm)	沿拱环向间距(cm)	注浆液配比	压力(MPa)	注浆量(m^3)
7	3.5	42	40	1∶1	0.8	0.94
8	3.5	42	40	1∶1	0.8	0.84
9	3.5	42	40	1∶1	0.7	0.932
10	3.5	42	40	1∶1	0.6	0.92
布置草图	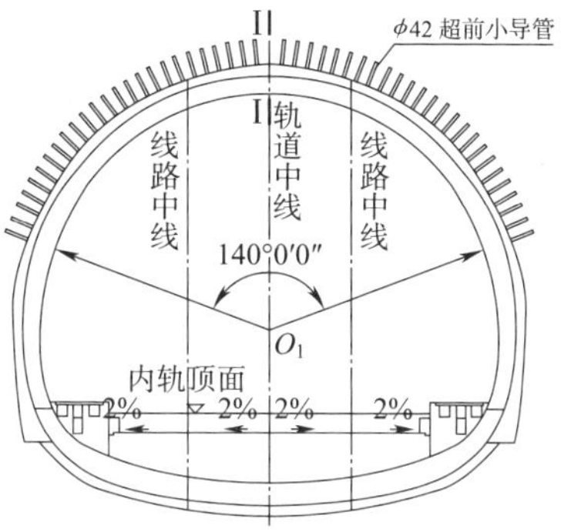 正洞Ⅳ、Ⅴ级围岩地段拱部单层超前小导管采用直径42 mm热轧无缝钢管，壁厚3.5 mm，长度3.5 m，环向间距0.33 m，外插角10~15°。					
记录员：	专职质量检查员：		施工技术负责人：		年　月　日	
施工负责人：	年　月　日		现场监理：		年　月　日	

第四节　隧道工程检验批填写示例

以××高速铁路的部分施工技术交底文件摘录作为参考背景，简述检验批质量验收记录表的填写方法：

一、背景材料

隧道洞口开挖施工技术交底见表6-23。

表6-23　隧道洞口开挖施工技术交底

交底单位	××	交底时间	年　月	交底人	张×
接收单位	工程部	交底项目	××隧道洞口开挖	审核人	李×
接收人员：王六					
一、施工准备 (1)施工现场已经按照"四通一平"要求建设完毕。 (2)隧道洞口开挖施工所需原材料已经储备，并经试验检测报监理验收合格。原材料采用汽车运输，确保满足施工需求。 (3)机械、人员已就位，具备进行隧道洞口开挖施工条件。 (4)制定隧道洞口开挖施工的安全措施，质量保证措施、环保及职业健康保证措施。 (5)监控量测细则、测量方案已经编制完成，测量放线、高程控制及隧道测量控制网络设等测设工作已完成。 (6)已经按照要求进行技术交底。					

续上表

二、施工工艺 洞口明挖段施工总体施工原则，边开挖边防护，由开口线向下开挖、刷坡、打锚杆、挂网、喷混凝土，完成这一循环施工再按上述原则进行下一循环施工。 (1)测量放样 检查坡度、坡面稳定性，用全站仪测量定出边仰坡边桩，连接桩位用石灰粉画线，此线即为边仰坡的开挖轮廓线。 (2)洞口明挖段开挖 开挖前，在边仰坡开挖轮廓线外5～10 m施作截水天沟，截水天沟采用M10浆砌片石施作，以利截排水，同时将洞口段开挖线以外10～30 m范围的漏斗、洼地、危石等进行处理，防止地表水向下渗漏或陷穴等继续扩大影响隧道安全，确保边仰坡稳定。 洞口段表层为粉质黏土，厚度3～9 m，下伏强风化泥岩夹砂岩，围岩松散，结构稳定性较差。洞口土方开挖以人工配合机械自上而下分层分台阶开挖，开挖台阶长度5～10 m，分层开挖深度为3～3.5 m。严禁掏底开挖或上下重叠开挖，结合正洞开挖方法，预留进洞台阶，形成进洞面及边仰坡。 洞口明挖段土方开挖施工时，边仰坡应预留约30 cm的整修层，采用人工按设计仰坡坡比(1∶1.25)刷坡并及时夯实整修成型，防止超挖，保证边仰坡平顺，坡率符合设计要求。 洞口石方开挖需爆破时宜采用浅孔小台阶爆破，严禁采用洞室爆破，边仰坡开挖应采用松动控制爆破并预留光爆层，光面爆破成型。爆破装药深度为炮眼深度的1/3，严禁超量装药，影响边坡的稳定，爆破后应及时清除松动石块。 开挖中随时检查边仰坡、如有滑动、开裂等现象，应放缓坡率保证边仰坡稳定和施工安全。开挖至边墙基础标高时，检查基础承载力是否符合设计要求，承载力低时应根据设计要求采取加固措施。 开挖土石方采用挖掘机、装载机装渣，自卸车运输至渣场弃渣。 开挖后坡面应稳定，平整、美观。 (3)施工要点： 1)洞门尺寸以及基础埋深允许偏差要符合设计要求； 2)洞门及洞口明洞附近的排水、截水设施施工尽早做好，并与洞外排水系统连通，以免地表水冲刷坡面； 3)洞口及洞口明洞处仰坡和边坡坡度的施工允许偏差为±5%；洞口土石方不使用集中药包爆破，以免影响仰坡、边坡的稳定，对土质、风化剥落的坡面和坡脚，予以防护，不允许出现塌方现象。

二、验标的相关内容

现摘录《高速铁路隧道工程施工质量验收标准》(TB 10753—2010)中的相关部分，以便对照此标准填写下面的检验批表格：

5.2　开挖

主控项目

5.2.1　边、仰坡以上的山坡危石应在边、仰坡开挖前清除干净，洞口开挖施工应在超前支护完成后进行。检验数量：施工单位、监理单位全部检查。检验方法：观察。

5.2.2　采用机械开挖或光面、预裂爆破应保证开挖面完整平顺、无危石和坑穴、边坡坡面应平整且稳定无隐患，局部凹凸相差不大于15 cm。检验数量：施工单位每栋门检验5处，监理单位平行检验2处，检验方法：观察、尺量

5.2.3　石质边坡采用爆破法开挖应严格控制用药量，爆破不得对边坡造成隐患，不得对邻近建筑物造成损伤或产生隐患。

检验数量：施工单位每处洞门检查，监理单位全部见证检验。

检验方法：对照爆破设计文件核对各项爆破参数。

5.2.4　隧道洞口及边仰坡开挖后应及时核查地质情况，需要加固处理时应符合设计要求。

检验数量：施工单位、监理单位全部检查。

检验方法：观察。

5.2.5　隧道洞口的边，仰坡开挖形式和坡度应符合设计要求。

检验数量:施工单位、监理单位全部检查。

检验方法:观察测量。

5.2.6　隧道洞口结构、挡土墙和缓冲结构基础的地基承载力必须符合设计要求。软弱地基加固处理的施工质量应符合设计要求。

检验数量:施工单位、监理单位全部检查。

检验方法:施工单位土质基坑采用静力触探试验、标准贯入试验或载荷试验检测。石质基坑采用现场目测鉴别方法。监理单位检查全部检测报告并进行见证检验。

5.2.7　隧道洞口结构基础和缓冲结构基坑底面应应无积水、虚渣、杂物。

检验数量:施工单位、监理单位全部检查。

检验方法:观察。

一般项目

5.2.8　洞口排水沟、截水沟的平面位置、开挖断面应符合设计要求,水沟内无积水,纵向坡度不得小于3%。

检验数量:施工单位全部检查。

检验方法:观察、测量。

5.2.9　隧道洞口结构和缓冲结构物,挡土墙基础基坑开挖尺寸允许偏差和检验方法应符合表6-24的规定。

表6-24　基坑开挖尺寸允许偏差和检验方法

序号	项目	允许偏差(mm)	检查数量	检验方法
1	基坑边缘距线路中线距离	+50 0	施工单位 全部检查	尺量,每边不少于5处
2	基坑长度、宽度	+100 −100	施工单位 全部检查	尺量,每边不少于5处
3	基底高程	0 −100	施工单位 全部检查	仪器测量,每边不少于5处

三、检验批表格的填写

施工单位根据每个验收项目的技术交底和施工完成情况对照施工质量验收标准的规定填写施工单位检查评定记录(表6-25),全部合格,便填写施工单位检查评定结果,然后接受监理单位验收。验收合格后手写签名。

表6-25　开挖检验批质量验收记录表

03010201□□□□

单位工程名称	××隧道(DK916+120～+297)		
分部工程名称	洞口及缓冲结构工程		
分项工程名称	开挖	验收部位	DK916+273.0～DK916+271.8
施工单位		项目负责人	李×
施工质量验收标准名称及编号	《高速铁路隧道工程施工质量验收标准》(TB 10753—2010)		

续上表

施工质量验收标准的规定					施工单位检查评定记录	监理单位验收记录
主控项目	1	边、仰坡开挖前危石清除、洞口开挖前超前支护		第 5.2.1 条	符合设计及验标要求	合格
	2	开挖面质量		第 5.2.2 条	符合设计及验标要求	合格
	3	爆破开挖用药量控制及对边坡、邻近建筑物的影响		第 5.2.3 条	符合设计及验标要求	合格
	4	开挖后地质情况核查		第 5.2.4 条	符合设计及验标要求	合格
	5	边、仰坡开挖形式和坡度		第 5.2.5 条	符合设计及验标要求	合格
	6	基础的地基承载力及软弱地基加固处理质量		第 5.2.6 条	符合设计要求	合格
	7	基坑底面质量		第 5.2.7 条	符合设计及验标要求	合格
一般项目	1	洞口排水沟、截水沟的平面位置、开挖断面及纵向坡度		第 5.2.8 条	符合设计及验标要求	合格
	2	允许偏差基坑开挖	基坑边缘距线路中线距离(mm)	+50 0	/ / / / / / / / / /	
			基坑长度、宽度(mm)	+100 −10	/ / / / / / / / / /	
			基底高程(mm)	0 −100	/ / / / / / / / / /	
施工作业人员质量责任登记	(手写签名)					
施工单位检查评定结果	检查评定合格:				专职质量检查员: 年 月 日 分项工程技术负责人: 年 月 日 分项工程负责人: 年 月 日	
监理单位验收结论	同意验收:				监理工程师: 年 月 日	

第七章　轨道工程内业表格编制

第一节　高速铁路轨道工程质量验收的单元划分

一、说　　明

本章内容依据《高速铁路轨道工程施工质量验收标准》（TB 10754—2010）、《铁路混凝土工程施工质量验收标准》（TB 10424—2010）等编写。

高速铁路无砟轨道工程施工质量验收单元划分为单位工程、分部工程、分项工程和检验批。

单位工程按一个完整工程或一个相当规模的施工范围划分。正线轨道单位工程按一个区间（以站中心为界，含正线道岔）划分，当区间含有不同类型轨道时，单位工程也可按轨道类型划分；当区间轨道划分为不同的施工标段或接管管段时，单位工程也可按施工标段或接管管段划分。

分部工程按一个完整部位或主要结构及施工阶段划分。

分项工程按工种、工序、材料、施工工艺划分。

检验批可根据施工及质量控制和验收需要按长度、施工段（处）等进行划分。

二、轨道分部工程、分项工程、检验批划分及编号

轨道分部工程、分项工程、检验批划分及编号见表7-1。

表7-1　轨道分部工程、分项工程、检验批划分及编号

（轨道单位工程编号0401）

分部工程	分项工程		检验批规模	检验批编号
01 与线下工程的交接	01 线下及接口工程交接		交接区段	04010101□□□□
02 施工控制网	01 CPⅠ、CPⅡ和线路水准基点复测		测量区段	04010201□□□□
	02 CPⅢ测设		测量区段	04010202□□□□
03 CRTSⅠ型板式无砟道床	底座及凸型挡台	01 模板	安装段	04010301□□□□
		02 钢筋	安装段	04010302□□□□
		03 混凝土	浇筑段	04010303□□□□
	04 轨道板铺设		铺设段	04010304□□□□
	05 板下充填层		灌注段	04010305□□□□
	06 凸型挡台填充树脂		灌注段	04010306□□□□
04 CRTSⅡ型板式无砟道床	支承层	01 引导线或模板	安装段	04010401□□□□
		02 水硬性混合料或混凝土	摊铺段或浇筑段	04010402□□□□

续上表

分部工程	分项工程		检验批规模	检验批编号
04 CRTSⅡ型板式无砟道床	03 桥上滑动层、高强度挤塑板		施工段	04010403□□□□
	桥上混凝土底座板	04 模板	安装段	04010404□□□□
		05 钢筋	安装段	04010405□□□□
		06 钢板连接器	每座桥	04010406□□□□
		07 底座混凝土	浇筑段	04010407□□□□
		08 后浇带混凝土	浇筑段	04010408□□□□
	台后锚固结构	09 摩擦板	每处	04010409□□□□
		10 端刺	每处	04010410□□□□
		11 过渡板	每处	04010411□□□□
	12 轨道板安置点、基准点		测量区段	04010412□□□□
	13 轨道板铺设		铺设段	04010413□□□□
	14 板下充填层		灌注段	04010414□□□□
	轨道板纵向连接及灌浆孔封堵	15 模板	安装段	04010415□□□□
		16 钢筋及纵向钢筋连接	施工段	04010416□□□□
		17 混凝土	浇筑段	04010417□□□□
	侧向挡块	18 模板	安装段	04010418□□□□
		19 钢筋	安装段	04010419□□□□
		20 混凝土	浇筑段	04010420□□□□
		21 弹性限位板	施工段	04010421□□□□
	22 轨道板锚固连接		施工段	04010422□□□□
05 CRTSⅠ型双块式无砟道床	支承层	01 引导线或模板	安装段	04010501□□□□
		02 水硬性混合料或混凝土	摊铺段或浇筑段	04010502□□□□
	桥上混凝土底座	03 模板	安装段	04010503□□□□
		04 钢筋	安装段	04010504□□□□
		05 混凝土	浇筑段	04010505□□□□
	06 隔离层、弹性垫层		施工段	04010506□□□□
	07 轨排组装、调整		施工段	04010507□□□□
	混凝土道床板	08 模板	安装段	04010508□□□□
		09 钢筋	安装段	04010509□□□□
		10 混凝土	浇筑段	04010510□□□□
06 CRTSⅡ型双块式无砟道床	支承层	01 引导线或模板	安装段	04010601□□□□
		02 水硬性混合料或混凝土	摊铺段或浇筑段	04010602□□□□
	桥上混凝土底座	03 模板	安装段	04010603□□□□
		04 钢筋	安装段	04010604□□□□
		05 混凝土	浇筑段	04010605□□□□

续上表

分部工程	分项工程		检验批规模	检验批编号
06 CRTSⅡ型双块式无砟道床	06 隔离层、弹性垫层		施工段	04010606□□□□
	07 支脚安装、精调		施工段	04010607□□□□
	混凝土道床板	08 模板	安装段	04010608□□□□
		09 钢筋	安装段	04010609□□□□
		10 混凝土	浇筑段	04010610□□□□
	11 轨枕振动嵌入		施工段	04010611□□□□
	12 固定架安装轨枕		施工段	04010612□□□□
07 枕式无砟道岔	路基土混凝土底座	01 模板	每组	04010701□□□□
		02 钢筋	每组	04010702□□□□
		03 混凝土	每组	04010703□□□□
	桥上混凝土底座	04 模板	每组	04010704□□□□
		05 钢筋	每组	04010705□□□□
		06 混凝土	每组	04010706□□□□
	07 隔离层、弹性垫层		每组	04010707□□□□
	08 道岔控制基标和加密基标		每组	04010708□□□□
	09 道岔组装、调整		每组	04010709□□□□
	混凝土道床板	10 模板	每组	04010710□□□□
		11 钢筋	每组	04010711□□□□
		12 混凝土	每组	04010712□□□□
	13 道岔钢轨焊接		每组	04010713□□□□
08 板式无砟道岔	路基上混凝土垫层	01 模板	每组	04010801□□□□
		02 混凝土	每组	04010802□□□□
	03 桥上滑动层		每组	04010803□□□□
	桥上混凝土底座	04 模板	每组	04010804□□□□
		05 钢筋	每组	04010805□□□□
		06 混凝土	每组	04010806□□□□
	07 基准点、定位点		每组	04010807□□□□
	08 道岔板铺设		每组	04010808□□□□
	路基上、隧道内混凝土底座板	09 模板	每组	04010809□□□□
		10 钢筋	每组	04010810□□□□
		11 自密实混凝土	每组	04010811□□□□
	12 桥上板下充填层		每组	04010812□□□□
	13 板缝及观察孔		每组	04010813□□□□
	转换设备基础	14 模板	每组	04010814□□□□
		15 钢筋	每组	04010815□□□□
		16 混凝土	每组	04010816□□□□

续上表

分部工程	分项工程		检验批规模	检验批编号
08 板式无砟道岔	侧向挡块	17 模板	每组	04010817□□□□
		18 钢筋	每组	04010818□□□□
		19 混凝土	每组	04010819□□□□
		20 弹性限位板	每组	04010820□□□□
	21 道岔板锚固链接		每组	04010821□□□□
	22 道岔组件安装及精调		每组	04010822□□□□
	23 道岔钢轨焊接		每组	04010823□□□□
09 有砟道床	01 铺轨前铺砟		5km	04010901□□□□
	02 分层上砟整道		5km	04010902□□□□
10 有砟道岔	01 道岔控制基标及加密基标		每组	04011001□□□□
	02 铺岔前预铺道砟		每组	04011002□□□□
	03 道岔铺设		每组	04011003□□□□
	04 道岔铺砟整道		每组	04011004□□□□
	05 道岔钢轨焊接		每组	04011005□□□□
11 轨道过渡段	无砟轨道与有砟轨道结构间的过渡	01 模板	每个过渡段	04011101□□□□
		02 钢筋	每个过渡段	04011102□□□□
		03 混凝土	每个过渡段	04011103□□□□
		04 锚固链接	每个过渡段	04011104□□□□
		05 道砟	每个过渡段	04011105□□□□
		06 铺助轨	每个过渡段	04011106□□□□
	07 不同无砟轨道间的过渡		每个过渡段	04011107□□□□
12 钢轨伸缩调节器	01 无砟轨道钢轨伸缩调节器		每组	04011201□□□□
	02 有砟轨道钢轨伸缩调节器		每组	04011202□□□□
13 无缝线路	01 无砟轨道铺轨		6km	04011301□□□□
	02 有砟轨道铺枕铺轨		2km	04011302□□□□
	03 工地钢轨焊接		12 个接头	04011303□□□□
	04 无缝线路应力放散及锁定		单元轨条	04011304□□□□
14 轨道精调整理及钢轨预打磨	01 无砟轨道精调整理		5 km	04011401□□□□
	02 有砟轨道精调整理		5 km	04011402□□□□
	03 道岔精调整理		每组	04011403□□□□
	04 钢轨预打磨		5 km	04011404□□□□
15 线路标志	01 线路标志		每个区间	04011501□□□□

第二节　高速铁路轨道工程质量验收

为加强高速铁路工程施工质量管理，统一高速铁路轨道工程施工质量的验收标准，保证工程质量，制定了《高速铁路轨道工程施工质量验收标准》(TB 10751—2010)，为政府部门和专门质量机构、建设和施工及监理单位对工程质量的监督、管理、控制、验收提供统一的质量标准和检验、验收方法，作为规范工程建设各方主体质量行为的主要依据，以确保高速铁路轨道工程的施工质量。

高速铁路轨道技术标准体系是中国铁路技术标准体系的组成部分之一。轨道技术标准大致可以分为以下几类：轨道工程设计标准、轨道工程测量标准、轨道施工及验收标准、轨道建设管理标准、轨道运营维护标准等。轨道施工及验收标准主要参考高速铁路轨道工程施工质量验收标准、高速铁路轨道工程施工技术指南、客运专线铁路无砟轨道铺设条件评估技术指南、铁路轨道工程施工安全技术规程、客运专线铁路工程静态验收指导意见、客运专线铁路工程竣工验收动态检测指导意见等。

依据《高速铁路轨道工程施工质量验收标准》(TB 10754—2010)，标准共分 19 章，主要内容包括：总则、术语、基本规定、与线下工程的交接、施工控制网、CRTSⅠ型板式无砟道床、CRTSⅡ型板式无砟道床、CRTSⅠ型双块式无砟道床、CRTSⅡ型双块式无砟道床、枕式无砟道岔、板式无砟道岔、有砟道床、有砟道岔、轨道过渡段、钢轨伸缩调节器、无缝线路、轨道精调整理及钢轨预打磨、线路标志、单位工程综合质量评定等。

一、重点的验收内容

验标的主要内容如下：

(1)本标准认真贯彻“调整地位、验评分离、充实内容、严格程序、强化检测、明确责任”的指导思想。

(2)本标准的编制工作紧紧把握高速铁路总体技术路线，坚持高起点、高标准，通过原始创新、集成创新和引进消化吸收再创新，形成符合我国国情、路情，具有自主知识产权的中国高速铁路轨道工程施工质量验收标准。

(3)加大自主创新力度，开展针对性的科研攻关和试验，强化重大科研、试验对标准关键技术的理论支撑与验证。

(4)本标准围绕高速铁路轨道工程施工特点进行编制，体现对施工管理、技术、作业三个层次的质量责任要求，体现“六位一体”的总体要求及 “四个标准化”的管理要求。

(5)本标准结合高速铁路轨道施工技术的发展，总结高速铁路轨道工程施工的实践经验，采用现代化手段，确保工程质量及施工安全。体现了标准的先进性、科学性和适用性。

(6)本标准编制中体现了源头控制、过程控制、细节控制。

(7)本标准的编制体现系统性和统一性，做好与相关标准及管理办法的衔接。

(8)细化附属工程质量要求。

二、验收记录表示例

检验批应由施工单位自检合格后报监理单位，由监理工程师组织施工单位专职质量检查员等进行验收。施工单位应对全部主控项目和一般项目进行检查。监理单位应对全部主控项目进行检查，对一般项目的检查内容和数量可根据具体情况确定。检验批质量验收记录应按表填写。对于主控项目，施工单位检查评定记录及监理单位验收记录的内容应填写详细具体；对于一般项目可填写概括性结论。表 7-2[轨道精调整理及钢轨预打磨]道岔精调整理检验批质量验收记录表（Ⅱ）表 7-3[线路标志] 线路标志检验批质量验收记录表

表 7-2 道岔精调整理检验批质量验收记录表（Ⅱ）

[轨道精调整理及钢轨预打磨] 04011403□□□□□

<table>
<tr><td colspan="5">单位工程名称</td><td colspan="2"></td></tr>
<tr><td colspan="5">分部工程名称</td><td colspan="2">轨道精调整理及钢轨预打磨</td></tr>
<tr><td colspan="3">分项工程名称</td><td colspan="2">道岔精调整理</td><td>验收部位</td><td></td></tr>
<tr><td colspan="3">施工单位</td><td colspan="2"></td><td>项目负责人</td><td></td></tr>
<tr><td colspan="3">施工质量验收标准名称及编号</td><td colspan="4">《高速铁路轨道工程施工质量验收标准》(TB 10754—2010)</td></tr>
<tr><td colspan="5">施工质量验收标准的规定</td><td>施工单位检查评定记录</td><td>监理单位验收记录</td></tr>
<tr><td rowspan="14">一般项目</td><td>1</td><td colspan="2">道岔直、曲股外观</td><td>第 17.4.5 条</td><td>直股平顺，侧股方向与其连接曲线连接圆顺</td><td rowspan="14">合格</td></tr>
<tr><td>2</td><td colspan="2">标记及字体</td><td>第 17.4.5 条</td><td>标记正确齐全、字体端正清晰</td></tr>
<tr><td>3</td><td colspan="2">有砟道岔道床外观及断面</td><td>第 17.4.6 条</td><td>道床饱满、清洁，砟面整齐，道床断面符合规定</td></tr>
<tr><td rowspan="2">4</td><td rowspan="2">道床顶面高度</td><td>低于岔枕承轨面(mm)</td><td>≥40</td><td>检查×处，均低于枕木承轨面 40 mm，符合要求</td></tr>
<tr><td>不高于轨枕中部顶面</td><td>第 17.4.7 条</td><td>检查×处，道床顶面均低于轨枕中部，符合要求</td></tr>
<tr><td rowspan="3">5</td><td rowspan="3">道床尺寸允许偏差(mm)</td><td>道床厚度</td><td>−20</td><td>检查×处，最大偏差× mm，符合要求</td></tr>
<tr><td>砟肩宽度</td><td>±20</td><td>检查×处，最大偏差× mm，符合要求</td></tr>
<tr><td>砟肩堆高</td><td>无负偏差</td><td>检查×处，无负偏差，符合要求</td></tr>
<tr><td>6</td><td colspan="2">道岔轨面高程偏差(mm)</td><td>≤10</td><td>水准仪检查×处，与设计高程最大偏差值×，符合要求</td></tr>
<tr><td rowspan="4">7</td><td colspan="2">扣件轨距块离缝率</td><td>≤6%</td><td>检查×点，离缝率为×，符合要求</td></tr>
<tr><td colspan="2">最大离缝(mm)</td><td>0.5</td><td>检查×点，最大离缝为×，符合要求</td></tr>
<tr><td colspan="2">扣件扣压力不足所占比例</td><td>≤8%</td><td>检查×点，扣件扣压力不足的占×%，符合要求</td></tr>
<tr><td colspan="2">胶垫偏斜大于 5 mm 所占比例</td><td>≤8%</td><td>检查×点，胶垫偏斜大 5 mm 以上的占×%，符合要求</td></tr>
<tr><td colspan="4">施工作业人员质量责任登记</td><td colspan="3"></td></tr>
<tr><td colspan="4">施工单位检查评定结果</td><td colspan="3">专职质量检查员： 年 月 日
分项工程技术负责人： 年 月 日
分项工程负责人： 年 月 日</td></tr>
<tr><td colspan="4">监理单位验收结论</td><td colspan="3">监理工程师： 年 月 日</td></tr>
</table>

表 7-3　线路标志检验批质量验收记录表

[线路标志]　　04011501□□□□□

<table>
<tr><td colspan="2">单位工程名称</td><td colspan="4"></td></tr>
<tr><td colspan="2">分部工程名称</td><td colspan="4">线路标志</td></tr>
<tr><td colspan="2">分项工程名称</td><td>线路标志</td><td>验收部位</td><td colspan="2"></td></tr>
<tr><td colspan="2">施工单位</td><td></td><td>项目负责人</td><td colspan="2"></td></tr>
<tr><td colspan="3">施工质量验收标准名称及编号</td><td colspan="3">《高速铁路轨道工程施工质量验收标准》(TB 10754—2010)</td></tr>
<tr><td colspan="4">施工质量验收标准的规定</td><td>施工单位检查评定记录</td><td>监理单位验收记录</td></tr>
<tr><td rowspan="2">主控项目</td><td>1</td><td>标志的材质、规格、图案字样</td><td>第 18.0.2 条</td><td>检查记录表 1 份,编号×××,各种标志的材质、规格、图案符合设计要求</td><td>合格</td></tr>
<tr><td>2</td><td>各种标志的数量、位置、高度及方向</td><td>第 18.0.3 条</td><td>检查记录表 1 份,编号×××,各种标志数量、位置、高度及方向符合设计要求,标志设置牢固</td><td>合格</td></tr>
<tr><td rowspan="3">一般项目</td><td rowspan="3">1</td><td>标志设置</td><td rowspan="3">第 18.0.4 条</td><td>设置端正,符合规定</td><td rowspan="3">合格</td></tr>
<tr><td>标涂料及色泽</td><td>涂料色泽鲜明,符合要求</td></tr>
<tr><td>图像、字迹</td><td>图像字迹清晰完整,符合要求</td></tr>
<tr><td colspan="2">施工作业人员质量责任登记</td><td colspan="4"></td></tr>
<tr><td colspan="2">施工单位检查评定结果</td><td colspan="4">专职质量检查员:　年　月　日
分项工程技术负责人:　年　月　日
分项工程负责人:　年　月　日</td></tr>
<tr><td colspan="2">监理单位验收结论</td><td colspan="4">监理工程师:　年　月　日</td></tr>
</table>

三、分项工程质量验收

分项工程质量验收是对其所含检验批质量的统计汇总。分项工程由监理工程师组织施工单位分项工程技术负责人等进行验收。表格样式同之前所学专业的相同,故不再赘述。

四、分部工程质量验收

分部工程应由监理工程师组织施工单位项目负责人和技术、质量负责人等进行验收,桥梁的地基与基础分部工程进行验收时,勘察设计单位项目负责人应参加,并填写记录。表格样式同之前所学专业的相同,故不再赘述。

五、单位工程质量验收

(1)单位工程质量控制资料检查应由监理单位组织施工单位进行,表格样式和填写方法同之前所学专业的相同,故不再赘述。

(2)单位工程完成后,应由建设单位组织勘察设计、监理、施工单位对单位工程实体质量和主要功能进行核查,并按照表 7-4 填写记录。

表 7-4　单位工程实体质量和主要功能进行核查记录

单位工程名称				
施工单位				
序号	项目	份数	核查意见	核查人
1	轨道静态铺设精度			
2	道岔(直向)静态铺设精度			
3	扣件缺损			
4	扣件扣压力			
5	钢轨焊接接头平直度			
6	钢轨预打磨质量			
7	板下充填层质量			
8	凸形挡台填充树脂质量			
9	轨道板外观质量			
10	道床板表面裂纹			
11	道床断面尺寸			
12	道砟质量			
13	承轨台伤损			
14	线间距			
15	钢轨伸缩调节器铺设位置及尺寸			
结论： 施工单位项目负责人：　总监理工程师：　设计单位项目负责人：　建设单位项目负责人： 年　月　日　　年　月　日　　年　月　日　　年　月　日				

(3)单位工程观感质量检查项目评定达不到合格标准，应进行返修。

控制基标观感质量合格标准：标识齐全、色泽鲜明、清晰完整。

无砟道床观感质量合格标准：表面平整、清洁、无污染、线条顺直、美观、无碰损。

有砟道床观感质量合格标准：道床饱满、均匀、无杂物、断面正确，边坡整齐，美观，路肩上无散落道砟、无杂草。

钢轨观感质量合格标准：远视平顺，轨向直线顺直，曲线圆顺，头尾不得有反弯或鹅头。

扣件观感质量合格标准：扣件齐全清洁无杂物。单位工程观感质量检查记录见表 7-5。

表 7-5　单位工程观感质量检查记录

单位工程名称			
施工单位			
序号	项 目 名 称	质量状况	质量评价
1	控制基标		
2	无砟道床		
3	有砟道床		
4	钢轨		

续上表

序号	项 目 名 称	质量状况	质量评价
5	扣件		
6	轨枕		
7	道岔		
8	钢轨伸缩调节器		
9	位移观测桩		
10	线路标志		
检查结论： 施工单位项目负责人：　总监理工程师：　设计单位项目负责人：　建设单位项目负责人： 年　月　日　　年　月　日　　年　月　日　　年　月　日			

(4)单位工程质量验收记录填写，表格样式和填写方法同之前所学专业的相同，故不再赘述。

第三节　高速铁路轨道工程施工用表

在轨道工程竣工时，需要轨道工程数量汇总表、正线线路上部建筑铺设材料汇总表、铺设钢筋混凝土枕、木枕地段表、铺设无缝线路地段表(跨区间无缝线路)、铺设道岔和钢轨伸缩调节器地段表、养路机械设备数量表、钢轨及连接配件出厂合格证、钢轨焊接接头检验报告、焊轨接头的焊接检查证(或合格证)、无缝线路基本技术状况登记表等。

本节仅重点介绍以下内容，其他查阅相关文件。

一、施工原始记录表

在施工的原始记录中主要包括测量记录表、试验记录表、试验报告和质量记录表，试验报告如：碎石道砟试验汇报、岩石抗压强度试验报告、土工试验报告等，试验记录表如：细骨料试验记录、粗骨料试验记录、混凝土外加剂性能试验记录、速凝剂匀质性试验记录等，表格示例见表 7-6 绝缘电阻测试记录表，表 7-7 筛分试验报告，表 7-8 集料压碎值试验记录，表 7-9 混凝土试件抗压强度试验报告。

表 7-6　绝缘电阻测试记录表

标段名称	新建×××铁路×××标		施工单位	×××公司
单位工程	DK429+193.59～D1K474+494.071 段无砟轨道工程		工程部位	×××道床板
仪表型号	接地电阻测试仪(200 Ω)		测试日期	2014.04.08
测试位置	规定电阻值(Ω)	实测电阻值(Ω)	测定结果	记录人
D3K446+326.330 左线	绝缘电阻>10 MΩ	25	合格	(手写签名)
D3K446+416.486 左线	绝缘电阻>10 MΩ	80	合格	(手写签名)

续上表

测试位置	规定电阻值(Ω)	实测电阻值(Ω)	测定结果	记录人
技术负责人	×××	施工负责人	×××	
质检工程师	×××	监理工程师	×××	

表 7-7　筛分试验报告

委托单位：物资部　　试样名称：碎石(4.75～16) mm　　试验单位：×××试验室
用　　途：轨道铺装　　取样地点：拌和站　　试验日期：××年×月×日
报告编号：　　合同号：×××　　报告日期：××年×月×日
试验号：001

筛孔(mm)	筛余量(g)	筛余百分率(%)	累计筛余百分率(%)	通过百分率(%)	筛孔(mm)	筛余量(g)	筛余百分率(%)	累计筛余百分率(%)	通过百分率(%)
19	0	0.0	0.0	100.0	19	0	0.0	0.0	100.0
16	334	6.7	6.7	93.3	16	348	7.0	7.0	93.0
9.5	2 812	56.2	62.9	37.1	9.5	2800	56.0	63.0	37.0
4.75	1 664	33.3	96.2	3.8	4.75	1 674	33.5	96.4	3.6
2.36	175	3.5	99.7	0.3	2.36	160	3.2	99.6	0.4
筛底	11				筛底	15			
试样质量(g)		5000							

注：经试验碎石 4.75～9.5 mm 与碎石 9.5～19 mm 的掺配比例为 30∶70

表 7-8　集料压碎值试验记录

试验单位：	×××项目部中心试验室		试验号		1～18
委托单位	物资部		试样名称		碎石(4.75～31.5 mm)
取样地点	×××碎石厂		使用部位		轨道工程
压碎值	试验次数		1	2	平均
	量筒中烘干试样的质量 A(g)		2 800	2 800	2 800
	压后通过 2.36 mm 筛孔的细粒料质量 B(g)		501	469	486
	压碎值 $=B/A\times 0.816-5$(%)		9.6	8.7	9.2

试验：　　计算：　　复核：　　日期：

表 7-9　混凝土试件抗压强度试验报告

表　　号：铁建试报 14　　批准文号：铁建设函〔2009〕27 号
委托单位：××公司××段　　××标项目经理部
报告编号：KY16111010-20　　施工部位：×××隧道进口 DK492+600～635 侧沟(左侧)
记录编号：KY16111010-20　　代表数量：18 m³
报告日期：2016/11/03

(1)技术条件			
设计强度等级	配合比报告编号	理论配合比	水胶比
C35	PB1406014-110	C∶S∶G1∶G2∶G3∶W∶WJ1= 1∶0.6∶0.4∶4.46∶1.36∶2.45∶1.63∶0.88∶0.02	0.43

续上表

制件日期	试件尺寸(mm)	施工配合比	水胶比
2016/09/08	150×150×150	C∶S∶G1∶G2∶G3∶W∶WJ1＝1∶0.6∶0.4∶4.68∶1.40∶2.55∶1.64∶0.73∶0.02	0.43
制件时坍落度(mm)	制件时扩展度(mm)	制件时维勃稠度(s)	制件捣实方法
180	/	/	机械
养护方法	养护温度(℃)	工地拌和方法	工地捣实方法
标养	20±2	机械	机械

(2)混凝土使用材料情况

材料名称	材料产地	品种规格	报告编号	施工拌和用料量(kg/m³)
水泥	×××有限公司	P.O42.5(低碱)	C16081010-07	194
粉煤灰	×××有限公司	F类Ⅰ级	F16081010-06	116
矿粉	×××有限公司	S95	KF16081010-04	78
砂	×××采砂场	中砂	S16081010-04	775
碎石1	×××碎石场	5～10 mm	G16081010-11	264
碎石2	×××碎石场	10～20 mm	G16081010-11	475
碎石3	×××碎石场	16～31.5 mm	G16081010-11	317
减水剂	×××有限公司	CC-AI	WJ16081010-01	3.88
水	×××隧道斜井拌和站	井水	ERE-16010102	152

(3)抗压强度试验结果

试件编号	试件	试验日期	龄期(d)	承压面积(mm²)	抗压强度 f_{cu}(MPa)	
					单块值	组值
KY16111010-20	1	2016/11/03	56	22 500	42.4	42.8
	2			22 500	43.6	
	3			22 500	42.5	

检测评定依据:《普通混凝土力学性能试验方法》(GB/T 50081-2002)	试验结论:该组混凝土试件56天抗压强度为42.8 MPa,符合设计要求。试验:________ 复核:________ 批准:________ 单位(章)________

二、试验中通用的管理表

在试验中通用的管理格包括:工程试验人员动态年报、试验任务委托单、委托试验管理台账、仪器设备运转记录、监视和测量设备台账、监视和测量设备周期检定/校准计划、试验检测人员情况表等,表格示例见表7-10仪器设备管理台账和表7-11仪器设备运转记录。

表7-10 仪器设备管理台账

施工单位:×××段××项目

序号	管理编号	名称	规格型号	生产厂家	检定周期	检定时间	检定单位	检定情况
1	DTZF-001	标准养护室控制仪	BYS	×××设备有限公司	1年	2017/7/24	×××计量检测技术有限公司	合格

续上表

序号	管理编号	名称	规格型号	生产厂家	检定周期	检定时间	检定单位	检定情况
2	DTZF-002	电子计重称	JSB30-1	×××有限公司	1年	2017/7/24	×××计量检测有限公司	合格
3	DTZF-003	电子天平	JX2001	×××有限公司	1年	2017/7/24	×××测绘仪器校准检测中心	合格
4	DTZF-004	灌砂筒	ϕ150 mm	/	1年	2017/7/30	×××计量技术检测有限公司	合格
5	DTZF-005	混凝土振动台	100×100 cm	×××有限公司	1年	2017/7/24	×××材料检验研究院有限公司	合格
6	DTZF-006	塌落度筒	100×200×300	/	1年	2017/7/30	×××计量技术检测有限公司	合格
7	DTZF-007	试模	100×100×100	×××	1年	2017/7/30	×××计量技术检测有限公司	合格
8	DTZF-008	砂浆试模	70.7×70.7×70.7	×××	1年	2017/7/31	×××计量技术检测有限公司	合格
9	DTZF-009	大板试模	450×450×120 mm	×××	1年	2017/7/18	×××计量技术检测有限公司	合格
10	DTZF-010	抗渗试模	175×185×150	×××	1年	2017/7/30	×××计量技术检测有限公司	合格
11	DTZF-011	混凝土回弹仪	ZC3-A	×××回弹仪厂	6个月	2017/7/31	×××计量技术检测有限公司	合格
12	DTZF-012	泥浆三件套	ANY-1	×××仪器厂	1年	2017/7/30	×××计量技术检测有限公司	合格
13	DTZF-013	便携式建筑电子测温仪	JDC-2	/	1年	2017/7/30	×××计量技术检测有限公司	合格
14	DTZF-014	室内温湿度计	/	×××	1年	2017/7/24	×××计量器具检测有限公司	合格
15	DTZF-015	钢直尺	50 cm	×××有限公司	1年	2017/7/24	×××材料检验研究院有限公司	合格

表 7-11　仪器设备运转记录

批准文号：铁建设函【2009】27号　　　　表号：铁建试验管 04

仪器设备名称：电流伺服万能试验机　　　　管理编号：ZJLQ-002　　　　仪器型号：WAW-600B型

序号	日期	运转前检查情况	检测项目	起止时间	运转前检查情况	使用者	备注
1	2017.4.27	良好	钢筋拉伸弯曲	15:30～16:30	良好	王×	
2	2017.5.11	良好	机械运转拉伸	09:30～11:00	良好	王×	
3	2017.5.11	良好	无缝钢管拉伸弯曲	14:30～15:30	良好	王×	
4	2017.5.15	良好	钢带拉伸弯曲	14:40～16:00	良好	王×	
5	2017.5.18	良好	机械运转拉伸	17:00～18:00	良好	王×	
6	2017.5.19	良好	机械运转拉伸	15:00～16:50	良好	王×	
7	2017.5.20	良好	钢筋拉伸弯曲	09:20～10:50	良好	王×	
8	2017.5.25	良好	钢筋拉伸弯曲	19:20～20:30	良好	王×	

续上表

序号	日期	运转前检查情况	检测项目	起止时间	运转前检查情况	使用者	备注
9	2017.6.07	良好	钢筋拉伸弯曲	09:50～11:20	良好	王×	
10	2017.6.07	良好	钢筋拉伸弯曲	15:05～16:00	良好	王×	
11	2017.6.08	良好	机械运转拉伸	10:00～12:00	良好	王×	
12	2017.6.08	良好	无缝钢管拉伸弯曲	10:00～11:40	良好	王×	
13	2017.6.09	良好	钢板拉伸弯曲	08:30～10:00	良好	王×	

第四节　轨道工程分项、分部工程验收填写示例

本节内容以某铁路工程的轨道工程中CRTSⅠ型板式无砟道床分部工程的施工为例说明分部和分项工程质量验收表格的填写方法。在这里不过多赘述涉及的施工内容，仅以填好的记录表格作为材料。

一、背景材料——某CRTSⅠ型板式无砟道床的施工及验收记录表

CRTSⅠ型板式轨道施工基本特点是从下至上，所有施工误差最后都会累计到轨面上。板式无砟轨道的高平顺性，最终体现在轨道工程上，而高平顺性的轨道又取决于路基、桥涵和隧道等线下工程的高质量、高稳定的实现。轨道工程的施工与路基工程和桥隧工程，既是相互独立自成体系，又是相互制约有机联系的整体系统工程。

在稳固的线下工程设施的基础上，为要构筑高精度、高质量的板式轨道，其关键技术是一定要把握住各道工序的施工控制测量，始终坚持精心施工、精细施工和向更高的精度挑战。

CRTSⅠ型板式轨道施工总流程如图7-1所示。

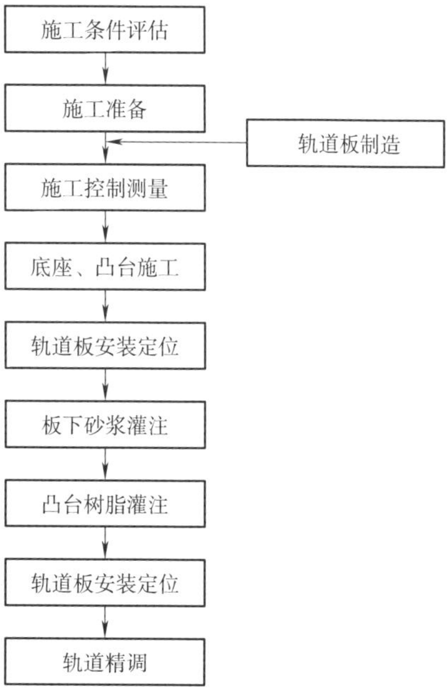

图7-1　CRTSⅠ型板式轨道施工总流程

在进行施工时需要进行的施工记录和检验批验收表格如下：

(1)轨道板混凝土脱模、张拉通知单。

(2)轨道板模型检查记录表。

(3)钢筋骨架绝缘性能检查记录表。

(4)混凝土施工记录表。

(5)混凝土灌注及养护检查表。

(6)轨道板预施应力施工记录。

(7)封锚砂浆施工记录表。

(8)底座及凸型挡台模板检验批质量验收记录表(表7-12)。

(9)底座及凸型挡台钢筋检验批质量验收记录表(表7-13)。

(10)底座及凸型挡台混凝土检验批质量验收记录表(Ⅰ)(表7-14)。

(11)底座及凸型挡台模板检验批质量验收记录表(Ⅱ)(表7-15)。

(12)轨道板铺设检验批质量验收记录表(表 7-16)。

(13)板下充填层检验批质量验收记录表(Ⅰ)(表 7-17)。

(14)板下充填层检验批质量验收记录表(Ⅱ)(表 7-18)。

(15)凸型挡台填充树脂检验批质量验收记录表。

表 7-12 底座与凸型挡台模板检验批质量验收记录表

[CRTS Ⅰ型板式无砟道床] 04010301□□□□

单位工程名称			轨道工程(DK492+270.16～DK502+311.05)						
分部工程名称			CRTSⅠ型板式无砟道床						
分项工程名称			模板		验收部位			××	
施工单位			××标项目经理部		项目负责人			××	
施工质量验收标准名称及编号			[A]:《高速铁路轨道工程施工质量验收标准》(TB 10754—2010) [B]:《铁路混凝土工程施工质量验收标准》(TB 10424—2010)						
施工质量验收标准的规定					施工单位检查评定记录				监理单位验收记录
主控项目	1	模板及支架的强度、刚度、稳定性及材质、结构形式		[A]第 6.2.1 条	模板及支架的强度、刚度、稳定性及材质、结构形式,符合设计要求				
	2	模板及支架安装质量		[A]第 6.2.2 条	模板及支架的强度、刚度、稳定性及材质、结构形式,符合设计要求				
一般项目	1	预留孔洞允许偏差(mm)	中心位置	10	3	2	3	3	
			尺寸	+10 0	2	0	3	1	
		预埋件允许偏差(mm)	中心位置	3	1	1	1	1	
			外露长度	+10 0	2	3	3	4	
	2	底座模板允许偏差(mm)	顶面高程	±3	1	1	1	1	
			宽度	±5	2	3	3	4	
			中线位置	2	1	1	1	1	
			伸缩缝位置	5	2	3	3	4	
	3	凸型挡台模板允许偏差(mm)	圆形挡台直径	±3	2	3	3	4	
			半圆形挡台半径	±2	1	1	1	1	
			中心位置	2	2	3	3	4	
			顶面高程	+4 0	2	3	3	4	
	4	模板拆除		[A]第 6.2.6 条	模板拆除混凝土面及棱角无损伤,符合设计及验标要求				
施工单位检查评定结果			专职质量检查员: 年 月 日 分项工程技术负责人: 年 月 日 分项工程负责人: 年 月 日						
监理单位验收结论			监理工程师: 年 月 日						

表 7-13　底座与凸形挡台钢筋检验批质量验收记录表

［CRTSⅠ型板式无砟道床］　　04010302□□□□

单位工程名称	轨道工程(DK492＋270.16～DK502＋311.05)							
分部工程名称	CRTSⅠ型板式无砟道床							
分项工程名称	模板			验收部位			××	
施工单位	××标项目经理部			项目负责人			××	
施工质量验收标准名称及编号	【A】:《高速铁路轨道工程施工质量验收标准》(TB 10754—2010) 【B】:《铁路混凝土工程施工质量验收标准》(TB 10424—2010)							
施工质量验收标准的规定				施工单位检查评定记录				监理单位验收记录
主控项目	1	钢筋质量	【B】第 5.2.1 条	钢筋材质合格,符合设计及验标				
主控项目	2	钢筋保护层垫块材质	【B】第 5.2.3 条	钢筋保护层垫块材质合格,符合设计及验标要求				
主控项目	3	钢筋机械连接接头配件质量	【B】第 5.2.4 条	钢筋机械连接接头配件质量合格,符合设计及验标要求				
主控项目	4	钢筋弯钩、弯起质量	【B】第 5.3.1 条	钢筋弯钩、弯起质量合格,符合设计及验标要求				
主控项目	5	钢筋机械连接丝头加工质量	【B】第 5.3.2 条	钢筋机械连接丝头加工质量合格,符合设计及验标要求				
主控项目	6	钢筋连接方式、接头位置	【B】第 5.4.1 条	钢筋连接方式、接头位置,符合设计及验标要求				
主控项目	7	钢筋接头质量	【B】第 5.4.2 条	钢筋接头质量合格,符合设计及验标要求				
主控项目	8	直螺纹接头拧紧力矩	【B】第 5.4.3 条	直螺纹接头拧紧力矩符合设计及验标要求				
主控项目	9	钢筋接头位置、数量	【B】第 5.4.4 条	钢筋接头位置、数量符合设计及验标要求				
主控项目	10	钢筋品种、规格、数量	【B】第 5.5.1 条	钢筋品种、规格、数量符合设计及验标要求				
主控项目	11	钢筋保护层垫块规格、位置和数量	【B】第 5.5.2 条	钢筋保护层垫块规格、位置和数量符合设计及验标要求				
一般项目	1	钢筋外观质量	【B】第 5.2.5 条	钢筋平直、无损伤,表面无裂纹、油污、颗粒状或者片状老锈				
一般项目	2	钢筋骨架绑扎扣数	【A】第 6.2.13 条	钢筋骨架绑扎扣数合格符合设计及验标要求				
一般项目	3	允许偏差 受力钢筋全长	±10	3	3	3	3	
一般项目	3	允许偏差 弯起筋弯折位置	20	2	1	1	1	
一般项目	3	允许偏差 箍筋内净尺寸	±3	1	1	1	1	
一般项目	3	允许偏差 钢筋间距	±20	1	1	1	1	
一般项目	3	允许偏差 钢筋保护层厚度	【A】第 6.2.14 条					
施工单位检查评定结果	专职质量检查员：　年　月　日 分项工程技术负责人：　年　月　日 分项工程负责人：　年　月　日							
监理单位验收结论	监理工程师：　年　月　日							

表 7-14 底座与凸形挡台混凝土检验批质量验收记录表(Ⅰ)

[CRTSⅠ型板式无砟道床] 04010303□□□□

单位工程名称	轨道工程(DK492+270.16~DK502+311.05)			
分部工程名称	CRTSⅠ型板式无砟轨道道床			
分项工程名称	模板		验收部位	××
施工单位	××标项目经理部		项目负责人	××
施工质量验收标准名称及编号			《铁路混凝土工程施工质量验收补充标准》(TB 10424—2010)	

施工质量验收标准的规定				施工单位检查评定记录	监理单位验收记录
主控项目	1	混凝土用原材料质量	第6.2.1~6.2.8条	混凝土用原材料质量合格。符合设计及验标要求	
	2	混凝土配合比	第6.3.1~6.3.5条	混凝土配合比编号:××,符合设计及验标要求	
	3	原材料称量偏差	第6.4.1条	原材料称量偏差符合设计及验标要求	
	4	砂、石含水率测试	第6.4.2条	砂、石含水率测试符合设计要求及验标要求	
	5	拌和物坍落度	第6.4.3条	拌和物坍落度为:××,符合设计及验标要求	
	6	入模含气量	第6.4.4条	入模含气量为:××,符合设计及验标要求	
	7	入模温度	第6.4.5条	入模温度:××,符合设计及验标要求	
	8	与临接介质温差及其温度	第6.4.6条	与邻接介质温度及其温度为××,符合设计及验标要求	
	9	施工缝位置和链接形式	第6.4.7条	施工缝位置和链接形式符合设计及验标要求	
	10	施工处理	第6.4.8条	施工缝表面无积水,浇筑前进行凿毛处理并充分湿润,符合设计及验标要求	
	11	标准养护强度试件、留置	第6.4.11条	标准养护强度试件取样、留置1组,编号:××	
	12	标准养护弹性模量试件取样、留置	第6.4.13条	标准养护弹性模量试件取样、留置1组,编号××	

施工单位检查评定结果	专职质量检查员: 年 月 日 分项工程技术负责人: 年 月 日 分项工程负责人: 年 月 日
监理单位验收结论	监理工程师: 年 月 日

表 7-15　底座与凸形挡台混凝土检验批质量验收记录表

［CRTSⅠ型板式无砟道床］　　04010303□□□□

<table>
<tr><td colspan="3">单位工程名称</td><td colspan="7">轨道工程(DK492＋270.16～DK502＋311.05)</td></tr>
<tr><td colspan="3">分部工程名称</td><td colspan="7">Kx＋××～Ky＋yyy(L/R)</td></tr>
<tr><td colspan="3">分项工程名称</td><td colspan="2">模板</td><td colspan="4">验收部位</td><td>××</td></tr>
<tr><td colspan="3">施工单位</td><td colspan="2">××标项目经理部</td><td colspan="4">项目负责人</td><td>××</td></tr>
<tr><td colspan="3">施工质量验收标准
名称及编号</td><td colspan="7">[A]:《客运专线铁路路基工程施工质量验收标准》(TB10754—2010)
[B]:《铁路混凝土工程施工质量验收标准》(TB10424—2010)</td></tr>
<tr><td colspan="5">施工质量验收标准的规定</td><td colspan="4">施工单位检查评定记录</td><td>监理单位
验收记录</td></tr>
<tr><td rowspan="6">主控
项目</td><td>1</td><td colspan="2">混凝土养护</td><td>[B]第 6.4.9 条</td><td colspan="4">混凝土养护符合设计及验标要求</td><td></td></tr>
<tr><td>2</td><td colspan="2">拆模温差和条件</td><td>[B]第 6.4.10 条</td><td colspan="4">拆模温差 和条件符合设计及验标要求</td><td></td></tr>
<tr><td>3</td><td colspan="2">混凝土强度等级</td><td>[B]第 6.4.11 条</td><td colspan="4">混凝土强度等级为:×,符合设计及验标要求</td><td></td></tr>
<tr><td>4</td><td colspan="2">混凝土弹性模量</td><td>[B]第 6.4.13 条</td><td colspan="4">混凝土弹性模量符合设计及验标要求</td><td></td></tr>
<tr><td>5</td><td colspan="2">混凝土防腐蚀强化措施</td><td>[B]第 6.4.15 条</td><td colspan="4">混凝土防腐蚀强化措施符合设计及验标要求</td><td></td></tr>
<tr><td>6</td><td colspan="2">混凝土表面裂缝</td><td>[B]第 6.4.16 条</td><td colspan="4">混凝土表面裂缝 0.2 mm 符合设计及验标要求</td><td></td></tr>
<tr><td rowspan="11">一般
项目</td><td rowspan="5">1</td><td rowspan="5">底座外形尺寸允许偏差(mm)</td><td>顶面高程</td><td>5</td><td>1</td><td>1</td><td>1</td><td>1</td><td rowspan="10"></td></tr>
<tr><td>宽度</td><td>10</td><td>1</td><td>1</td><td>1</td><td>1</td></tr>
<tr><td>中线位置</td><td>3</td><td>1</td><td>1</td><td>1</td><td>1</td></tr>
<tr><td>平整度</td><td>10(每 3 m)</td><td>1</td><td>1</td><td>1</td><td>1</td></tr>
<tr><td>伸缩缝位置</td><td>10</td><td>1</td><td>1</td><td>1</td><td>1</td></tr>
<tr><td rowspan="5">2</td><td rowspan="5">凸形挡台外形尺寸允许偏差(mm)</td><td>圆形挡台直径</td><td>3</td><td>1</td><td>1</td><td>1</td><td>1</td></tr>
<tr><td>半圆形挡台半径</td><td>2</td><td>1</td><td>1</td><td>1</td><td>1</td></tr>
<tr><td>中线位置</td><td>3</td><td>1</td><td>1</td><td>1</td><td>1</td></tr>
<tr><td>挡台中心间距</td><td>5</td><td>1</td><td>1</td><td>1</td><td>1</td></tr>
<tr><td>顶面高程</td><td>5
0</td><td>1</td><td>1</td><td>1</td><td>1</td></tr>
<tr><td>3</td><td colspan="2">混凝土外观质量</td><td>[A]第 6.2.20 条</td><td colspan="4">混凝土表面密实平整,无露筋,无麻面,符合设计及验标要求</td><td></td></tr>
<tr><td colspan="3">施工单位检查
评定结果</td><td colspan="7">专职质量检查员:　　年　月　日
分项工程技术负责人:　　年　月　日
分项工程负责人:　　年　月　日</td></tr>
<tr><td colspan="3">监理单位验收结论</td><td colspan="7">监理工程师:　　年　月　日</td></tr>
</table>

表 7-16　轨道板铺设检验批质量验收记录表

［CRTSⅠ型板式无砟道床］　　　　04010304□□□□

单位工程名称		轨道工程(DK492＋270.16～DK502＋311.05)							
分部工程名称		CRTSⅠ型板式无砟轨道道床							
分项工程名称		轨道板铺设			验收部位				××
施工单位		××标项目经理部			项目负责人				××
施工质量验收标准名称及编号		《高速铁路轨道工程施工质量验收标准》(TB 10754—2010)							
施工质量验收标准的规定					施工单位检查评定记录				监理单位验收记录
主控项目	1	轨道板的类型、规格、质量		第 6.3.1 条	轨道板的类型、规格、质量符合设计及检验要求合格				
主控项目	2	减振型轨道板板底垫层的质量		第 6.3.2 条	减振型轨道板板底垫层的质量，符合设计及检验要求合格				
主控项目	3	轨道板外观质量		第 6.3.3 条	轨道板外观质量合格，符合设计及检验要求				
主控项目	4	轨道板与底座间隙		第 6.3.4 条	轨道板与底座间隙符合设计及检验前要求				
主控项目	5	轨道板与凸型挡台间隙		不小于 30 mm	33	34	34	43	
主控项目	5	轨道板与两端凸型挡台间隙之差		不大于 5 mm	1	1	1	1	
一般项目	1	轨道板安装位置的允许偏差	中线位置	2	1	1	1	1	
一般项目	1	轨道板安装位置的允许偏差	测点处承轨面高程	±1	1	1	1	1	
一般项目	1	轨道板安装位置的允许偏差	相邻轨道板接缝处承轨面相对横向偏差	2	1	1	1	1	
一般项目	1	轨道板安装位置的允许偏差	相邻轨道板接缝处承轨面相对高差	1	1	1	1	1	
一般项目	2	减振型轨道板板底橡胶垫层粘贴质量		第 6.3.7 条	减振型轨道板板底橡胶垫层粘贴质量合格，符合设计及检验要求				
施工单位检查评定结果		专职质量检查员：　年　月　日 分项工程技术负责人：　年　月　日 分项工程负责人：　年　月　日							
监理单位验收结论		监理工程师：　年　月　日							

表 7-17 板下充填层检验批质量验收记录表(Ⅰ)

[CRTSⅠ型板式无砟道床] 04010305□□□□

单位工程名称	铁道工程(DK492+270.16-DK502+311.05)			
分部工程名称	CRTSⅠ型板式无砟道床			
分项工程名称	模板	验收部位	××	
施工单位	××标项目经理部	项目负责人	××	
施工质量验收标准名称及编号	《高速铁路轨道工程施工质量验收标准》(TB 10754-2010)			

施工质量验收标准的规定				施工单位检查评定记录	监理单位验收记录
主控项目	1	乳化沥青性能	第6.4.1条	乳化沥青性能符合设计及检验要求	
	2	水泥品种、质量	第6.4.2条	水泥品种为:×× 合格证编号:××	
	3	细骨料质量	第6.4.3条	细骨料品种为××,合格证编号:××	
	4	聚合物乳液性能	第6..4.4条	聚合物乳液性能符合设计及检验标准	
	5	拌制用水质量	第6.4.5条	拌制用水合格证编号:××	
	6	铝粉性能	第6.4.6条	铝粉性能符合设计及检验标准	
	7	膨胀剂、消泡剂、引气剂品种、质量	第6.4.7条	膨胀剂、消泡剂、引气剂品种、质量符合设计及检验标准	
	8	灌注袋质量	第6.4.8条	灌注袋质量符合设计及检验标准	
	9	灌注袋铺设	第6.4.9条	灌注袋铺设平整无褶皱,符合设计及检验标准	
	10	充填层砂浆施工环境温度	第6.4.10条	充填层砂浆施工环境温度,符合设计及检验标准	
	11	充填层砂浆配合比选定及性能指标	第6.4.11条	充填层砂浆配合比选定及性能指标,符合设计及检验标准	
	12	砂浆拌制时的原材料称里偏差	第6.4.12条	砂浆拌制时的原材料称里偏差,符合设计及验收要求	

施工单位检查评定结果	专职质量检查员: 年 月 日 分项工程技术负责人: 年 月 日 分项工程负责人: 年 月 日
监理单位验收结论	监理工程师: 年 月 日

表 7-18 板下充填层检验批质量验收记录表(Ⅱ)

[CRTSⅠ型板式无砟道床] 04010305□□□□

单位工程名称		轨道工程(DK492+270.16～DK502+311.05)							
分部工程名称		CRTSⅠ型板式无砟轨道道床							
分项工程名称		模板			验收部位				××
施工单位		××标项目经理部			项目负责人				××
施工质量验收标准名称及编号		《高速铁路轨道工程施工质量验收补充标准》(TB 10754-2010)							
施工质量验收标准的规定					施工单位检查评定记录				监理单位验收记录
主控项目	1	砂浆灌注前的流动性、温度、含气量指标		第 6.4.13 条	砂浆灌注前的流动度、温度、含气量指标符合设计及验标要求				
	2	每工作班灌注第一罐砂浆的泛浆率、膨胀率、分离度、抗压强度		第 6.4.14 条	每工作班灌注第一罐砂浆的泛浆率、膨胀率、分离度、抗压强度、符合设计及验标要求				
	3	充填层砂浆灌注厚度		不小于 40 mm	56	45	66	66	
一般项目	1	砂、石含水率测试		不大于 60 mm	66	66	66	66	
	2	充填层灌注饱满,与轨道板密贴		第 6.4.17 条	充填层灌注饱满,与轨道板密贴,符合设计及验标要求				
		灌注袋 U 型变切线与轨道板边平齐偏差(mm)		10	2	2	2	2	
		轨道板边角悬空		小于 50	2	2	2	2	
	3	轨道板的位置偏差(mm)	中线位置	3	1	1	1	1	
			测点处承载面高程	1.5	1	1	1	1	
			相邻轨道板解封处橙轨面相对横向偏差	1.5	1	1	1	1	
			相邻轨道板解封处橙轨面相对高差	直线:1.5 曲线:2.0	1	1	1	1	
	4	灌注袋口切除后封闭		第 6.4.19 条	灌注袋口切除后的封闭,符合设计及验标要求				
	5	充填层外观质量		第 6.4.20 条	充填层外观完整、无损伤,符合设计及验标要求				
	6	砂浆搅拌车的拌和记录数据		第 6.4.21 条	砂浆搅拌车的半盒记录数据,符合设计及验标要求				
施工单位检查评定结果		专职质量检查员: 年 月 日 分项工程技术负责人: 年 月 日 分项工程负责人: 年 月 日							
监理单位验收结论		监理工程师: 年 月 日							

二、分项工程质量验收记录表格的填写方法

分项工程质量验收记录表(表 7-19)中的检验批部位、区段应是相应的检查批质量验收记录的汇总,检验批应符合规范要求。施工单位检查评定结果应填写质量验收记录是否完整,是否符合设计和规范要求,评定结果应写明该分项工程质量是否合格,监理(建设)单位验收结论应写明是否同意后续工程施工。表头中的工程名称、结构类型、施工单位、分包单位、检验批数均应填写清楚,评定和验收人员签字应齐全。

分项工程质量验收合格应符合下列规定:

1. 均应符合合格质量的规定。

2. 分项工程所含的检验批的质量验收记录完整。

分项工程质量验收记录一式四份,由施工单位统一归档整理,单位工程竣工后分别交建设单位、监理单位、城建档案馆各上份,施工单位自存一份。

表 7-19　模　板分项工程质量验收记录表

<table>
<tr><td colspan="2">单位工程名称</td><td colspan="3">轨道工程(DK492+270.16～DK502+311.05)</td></tr>
<tr><td colspan="2">分部工程名称</td><td>CRTSⅠ型板式无砟道床</td><td>检验批数</td><td>××</td></tr>
<tr><td colspan="2">施工单位</td><td>××标项目经理部</td><td>项目负责人</td><td>××</td></tr>
<tr><td>序号</td><td>检验批部位</td><td>施工单位检查评定结果</td><td colspan="2">监理单位验收结论</td></tr>
<tr><td>1</td><td>××</td><td>符合要求</td><td colspan="2">符合要求</td></tr>
<tr><td>2</td><td>××</td><td>符合要求</td><td colspan="2">符合要求</td></tr>
<tr><td>3</td><td>××</td><td>符合要求</td><td colspan="2">符合要求</td></tr>
<tr><td>4</td><td>××</td><td>符合要求</td><td colspan="2">符合要求</td></tr>
<tr><td>5</td><td>××</td><td>符合要求</td><td colspan="2">符合要求</td></tr>
<tr><td>6</td><td>××</td><td>符合要求</td><td colspan="2">符合要求</td></tr>
<tr><td>7</td><td>××</td><td>符合要求</td><td colspan="2">符合要求</td></tr>
<tr><td>8</td><td>××</td><td>符合要求</td><td colspan="2">符合要求</td></tr>
<tr><td>9</td><td>××</td><td>符合要求</td><td colspan="2">符合要求</td></tr>
<tr><td>10</td><td>××</td><td>符合要求</td><td colspan="2">符合要求</td></tr>
<tr><td colspan="5">说明:</td></tr>
<tr><td colspan="2" rowspan="2">施工单位
检查评定结果</td><td colspan="3">经检查,底座及凸型挡台模板分项工程的检验批质量验收记录完整,质量符合设计和规范要求,评定为合格</td></tr>
<tr><td colspan="3">分项工程技术负责人:　　　　年　　月　　日</td></tr>
<tr><td colspan="2" rowspan="2">勘察设计单位
现场确认情况</td><td colspan="3">经检查,该分项工程资料完整,符合设计和规范要求,评定为合格,同意后续工程施工</td></tr>
<tr><td colspan="3">现场负责人:　　　　年　　月　　日</td></tr>
<tr><td colspan="2" rowspan="2">监理单位
验收结论</td><td colspan="3">经检查,该分项工程资料完整,符合设计和规范要求,评定为合格,同意后续工程施工</td></tr>
<tr><td colspan="3">监理工程师:　　　　年　　月　　日</td></tr>
</table>

三、分部工程质量验收记录表格的填写方法

分部工程质量验收记录表示例见表 7-20。

表 7-20　CRTS Ⅰ 型板式无砟道床分部工程质量验收记录表

<table>
<tr><td colspan="2">单位工程名称</td><td colspan="4">轨道工程(DK492＋270.16～DK502＋311.05)</td></tr>
<tr><td colspan="2">施工单位</td><td colspan="4">××公司××××标项目经理部</td></tr>
<tr><td colspan="2">项目负责人</td><td>项目技术负责人</td><td></td><td>项目质量负责人</td><td></td></tr>
<tr><td>序号</td><td>分项工程名称</td><td>检验批数</td><td colspan="2">施工单位检查评定结果</td><td>监理单位验收结论</td></tr>
<tr><td>1</td><td>底座及凸型挡台模板</td><td>45</td><td colspan="2">符合要求</td><td>同意验收</td></tr>
<tr><td>2</td><td>底座及凸型挡台钢筋</td><td>154</td><td colspan="2">符合要求</td><td>同意验收</td></tr>
<tr><td>3</td><td>底座及凸型挡台混凝土</td><td>2356</td><td colspan="2">符合要求</td><td>同意验收</td></tr>
<tr><td>4</td><td>轨道板铺设</td><td>678</td><td colspan="2">符合要求</td><td>同意验收</td></tr>
<tr><td>5</td><td>板下充填层</td><td>365</td><td colspan="2">符合要求</td><td>同意验收</td></tr>
<tr><td>6</td><td>凸型挡台填充树脂</td><td>269</td><td colspan="2">符合要求</td><td>同意验收</td></tr>
<tr><td></td><td></td><td></td><td colspan="2"></td><td></td></tr>
<tr><td></td><td></td><td></td><td colspan="2"></td><td></td></tr>
<tr><td colspan="3">质量控制资料</td><td colspan="2">共 120 项,符合要求</td><td>符合要求</td></tr>
<tr><td colspan="3">安全和功能检验(检测)报告</td><td colspan="2">60 份桩基无损检测报告,结果合格</td><td>合格</td></tr>
<tr><td rowspan="2">验收单位</td><td>施工单位</td><td colspan="4">同意
项目负责人:　　年　月　日</td></tr>
<tr><td>勘察设计单位</td><td colspan="4">同意该分部工程验收
项目负责人:　　年　月　日</td></tr>
<tr><td></td><td>监理单位</td><td colspan="4">同意该分部工程验收
监理工程师:　　年　月　日</td></tr>
</table>

第八章　内业资料管理软件的应用

内业资料管理软件是施工企业必备的办公软件，早在2000年以前资料员做内业资料都是手工填写表格，进入21世纪随着计算机信息技术的普及，内业资料管理软件在市场上出现，从而提高了资料员的工作效率。其具有以下特点：

(1)具备完善的工程资料数据库管理功能，可方便的查询、修改、统计汇总、组卷、打印。

(2)实现了表格数据简单录入、快捷于一体的填写方式。

(3)可以设置软件登录和工程登录两级密码保护，保护用户工程信息。

(4)新建表格，工程信息、验收部位等信息自动填充，省去重复填充的烦恼。

(5)为表格提供大量填写范例，用户可以参照填写，即使没有做过资料的人员也可迅速掌握。

(6)表格自动计算、自动填充等功能，使填表更快捷。

(7)一键分部分项汇总和一键报验，操作更简单。

(8)软件可根据检验批一般项目和主控项目数据，自动判定是否合格。

(9)可以多用户同时做项目，最后将几个工程文件合并成一个文件。

(10)可以同时打开多个工程，进行比较做表。

(11)做好的工程可以保存起来，下次做相同类型工程时，导入工程后同步工程信息即可。

现以筑业铁路工程资料管理软件2017版为例介绍如下。

第一节　工程资料的建立与编辑

一、新建工程

图8-1为点击新建工程后弹出的工程向导窗口。

选择相应的类型，在“工程名称”位置输入新建工程的名称，然后点击“新建”按钮，即可新建工程。软件中还添加了对工程进行密码设置功能，在“工程向导”窗口下勾选“设置工程密码”然后输入密码，再新建工程。(注：设置密码后，在下次打开此工程时会提示输入密码方可打开此工程，请在第一次设置密码时要牢记，以避免密码丢失耽误工作)。

点击新建工程后会有初始化操作，请您等待。

软件初始化操作完毕后弹出【设置-工程信息】窗口(图8-2)，在页面中输入工程基本信息，包括：工程名称、工程地址、建筑类型等。

一份规范的工程资料，在填写工程基本信息时应注意以下几点：

1. 工程信息必须填写正确、完整。

2. 在同一项中有多条内容时，可按回车键换行加入多条内容。

在填写工程信息退出后，若需要再次编辑可在【系统维护】菜单下“工程信息”项或点击工

图 8-1　新建工程向导窗口首页

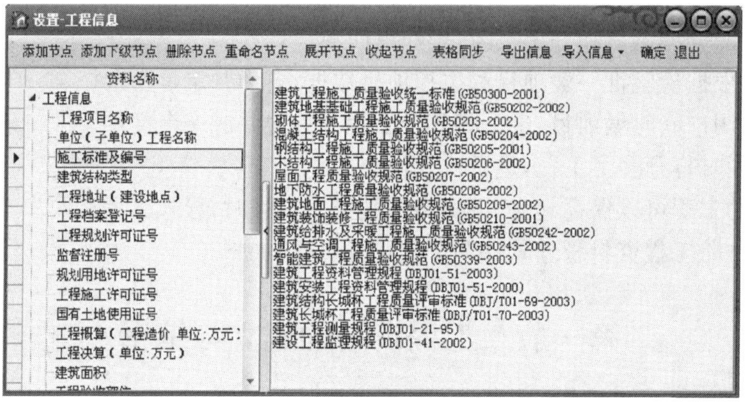

图 8-2　工程信息设置窗口界面

具栏中“信息”按钮对工程信息进行再次修改。“工程信息”修改完成后可点击“表格同步”按钮来更新表格中错误的工程信息。

“工程信息”中主要包括:“工程基本信息”和“相关单位信息”,这些信息都是填写表格时所必需的,可在以后新建表格时将您所填的信息自动导入表格中。因此,完整、规范地输入这些信息将会极大地提高填表效率。

二、浏览标准模板目录

在您填完工程信息后进入编辑操作界面,如图 8-3 所示。

系统模板目录:软件自带标准模板分别按“工程资料管理规程”和“组卷目录”排序,用于显示软件中的资料表格模板。

注意:软件自带的标准模板不允许删除;只有新建表格之后,才能对其进行填写、编辑等处理操作。

表格编辑区：是表格填写的工作区域，用于显示和编辑当前所选表格内容。

软件工具栏：用于集中显示与表格填写、编辑有关的工具按钮、新版资料软件还给客户增加资料库包含：施工方案、施工工法与工艺、验收规范、图库、预案、各种规程、施工组织设计等方便客户查找相关的资料，如图 8-4 所示。

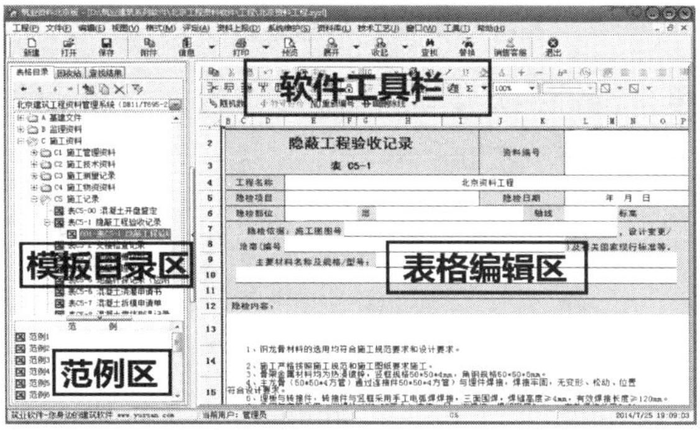

图 8-3　表格编辑操作界面

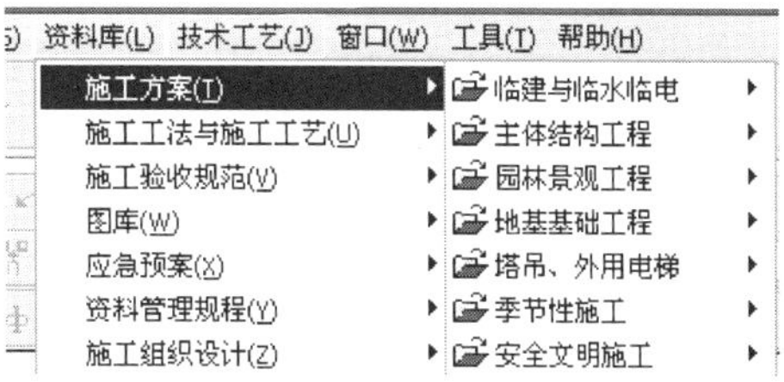

图 8-4　软件工具栏展开界面

软件菜单栏：用于对软件的查看、编辑和更多功能的操作菜单。

范例区：此功能供客户填写表格示例参考。可直接导出范例表格到软件目录对应表下进行编辑修改。

下面将按照表格填写的常规步骤介绍相关详细的操作。

图 8-5 是资料软件自带的表格模板目录，想要查找表格首先确认表格所属编制单位（基建文件、监理资料、施工资料等）找到相应的目录，然后展开该级目录进行查找。在标准模板中，左击鼠标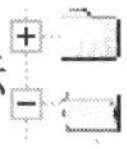如图所示的"＋"展开模板目录，选择 表C2-1 技术交底记录 的表格模板，在用户表格编辑区中显示所选的表格，这样就完成了表格模板的选择。

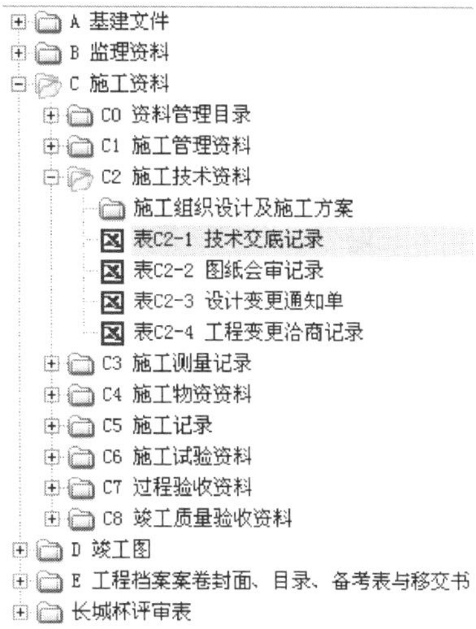

图 8-5　表格模板目录

三、新建与删除表格

(1)新建表格

在模板目录中查找或通过工具栏的"查找"按钮进行查找实际工程所需要的表格，然后右击鼠标选择"新建表格"或在所需的表格模板上双击即可新建表格。如图 8-6 所示。

在弹出【新建表格】窗口中修改默认的表格名称。如图 8-7 所示。

注意事项：用户可在"表格名称"栏上修改表格的名称，还可以选择新建表格的数量（模板名称是软件默认不允许修改）。

(2)删除表格

在新建表格完成后，因为各种原因可能需要删除，这时候可以在要删除的表格上右击选择

“删除表格”。如图 8-8 所示。

图 8-6　新建表格下拉菜单

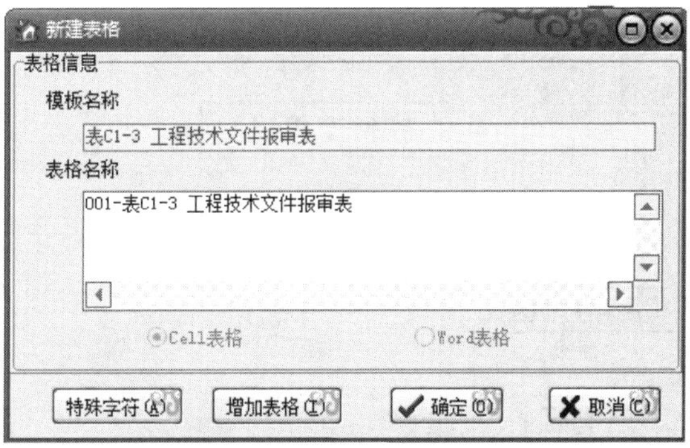

图 8-7　表格名称的修改界面

选择删除表格弹出提示窗口。如图 8-9 所示。

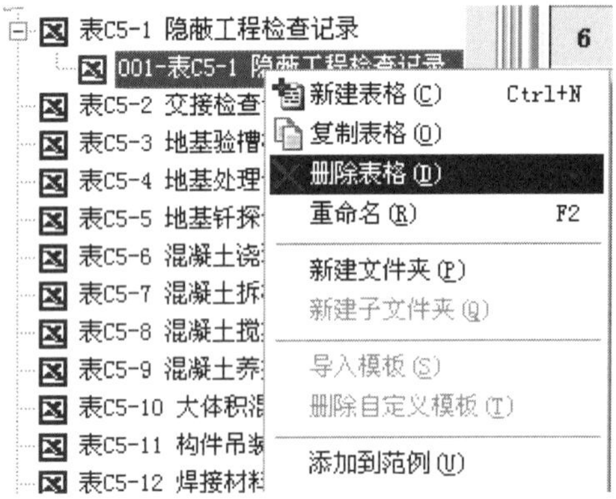

图 8-8　删除表格菜单

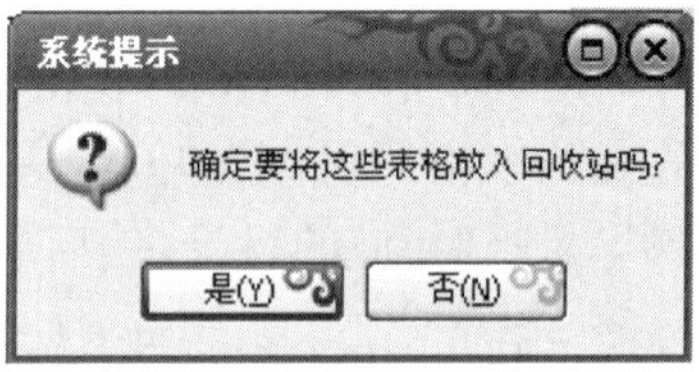

图 8-9　表格删除的提示界面

选择“是”则表格被删除到软件的“回收站”中(注:不是系统的回收站里),选择“否”则不删除。

图 8-10 是表格删除后寄存在软件回收站里的表格,在这里可以右击选择“清空回收站”“还原表格”“删除表格”等操作。

注:将软件回收站中的表格再次删除后将不可恢复。

四、填写表格

完成了新建表格的基本操作之后,接下来是如何填写表格。本软件提供了方便、快捷的多种表格填写功能,如:自动导入表头信息、智能填充、自动评定、自动计算、汇总、自动生成统计表等。

下面详细介绍填写表格的操作方法。

（一）填写工程基本信息

新建表格后，软件自动将填表人所设置的基本信息和相关单位信息导入该表格中。如：工程名称、分部（子分部）工程名称、施工单位等。

说明：如果表格中某个栏目的信息存在多种选择（如：工程中存在两个分包单位），则左键双击该单元格，从弹出的对话框中进行选择，以工程项目名称的选择为例，如图 8-11 所示。

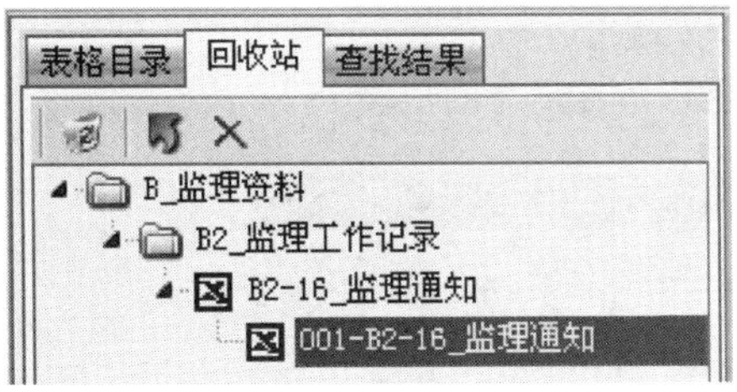

图 8-10　回收站界面

图 8-11　工程项目名称选择界面

根据实际工程数据修改自动导入的表头信息，点击窗口中的“编辑”按钮进入编辑框输入实际数据，然后退出，再双击该单元格弹出多项选择。

软件还提供了工程信息表格同步功能，可以很方便的统一修改，替换自动填表的内容，直接在工程信息里把相应节点下的第一条信息修改后，点击工具栏的表格同步按钮如图 8-12，会自动弹出提示窗口，点“是”就可以同步更新工程信息，如图 8-13 所示。

图 8-12　表格同步功能首界面

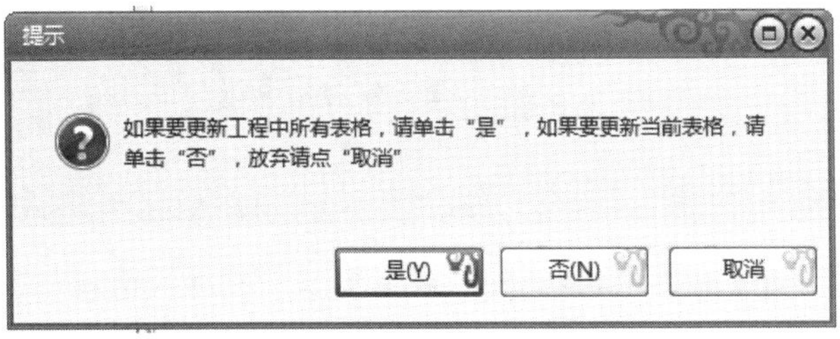

图 8-13　表格同步功能提示界面

（二）填写评定结果

检验批表格的评定结果部分包括“施工单位检查评定结果”和“监理（建设）验收结论”两个栏目。

本软件对这两个栏目的评语做了规范化处理，列出了常用评语，实际填写时一般只需从软件提供的评语中选择相应一条即可。当然，也可以根据工程实际情况直接输入自己的评语。

新增加和优化的评定功能：

(1)混凝土评定标准改成最新的 10 标准,并且可以考虑同条件养护的 1.1 系数问题。

(2)附表评定功能。如果一张表格的某项评定单元格不够用,可以在附表中评定。

(3)表格评定,可以对不同的分部根据主控项目和一般项目进行表格评定。

(三)添加相关资料

在进行表格整理时,有时候需要将一些其他资料(如:复印件等)作为附件与表格一起收集整理。针对这种情况,本软件提供了附件管理功能进行添加附件。具体操作步骤如下:

(1)首先,将这些作为附件的资料保存为电子文件(如:通过扫描等)。

(2)点击工具栏的【附件】按钮,弹出"附件管理"窗口,如图 8-14 所示。

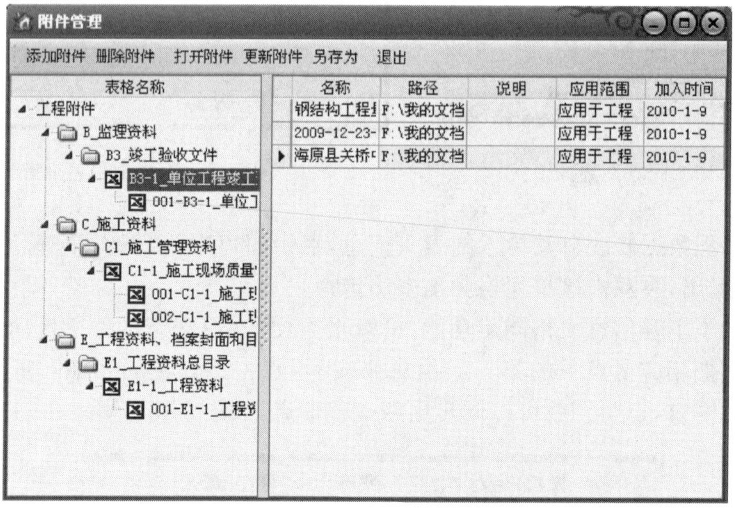

图 8-14　附件管理界面

(3)添加相关资料,选择要添加附件的表格,单击"添加附件"按钮,然后在弹出窗口选择要添加的附件,调入后的电子文件可以加上标题和简要说明。

(4)查看已添加的附件,点击附件按钮然后点击工程附件就看到了。

五、分部分项表格自动生成

根据检验批表格自动生成分项表,由分项表格生成子分部表格,再由子分部表格生成分部表格的汇总。具体的使用方法如下:

首先新建一张检验批表格。

在左边的目录树中找到模板工程检验批表格,右击选择"新建表格"弹出对话框,如图 8-15 所示。

输入验收部位名称、按回车可以输入多个部位名称,这样可以新建多张不同部位的表格及勾选自动填充随机数,点"确定"。所有检验批表格填写完成后,点击"分部分项"按钮,会自动生成分级显示的目录结构,如图 8-16 所示。

同时,软件自动生成二张表格,由上到下依次是分部表格、分项表格。软件根据检验批表格的验收部位,评定结果自动生成分项工程质量验收记录表,如图 8-17 所示。

图 8-15　新建分部分项表格首界面

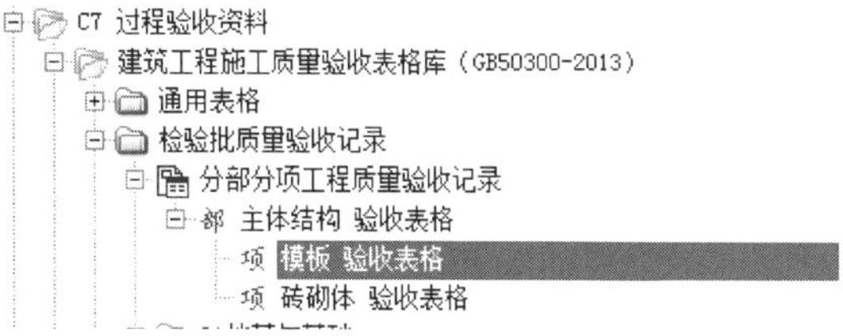

图 8-16　目录结构的分级显示界面

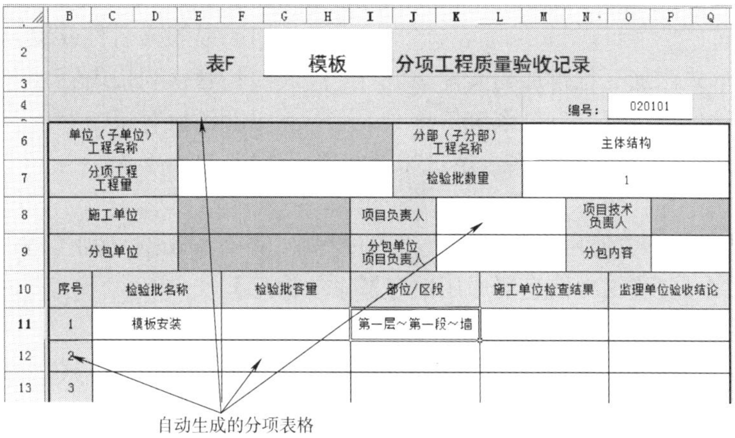

图 8-17　自动生成的分项表格

由子分部生成分部表格,如图 8-18 所示。

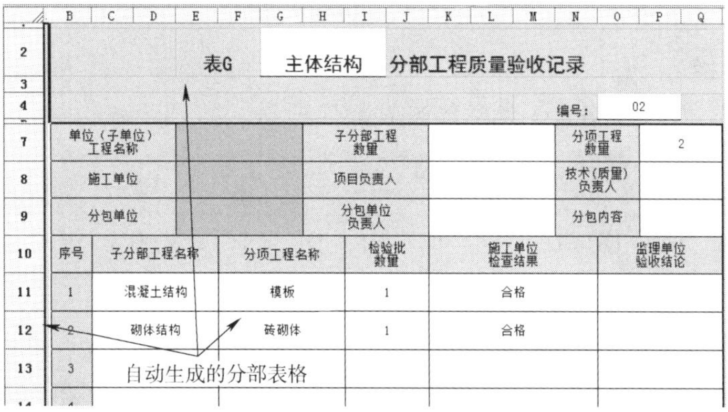

图 8-18　自动生成的分部表格

注:箭头所指部位为软件的自动汇总填写。

第二节　常用操作与技巧

一、工具栏介绍

下面简要介绍主要的工具栏：通用工具栏(图 8-19)、格式工具栏、表格常用工具栏。

(1)通用工具栏

[1]　[2]　[3]　[4]　[5]　[6]　[7]　[8]　[9]　[10]　[11]　[12]　[13]

图 8-19　通用工具栏

工具栏的设置主要是为了操作方便而设置，工具栏在主菜单的命令中都有其对应的。

[1]创建工程文件

[2]打开工程文件

[3]保存文件

[4]以附件形式添加工程附加的文件

[5]填写工程信息、通用信息、系统信息

[6]打印，点击三角按钮有更多自定打印等选项

[7]预览

[8]展开目录

[9]收起目录

[10]以表格名称或编号查询

[11]替换表格内容

[12]销售客服

[13]退出工程

【信息】功能是为了方便用户在填写表格的过程中，查看编辑或增加工程的相关信息。点击“信息”下拉三个选项【工程信息】【通用信息】【系统信息】。

(2)常用工具栏

主要是对当前所编辑表格内容的一些常用设置，比如表格的字体样式、大小、对齐方式等，如图 8-20 所示。

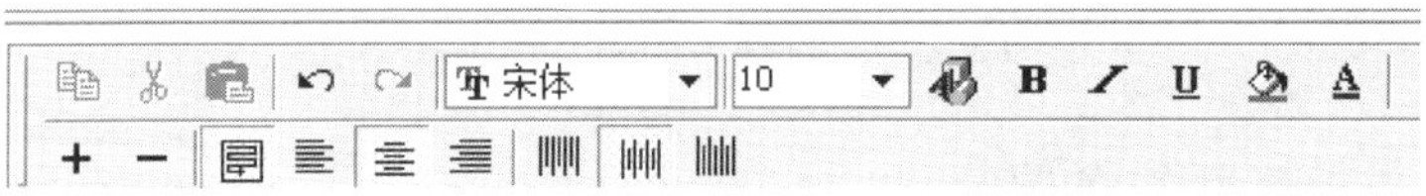

图 8-20　常用工具栏

(3)格式工具栏

点击“视图”菜单下的“格式工具栏”；如图 8-21 所示。

[1]　[2]　[3]　[4]　[5]　[6]　[7]　[8]　[9]　[10]　[11]　[12]

图 8-21　格式工具栏

[1]插入列

[2]追加行

[3]删除行

[4]插入列

[5]追加列

[6]删除列

[7]组合单元格

[8]取消组合单元格

[9] 单元格解锁\锁定

[10]放大单元格行间距

[11]缩小单元格行间距

[12]导入图片

格式工具栏主要功能是对用户表格的一些单元格设置，比如插入行、列、表格的画线、抹线，属性的一般设置等，如图 8-21 所示。

二、工具选项

点击工具菜单下的选项按钮(图 8 22)会弹出设置窗口如图 8-23 所示。

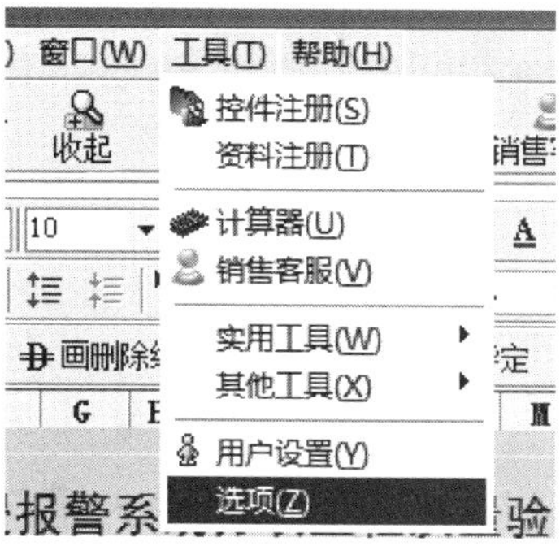

图 8-22　工具菜单中的选项

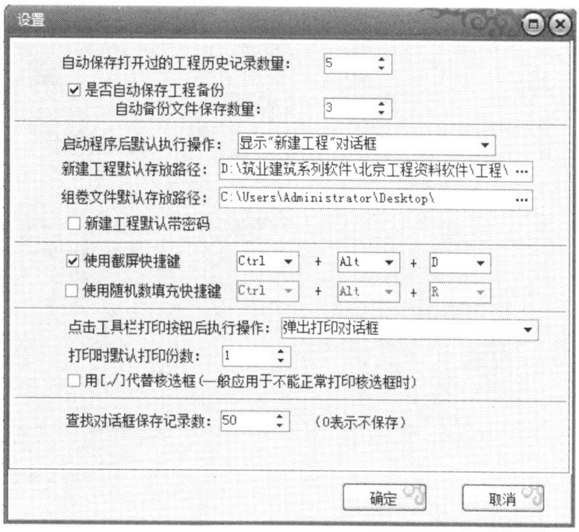

图 8-23　设置选项界面

可以对历史记录数量、工程自动备份数量、工程和组卷文件默认保存的路径、截屏和随机数快捷键等进行修改设置，可以大大提高工作的效率。

三、随机数选项设置

点击系统维护下的设置，工程设置，随机数选项设置会弹出设置窗口(图 8-24)，可以对评定标准、填充范围、小数位数等进行灵活的设置。

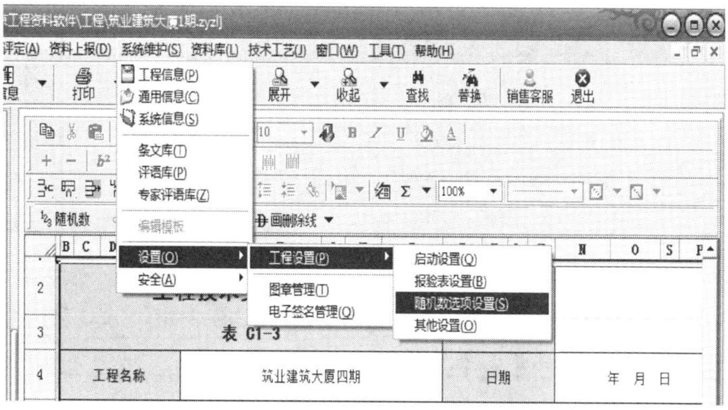

图 8-24　系统维护菜单的随机数选项界面

如果有小数位数，还可以设置保留小数位数。另外软件还提供对合格点数百分比进行自定义设置，方便对准确率的控制，可对填充随机数正值前面是否填入“+”号，新建检验批类表格时是否自动填充随机数，填充值是否折行显示都可以设置，同时还可以对评定结果的标识进行灵活根据需要进行调整(图 8-25)。有这些功能极大的加快填表速度和数值准确率。

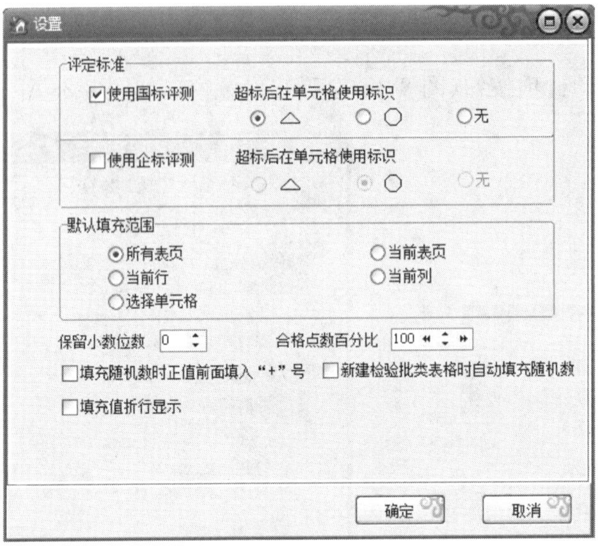

图 8-25　随机数选项设置界面

选中需要设置评定范围的单元格，右击选择“设置评定标准”弹出图 8-26 窗口可以对标准进行设置和上限下限的设置。

四、文件导入、导出

(1)导入 Excel 文件：选择要导入 Excel 文件的文件夹或模板，右击文件夹或模板选择【导入文件】→【Excel 文件】项，弹出“读入 Excel 文件”窗口，如图 8-27 所示。

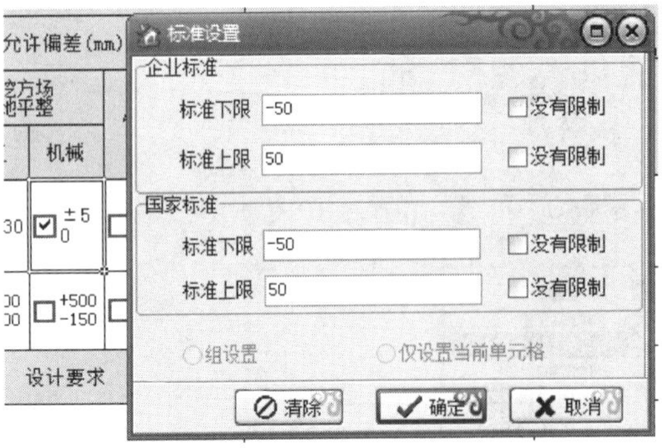

图 8-26　评定标准的设置界面

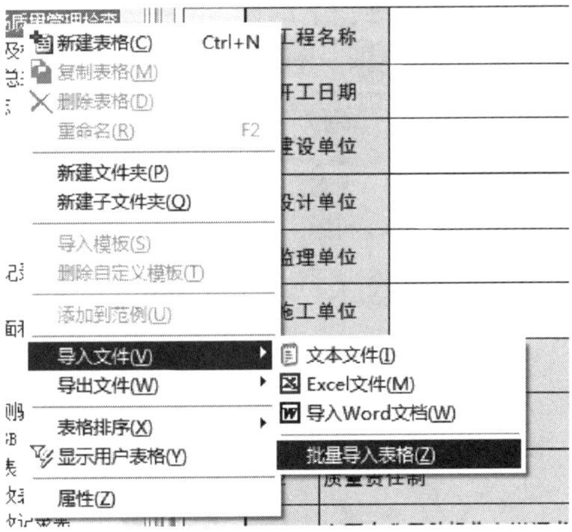

图 8-27　导入表格菜单

在弹出的窗口中点击【…】按钮，弹出“选择 Excel 文件”窗口，如图 8-28 所示。

在该窗口中选择所要导入的文件，点击“打开”返回“读入 Excel 文件”窗口，点击【开始转换】按钮将表格导入到当前目录下名为“导入表格”即可导入(图 8-29)。

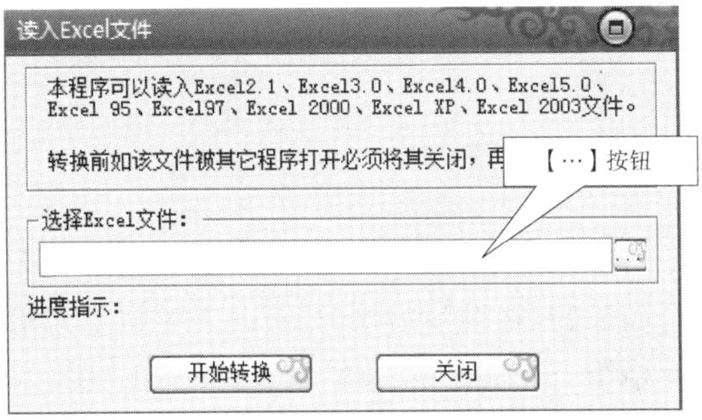

图 8-28　读入 Excel 文件界面

图 8-29　选择 Excel 文件界面

(2)导入文本文件:选择要导入文本文件的文件夹,右击文件夹【导入文件】→【导入文本文件】项弹出如图 8-30 所示。

点击【…】按钮,在弹出窗口中选择所要导入的文件,点击“打开”返回“读入文本文件”窗口,然后根据所需的样式选择相应的文本显示样式及预览样式,点击“确定”即可导入。

(3)导入 Word 文档:方法跟导入 Excel 表格一样。

(4)批量导入表格:软件新增加了批量导入表格的功能,方便客户统一导入,右击选择批量导入表格后会弹出浏览文件夹窗口,打到相应的文件夹,点击确定,这样在目录下就会多一个文件夹,文件夹里有的 Excel 和 Word 表格就能批量一次性的导入到软件中。

(5)导出文件:本软件中的表格可以输出成 Pdf 文件。具体操作方法如下:

选择要导出成 Pdf 文件的表格,右键选择【导出文件】→【导出 Pdf 文件】项,弹出“输出 Pdf 文件”窗口,如图 8-31 所示。

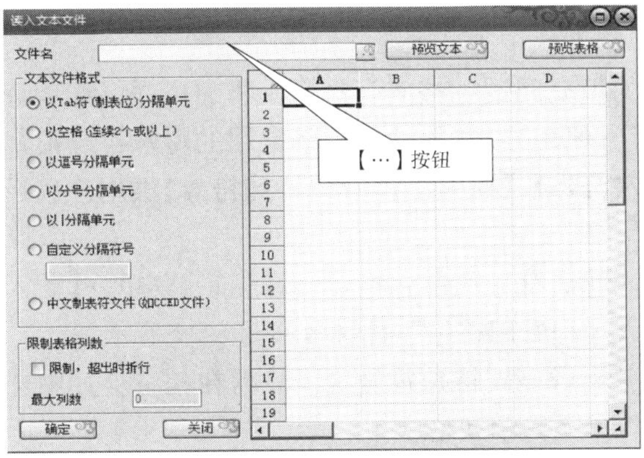

图 8-30　导入文本文件界面

图 8-31　导出 Pdf 文件界面

五、换行和缩进

实际工程资料中有些表格需要输入大量的文本数据(如:技术交底记录),这时为了文字版面的美观，就需要进行换行和缩进操作。

(1)换行操作

按住 Ctrl 键在点击回车键换行。

注意：如果要在两个段落之间留一空行，则还应该在该空行中加多一个空格键；如果是整段数据请不要回车换行，在软件中会自动换行。

(2)缩进操作

本软件中段前缩进是在段前使用空格来实现的。

六、单元格组合/拆分

本软件中每张表格都是由小的单元格经过组合而成的，在填写表格时，有时需要将单元格进行组合或拆分以满足实际填写表格的需要。单元格组合和拆分的具体操作如下：

(1)单元格组合

单击【视图】菜单→【格式工具栏】，打开单元格格式设置工具栏，如图 8-32 所示。进行单元格组合的操作很简单。用鼠标选择要进行组合的“连续单元格”(最少两个)，直接单击“工具栏”中的【组合单元格】按钮，将所选单元格组合为一个大的单元格(图 8-33)。

图 8-32　单元格组合和拆分的图标

图 8-33　单元格组合前后的变化

(2)单元格拆分

拆分单元格则相反。用鼠标选择要进行拆分的单元格，然后单击工具栏上的【取消单元格组合】按钮，就将所选单元格拆分为若干个小的单元格。

七、插入 Windows 特殊符号/工程专用符号

在填写资料表格时，往往会遇见特殊符号的填充问题。虽然有些输入法中也提供这些特殊符号，但是也都提供了一般常见的符号，为了方便用户，本软件将一些常用的特殊符号汇集在一起，软件中特殊符号有【插入 Windows 特殊符号】、【插入工程专用特殊符号】供用户选择使用。

插入特殊符号的操作比较简单：单击要插入特殊符号的单元格，然后【编辑】菜单→【插入特殊符号】→【插入工程专用符号】项，弹出“插入工程专用符号”对话框，如图 8-34 所示。

该对话框由多个卡片组成，包括单位符号、标点符号、特殊符号等。只需在相应卡片中选中所需特殊符号，单击【确定】即可将所选特殊符号插入单元格中。

图 8-35 是软件自带的工具类特殊符号，操作同上。

八、画斜线“/”

进行表格填写时，有时候根据实际工程的需要在单元格中画斜线“/”，本软件提供了方便的画斜线“/”的功能。操作方法如下：

图 8-34　工程专用特殊符号

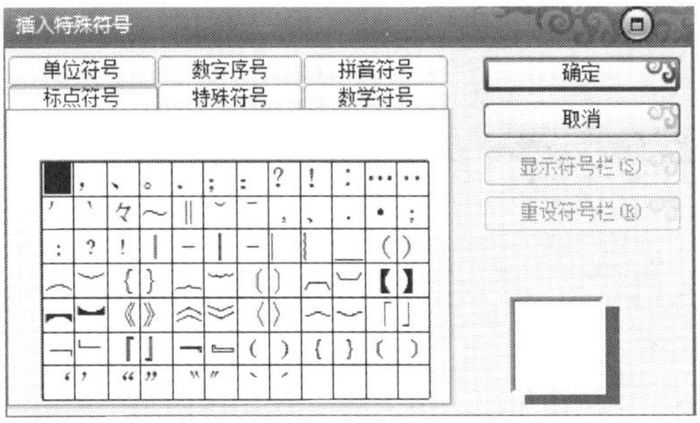

图 8-35　Windows 特殊符号

用鼠标选择要画斜线的单元格，单击工具栏上的【画右斜线】按钮，将所选单元格画斜线，如图 8-36。

说明：有时为了表格的美观，也可以用键盘中的“/”来替代斜线。

图 8-37 为在单元格画的左右斜线：

图 8-36　画类型线菜单

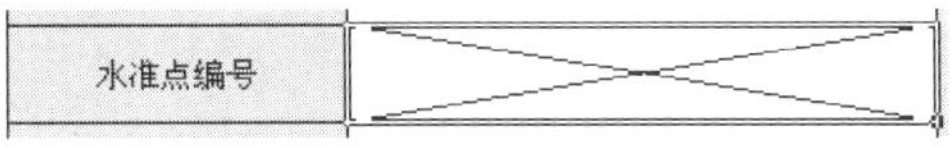

图 8-37　单元格中左右斜线

九、插入图片/清除图片

有些表格按照要求需要在单元格中插入图片(如：C3—1 工程定位测量记录)，本软件可以十分方便的将图片插入单元格中，并且在插入图片的同时还可以输入说明性文字(在仅仅使用图片无法清楚表达问题的情况下，就需要在插入图片的同时还输入说明性的文字)。

在单元格中插入图片的方法有四种：从文件导入图片(图 8-38)、绘制 CAD 图、软件自带画图和最新的截屏功能。

插入背景是供各地方要求带水印背景图而设置的。

(1)从文件插入图片

选中要插入图片的单元格，单击【格式】菜单→【插入图片】项(或右键鼠标选择【插入图片】项中的)“从文件导入图片”，弹出“插入图片”窗口，如图 8-39 所示。

从弹出的窗口选择要插入的图片(注：该图片最好为 Jpg 格式)，点击【打开】按钮即可将该图片导入“插入图片”框中。

在“插入图片”窗口中设置图片效果，单击【确定】即可将图片插入表格中。

(2)AutoCAD 插入图片

注：在使用本功能前首先要在电脑中安装 CAD2004 或 CAD2006 或更高版本。

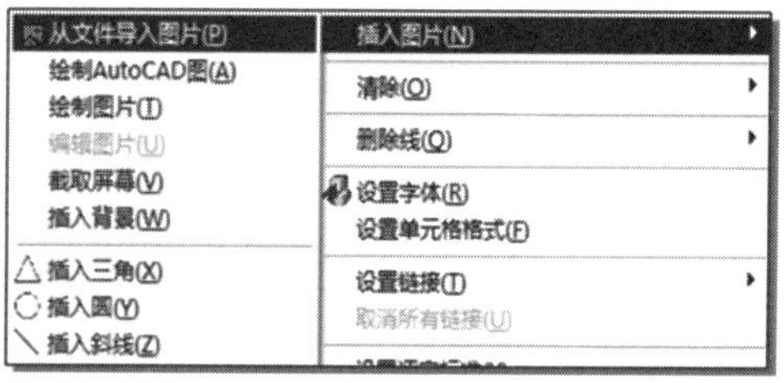

图 8-38　从文件导入图片菜单

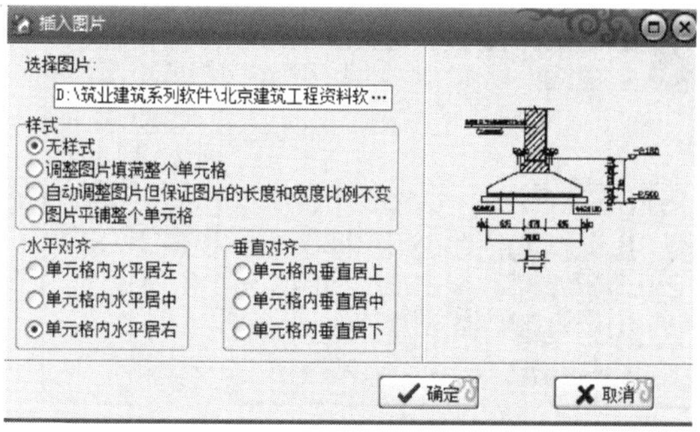

图 8-39　插入图片界面

选中要插入图片的单元格，单击【格式】菜单→【插入图片】项(或右键鼠标选择【插入图片】项中的)“绘制 AutoCAD 图”，这时自动进入 CAD 软件，在当前出现的 CAD 绘图窗口中绘制图片即可。

在绘制完成后点击 CAD 软件“文件”菜单下“更新筑业资料软件”，将当前绘制完成的图片更新到本软件中，如图 8-40 所示。

然后退出 AutoCAD 软件，这时在本软件中显示出在 CAD 中所画的图形，直接点击关闭按钮，所画的图形就导入本软件中的单元格中了，如图 8-41 所示。

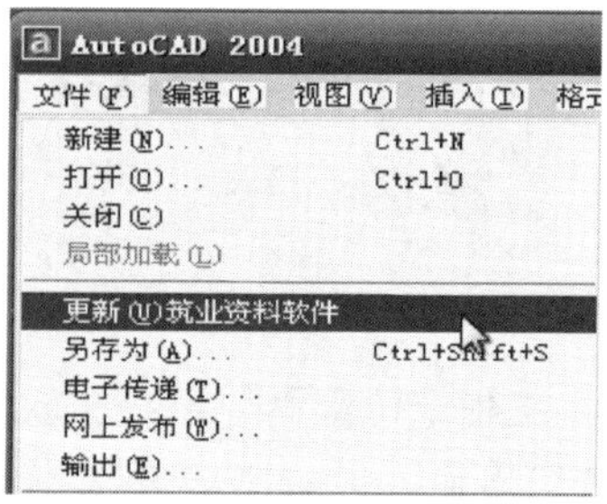

图 8-40　AutoCAD 插入图片菜单

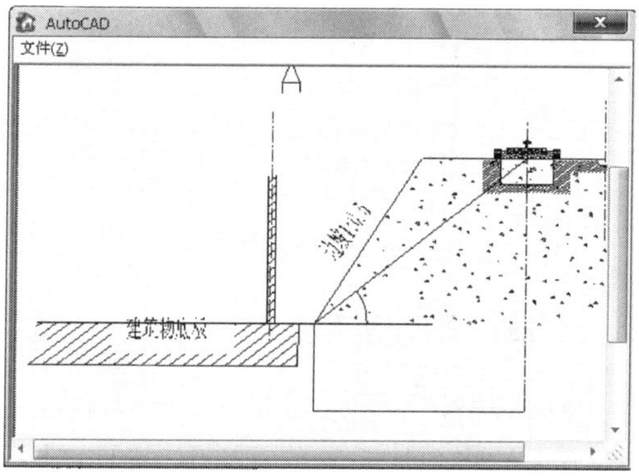

图 8-41　单元格中的 AutoCAD 图片

注意：如果出现灰色的斜线图，如下图所示，可以在 CAD 图画好以后直接关闭 CAD 软件，这时弹出提示窗口，直接点“是”就不会出现灰色的斜线了。

(3)自带绘制图片工具

选中要插入图片的单元格，单击【格式】菜单→【插入图片】(或右键鼠标选择【插入图片】中的)“绘制图片”，弹出“资料画图”窗口，这样就可以使用软件自带的画图控件绘制图片。绘制完成后关闭绘图工具，在弹出的“是否将图形保存并更新至单元格”的对话框中，选择“是”就可以自动将绘制好的图片插入当前单元格中，如图 8-42 所示。

(4)直接复制 CAD 图到绘图工具

如果你有自己画好的 CAD 图需要插入到表格中，可以直接打开 CAD，选中你所需要添加到表格的内容，右键复制，然后打开资料软件的绘图工具)操作，直接在绘图区右击选择粘贴，

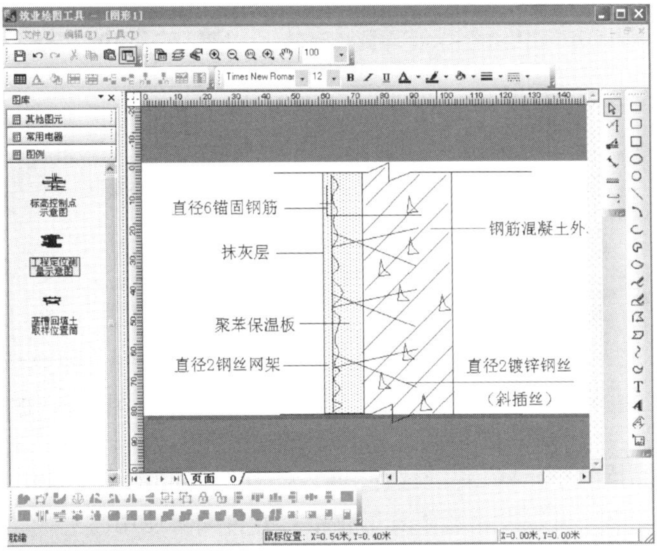

图 8-42　单元格中绘制图片界面

这样就可以把 CAD 图复制到绘图工具中了，然后就可以自已调整大小、位置、添加文字、图形等操作，这样极大的方便了客户处理 CAD 图插入的问题。

(5)截屏插入图片

选中要插入图片的单元格，单击【编辑】菜单→【插入图片】(或右键鼠标选择【插入图片】中的)“截取屏幕”，在电脑右下角出现如图 8-43 所示。

同时按下 Ctrl＋Alt＋A 三个键后出现如下界面，如图 8-44 所示。

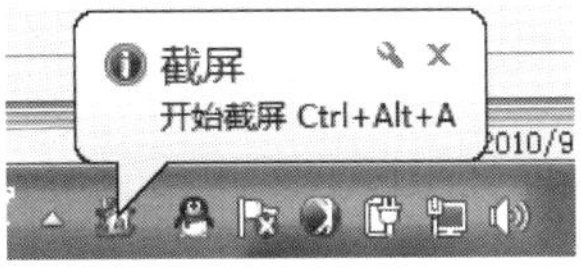

图 8-43　截屏图标

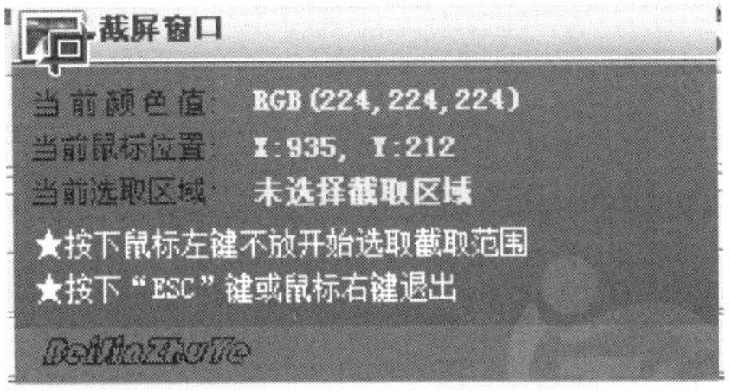

图 8-44　截屏窗口

把捕捉到的图片双击后就可以将图片插入到该单元格中。

(6)插入背景图片

在表格中任意选中单元格，单击【格式】菜单→【插入图片】项(或右键鼠标选择【插入图片】项中的)“插入背景”，弹出插入图片窗口，如图 8-45 所示。

选择要作为背景的图片后，设置放置形式及范围，点“确定”就可以把所选的图片作为表格的背景(一般此功能用于添加各地需要的水印背景图)。

(7)清除图片/清除背景

选择已经插入图片的单元格，右击选择“插入图片”下的“删除图片”“删除背景”项，即可清除该单元格中的图片、表格背景或无效图片，如图 8-46 所示。

(8)图片文件的另存和打开

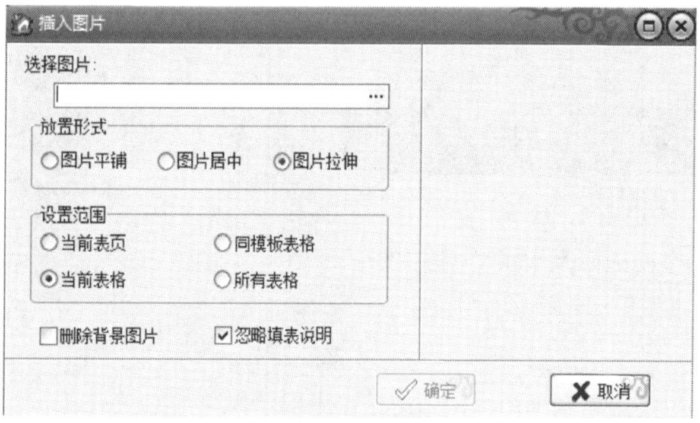

图 8-45　插入背景图片界面

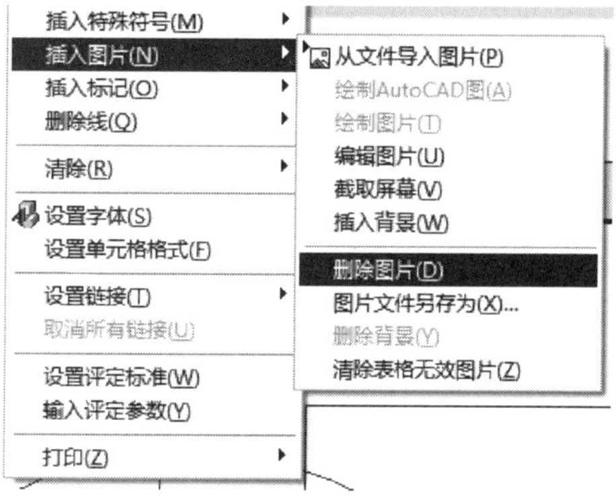

图 8-46　删除图片菜单

选择已经插入图片的单元格，右击选择“插入图片”下的“图片文件的另存”项，即可存为zyf格式的筑业图形文件，可以在绘图工具里直接打开再编辑使用。

十、调整文字/图片位置

为了表格的美观，可以调整文字和图片在单元格中的位置。调整文字样式和位置的操作比较简单，使用工具栏上的字体格式和对齐方式按钮便可设置。

调整文字的对齐方式：选择要调整文字位置的单元格，点击工具栏上的对齐按钮。如图8-47：

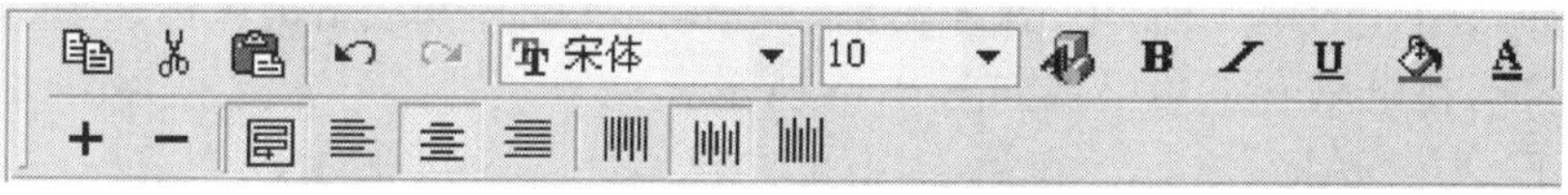

图 8-47　调整文字对齐方式工具栏

调整图片位置：选择要调整图片位置的单元格，右键选择【单元格格式】项，弹出“单元格属性”窗口，在该对话框中选择【对齐】项，如图8-48所示。

根据需要选择相应的图片对齐位置，单击【确定】即可。

调整字体操作：点击工具栏的设置字体按钮或右击选择设置字体如图8-49所示。

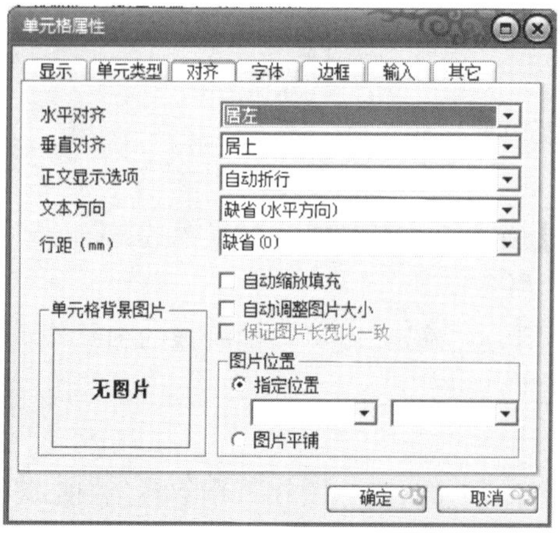

图 8-48　单元格属性对话框

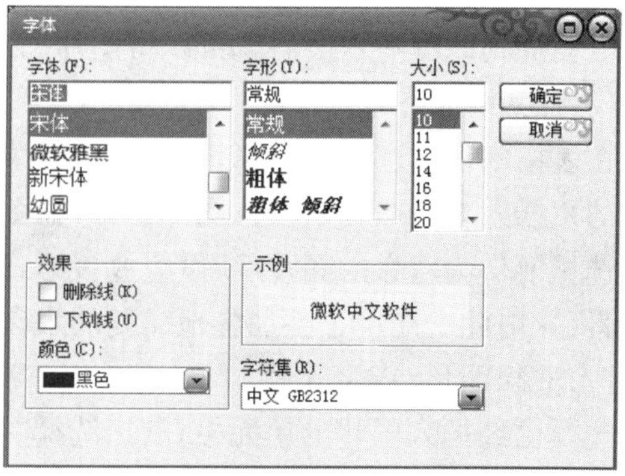

图 8-49　字体设置界面

设置完成后点确定按钮，弹出图 8-50 窗口。

根据需要选择好后点确定可以灵活进行调整字体。

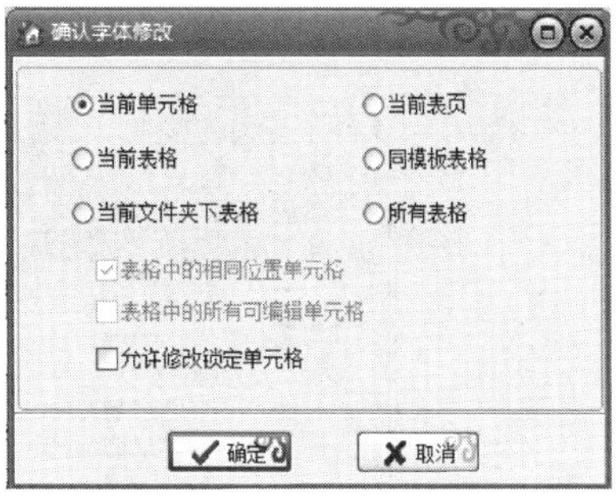

图 8-50　字体修改确定窗口

十一、调整行高和列宽

实际填写资料时，有些表格中的单元格需要根据实际填写的内容进行调整行高和列宽。具体操作如图8-51所示。

(1)选择要进行调整单元格行高和列宽的表格，点击“视图”菜单选择“行列标”即可显示表格的行标或列标。

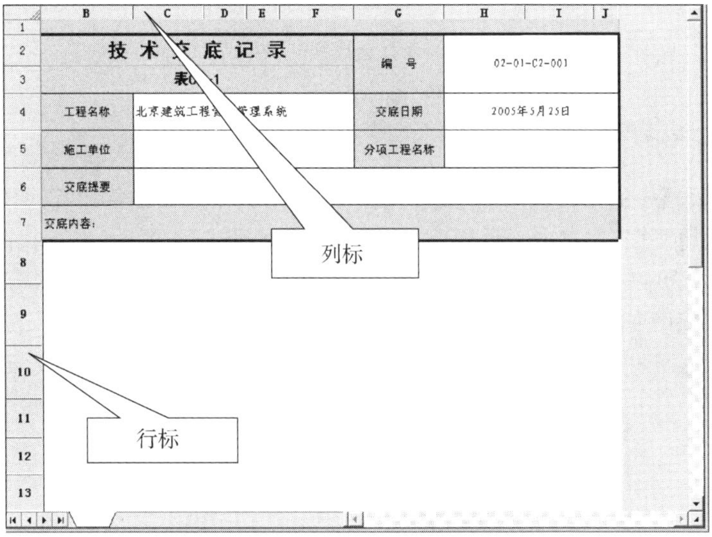

图 8-51　行标列标的显示界面

(2)将鼠标放置在行标的边界或列宽的边界，然后向下或向右拖动鼠标调整合适的行高度或列宽度。

十二、资料搜索

如果要在资料表格模板中搜索表格，在工具栏上点击【查找】按钮或按键盘上 F3 键，弹出“查找”窗口，如图 8-52 所示。

图 8-52　查找表格窗口

在该窗口中输入所要查找的关键字，设置选项、起始位置、查找范围和查找的方向，选择“查找全部”是在表格模板目录中进行搜索。搜索到目标表格后，软件在查找结果中显示所查到的相关文字的表格。也可选择“查找下一个”则需手动一个个显示所查到的相关表格。

选择所要的表格，再回到表格目录中，软件自动定位在所选的表格。如图 8-53 所示。

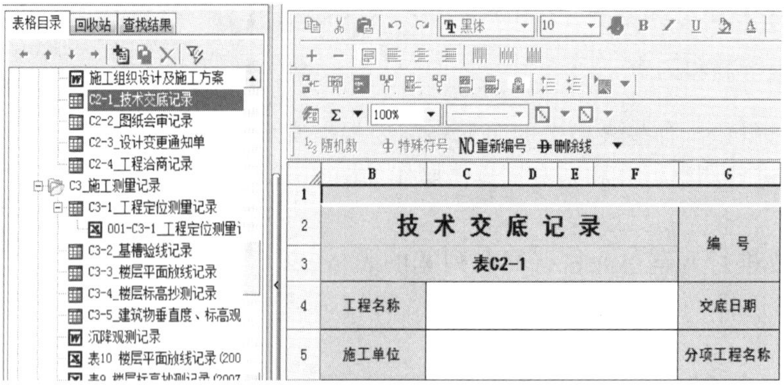

图 8-53　查看查找到的表格界面

十三、替换工程通用信息

该功能是对表格中的工程通用信息进行统一修改。例如把工程名称“筑业建筑大厦 1 期”修改为“筑业建筑大厦 2 期”。点击工具栏上“替换”按钮，如图 8-54 所示，在查找内容中输入“筑业科技大厦”，在替换为中输入“筑业小区”，点击“替换”按钮是对当前单元格内容替换，点击“替换所有表格”是对工程中所有表格中的工程名称进行替换，还可以对当前表页，表格或当前目录下的表格统一调整，如果把替换只读单元格的勾打上，还可以对锁定单元格的文字进行替换。

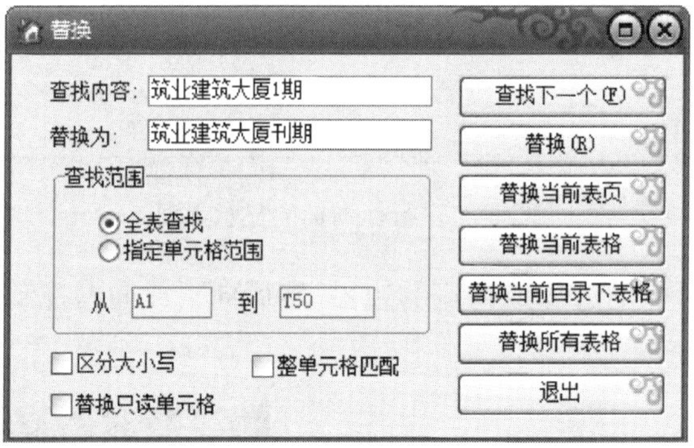

图 8-54　替换功能窗口

十四、调整目录结构

本软件允许用户调整当前工程资料的目录结构：

⬅ 左移 移动目标节点与父节点同级。

➡ 右移 移动目标节点为上一节点的子节点。

⬆ 上移 在同一级别移动目标节点的位置。

⬇ 下移 在同一级别移动目标节点的位置。

注意：1. 在当前工程目录中，对客户新建的数据表格进行移动，表格模板不能移动。2. 在节点为同级节点中最高或最低级别时不能移。

十五、其他操作

1. 展开/收起表格目录

本软件中表格模板资料、工程资料都是以目录树结构组织的，如果要展开或折叠标准资料或工程资料，只需用鼠标双击该章节或单击章节前面显示的“+/-”符号即可，另外，软件提供了“
”工具。

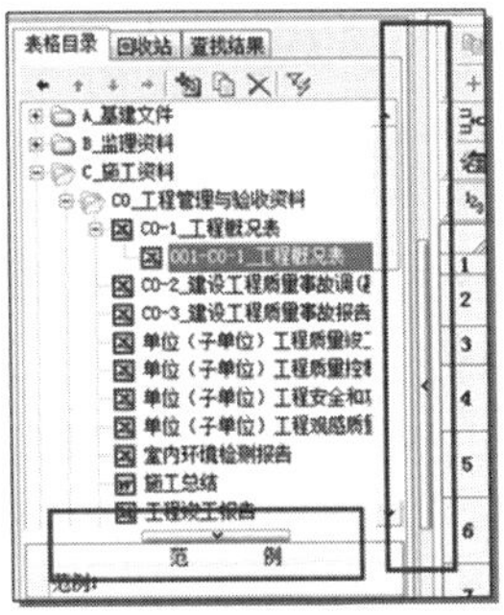

图 8-55　调节隐藏(显示)资料模板区和范例区界面

2. 隐藏(显示)资料模板区和范例区

在填写资料表格时，可以将资料表格模板区域和范例区域隐藏，以便表格编辑区获得较大的屏幕显示；并可随时根据需要用鼠标直接拖动中间按钮来调节隐藏(显示)的范围。

直接用鼠标单击模板区与填表区或模板区与范例区中的【隐藏/显示】按钮即可；也可以用鼠标直接拖动相应的【隐藏/显示】按钮来调节隐藏(显示)的范围，如图 8-55 所示。

3. 填表说明

在填写资料表格时，自动显示所选表格的填表说明，以便客户进行查看，工具栏上并带有一个“填表说明“的按钮，方便客户【隐藏/显示】填写说明内容。

第三节　技术交底的编辑与电子签名

一、技术交底功能简介

资料软件内置了全国最全的施工工艺做法库，包括建筑分项工程施工工艺标准、建筑设备安装分项工程施工工艺标准、管理制度及技术交底模版、通病防治、质量预控、建筑施工工法、市政道路工程质量检验评定标准、市政工程施工养护及污水处理工人技术等级标准、市政排水管渠工程质量检验评定标准、市政工程质量检验评定标准、城市防洪工程、堤防工程施工规范、建筑与市政降水工程技术规范、建筑机械技术试验规程、橡胶坝技术规范、市政桥梁工程质量检验评定标准等上千万字的文字图片资料，帮助快速完成建筑、装饰、安装、水利等各类工程技术交底资料、施工方案的编制(图 8-56)。

在资料软件中点击“技术工艺”菜单下“技术交底”打开软件，如图 8-57 所示。

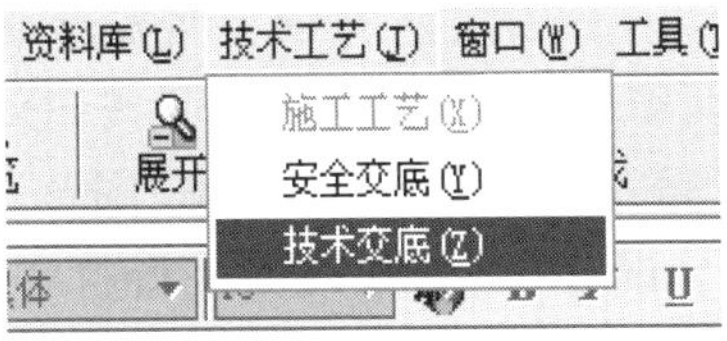

图 8-56　技术交底菜单

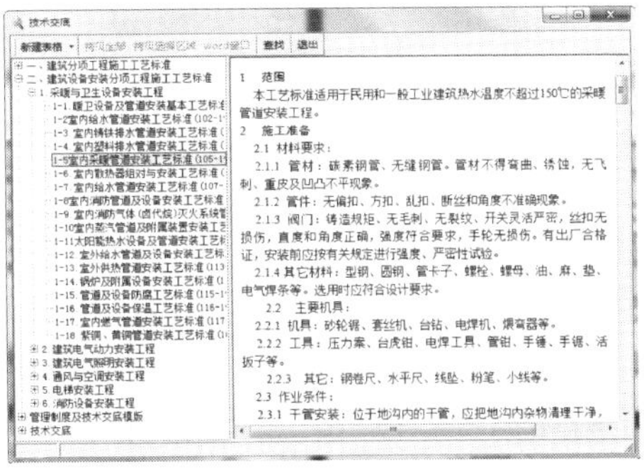

图 8-57　技术交底界面

二、新建技术交底资料

在“技术交底”界面中选择所需的技术交底内容后，点击工具栏上的“新建表格”按钮或在该目录标题上右键选择“新建表格”，新建以 Word 为模板的文件，如图 8-58 所示。

三、填写技术交底资料

返回【技术交底】界面中，然后快速填写交底内容的方法有 3 种：

(1)选择所要复制的技术交底内容右键选择“复制”或 Ctrl+C 键，粘贴到 Word 模板中即可。

(2)可在该目录标题上右键选择“拷贝全部”自动在 Word 里生成。

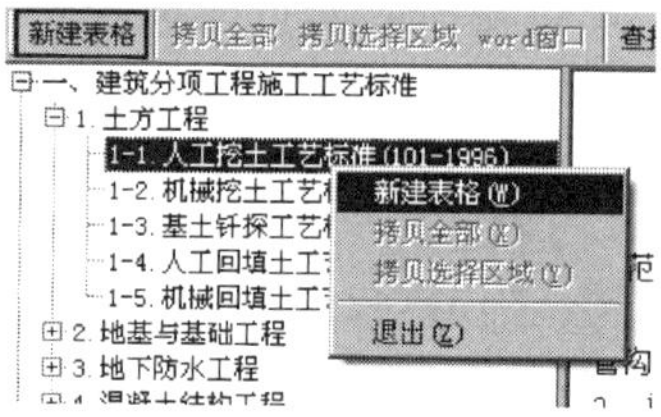

图 8-58　新建技术交底 Word 模板文件的菜单

(3)如果在技术交底内容中只用到部分内容，选择该部分内容，在该目录标题上右键选择“拷贝区域”自动在 Word 里生成。

填写技术交底记录的表头和表尾内容时，双击鼠标激活再填写内容。如果复制的技术交底内容超过当前页时则自动生成追加页。

四、电子签名与图章

首先对图章和签名进行设置管理，也就是对图章和电子签名的电子文件加到软件里。点击“系统维护”菜单下的设置进行添加设置，如图 8-59。注意：电子签名必须设置密码，添加完后通过“视图”菜单下的“图章签名设置”窗口把图章或电子签名加到表格中，点击“编辑”菜单下的图章或电子签名，如图 8-60～图 8-62 所示。

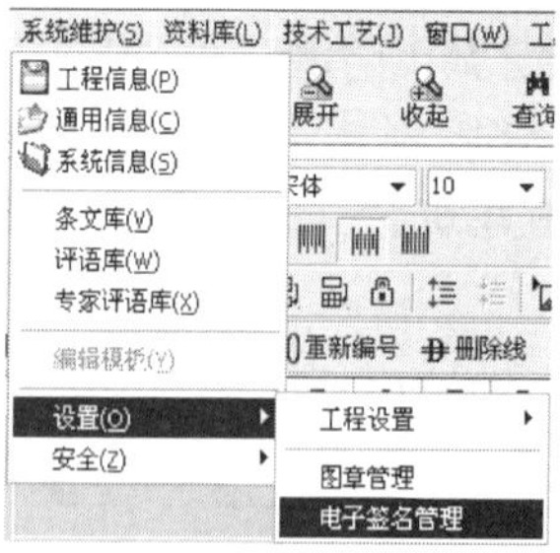

图 8-59　系统维护中电子签名管理菜单

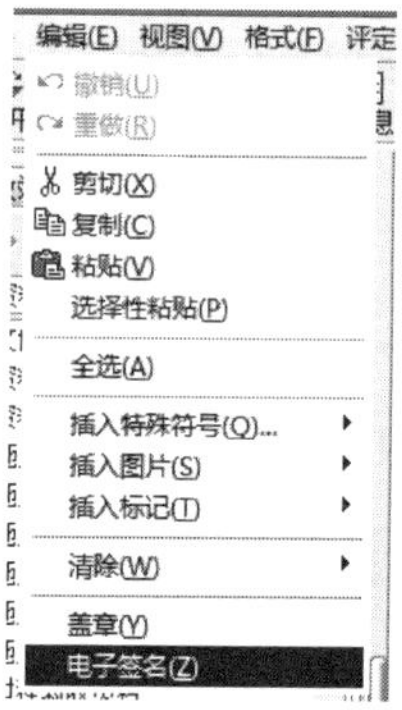

图 8-60　编辑中电子签名菜单

在陕西省建筑工程资料管理软件中就使用盖章功能，分为陕西省章和西安市章。例 1、新建陕西验收表格后点击“图章”按钮，选择“打印陕西章”，然后点击“预览”按钮就会看到盖章后的表格，如图 8-63 所示。如果有些表格不需要盖章，新建表格后点击“图章”按扭，选择“全部不打印”。或者点击“视图”菜单下面“图章签名设置”对单张表格进行打印、锁定图章的设置。

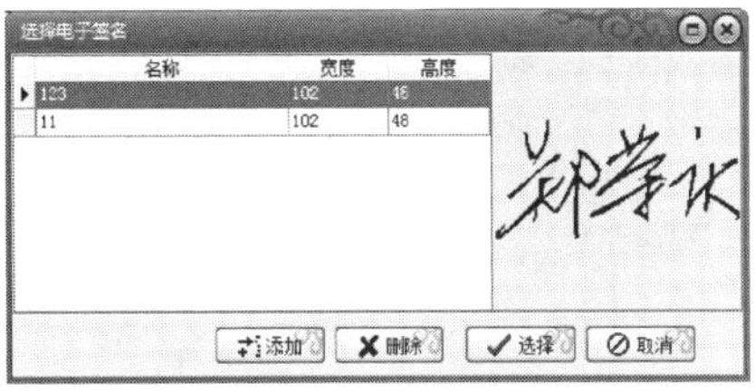

图 8-61　电子签名的设置界面

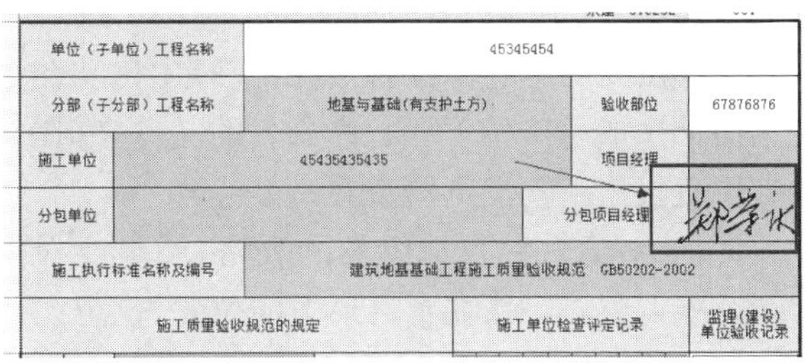

图 8-62　表格中的电子签名

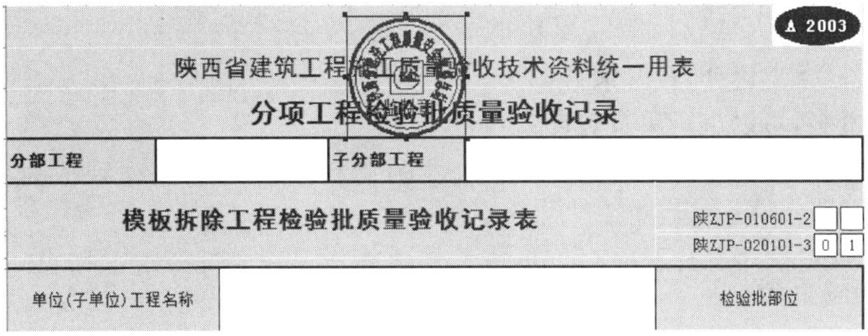

图 8-63　盖章后的表格

第四节　电 子 组 卷

一、资料组卷归档

(一)单位组卷归档

在工程资料表格填写完成后，点击【资料上报】菜单→【电子组卷】项，弹出当前工程的技术资料组卷窗口，如图 8-64 所示。

图 8-64　电子组卷首界面

找到表格在当前工程与组卷设置区域单位的对应关系，在所选表格对应的单位组卷类别上画“√”，便可手动组入所属的单位卷中。点击“开始组卷”按钮，弹出如图 8-65 窗口。

选择所要的组卷单位后，点击“确定”自动在系统桌面上生成以单位工程名称命名的文件夹，在文件夹中直接用组卷浏览器查看。

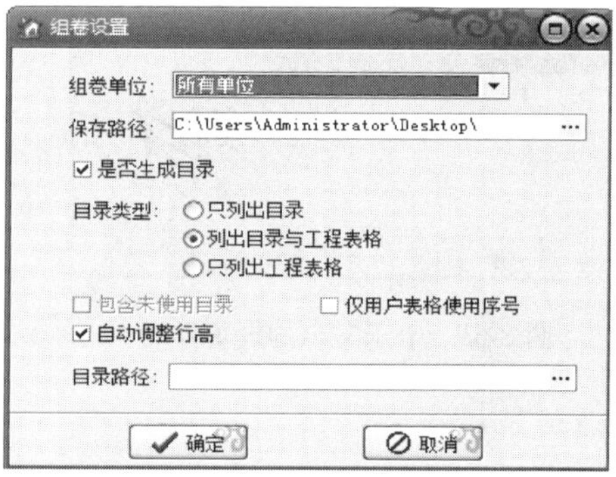

图 8-65 组卷设置窗口

说明：对于软件自动组卷的表格，如果要根据实际需要调整该表格在卷目录中的位置，也可以使用上述操作。

（二）浏览组卷资料

组卷（归档）完成后，进入文件夹里双击左键打开“组卷浏览器”，默认是以该组卷单位的表格浏览，也可在“文件”菜单选择“打开文件”打开资料即可浏览组卷的资料，可以进行单页打印或整个组卷资料打印（图 8-66）。有了此功能，可以把组卷的资料随时随地移动到任何电脑上浏览及打印。

二、生成组卷目录

在“电子组卷”窗口中点击“组卷”菜单下的“目录”按钮，弹出如图 8-67 所示。

图 8-66 浏览组卷操作界面

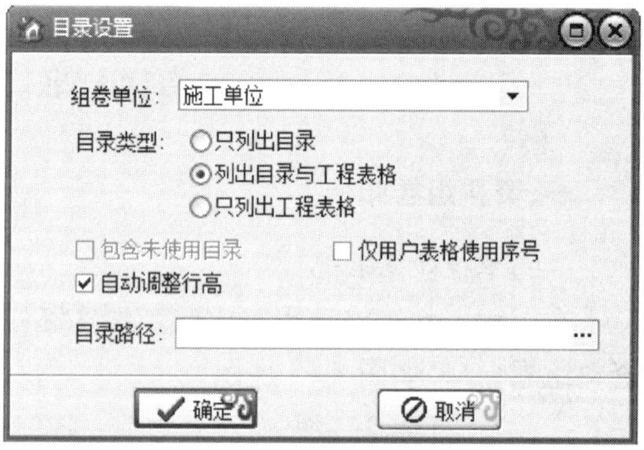

图 8-67 电子组卷中的目录设置

设置完成后点击“确定”出现组卷目录窗口，点击“目录另存”按钮输入保存文件名及保存路径将组卷目录以 Excel 文件保存，如图 8-68 所示。

三、打印单张表格

打印单张表格如下方法：

（1）选择要打印的表格直接点击工具栏上的按钮即可打印。

（2）点击工具栏上按钮在预览界面中设置页面格式后打印。如图 8-69 所示。

（3）点击工具栏“打印”按钮右侧的下拉三角，选择“打印表格”在弹出的“打印”窗口中设置“打印份数”“打印表页”等即可打印，如图 8-70 所示。

（4）表格套打即只打印表格内填写内容，模板内容不打印。

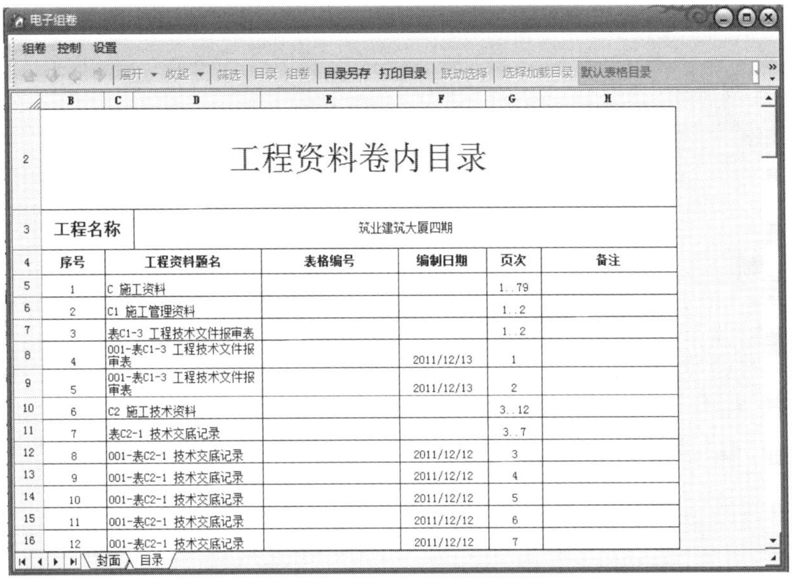

图 8-68　电子组卷的目录界面

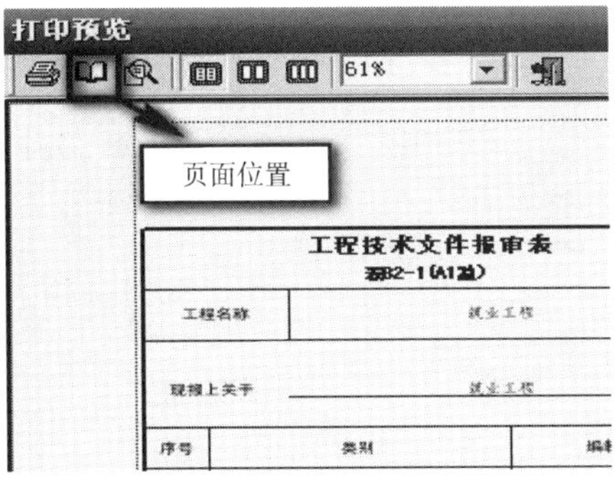

图 8-69　页面设置位置

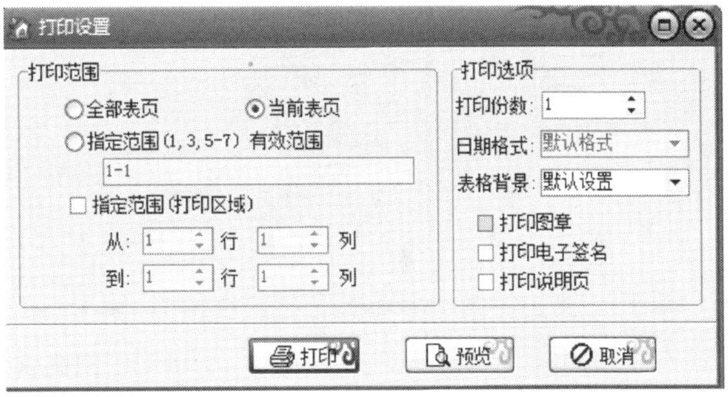

图 8-70　打印设置窗口

四、打印工程

批量打印表格操作步骤如下：

(1)在【工程】菜单→【自定义打印工程】项，弹出“自定义打印”窗口中可以设置打印份数、是否套打、是否打印图章、打印时间。如图 8-71 所示。

打印全部：将所做的表格全部打印。

按时间打印：可以选择一个时间段进行打印。

选择单位打印：根据实际情况，选择所需单位的表格打印。

(2)通过设置打印时间和打印单位进行打印所需要的工程资料表格。

在“页面设置”对话框中，对打印操作各个细节的控制功能十分强大，可以设置打印的选项如：打印内容、打印机、页眉/页脚、页边距、表首/表尾、表页选项等，根据实际需要进行设置打印选项。如图 8-72 所示。

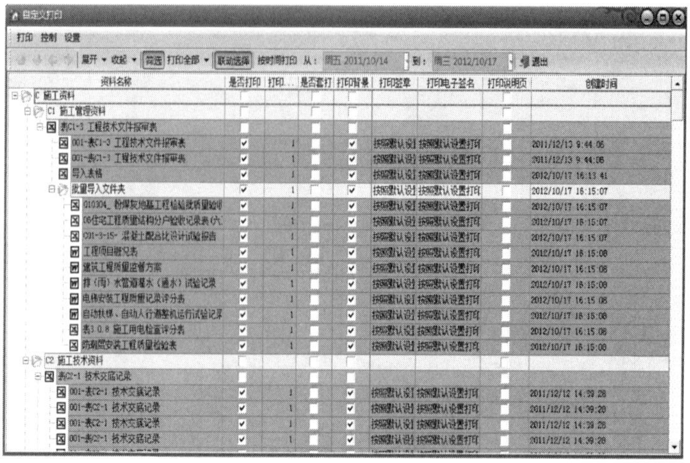

图 8-71　打印设置页面

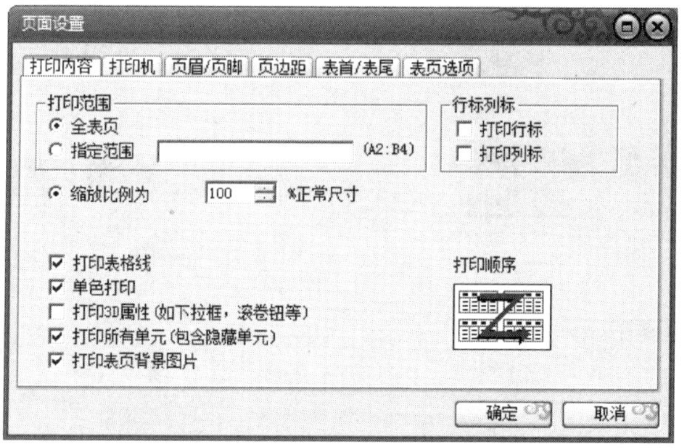

图 8-72　页面设置界面